Großbritannien

Dynastie: Windsor
Wichtigster Regent: Victoria
Derzeitiger Herrscher: Elisabeth II.

Niederlande

Dynastie: Oranien-Nassau
Wichtigster Regent: Wilhelm III.
Derzeitiger Herrscher: Beatrix

Belgien

Dynastie: Sachsen-Coburg-Gotha
Wichtigster Regent: Leopold I.
Derzeitiger Herrscher: Albert II.

Dänemark

Dynastie: Schleswig-Holstein-Sonderburg-Glücksburg
Wichtigster Regent: Christian IX.
Derzeitiger Herrscher: Margrethe II.

Luxemburg

Dynastie: Nassau
Wichtigster Regent: Adolph
Derzeitiger Herrscher: Henri

KÖNIGS- und FÜRSTENHÄUSER EUROPAS

KÖNIGS- und FÜRSTENHÄUSER EUROPAS

NAUMANN & GÖBEL

Naumann & Göbel Verlagsgesellschaft mbH
in der VEMAG Verlags- und Medien Aktiengesellschaft, Köln
Autor: Friedemann Bedürftig
Umschlagmotive und alle Abbildungen: dpa, Frankfurt/Main
Gesamtherstellung: Naumann & Göbel Verlagsgesellschaft mbH, Köln
Alle Rechte vorbehalten
ISBN 3-625-10591-8
www.naumann-goebel.de

Einleitung	6

Großbritannien	
Das Haus Windsor	18

Spanien	
Das Haus Bourbon	62

Niederlande	
Das Haus Oranien-Nassau	94

Belgien	
Das Haus Sachsen-Coburg-Gotha	122

Dänemark	
Das Haus Schleswig-Holstein-Sonderburg-Glücksburg	146

Norwegen	
Das Haus Schleswig-Holstein-Sonderburg-Glücksburg	170

Schweden	
Das Haus Bernadotte	196

Großherzogtum Luxemburg	
Das Haus Nassau	220

Fürstentum Liechtenstein	
Das Haus Liechtenstein	228

Fürstentum Monaco	
Das Haus Grimaldi	236

Register	252

Die Monarchie in Europa

Alljährlich eröffnet die britische Königin Elisabeth II. im Royal Chamber die neue Sitzungsperiode des Londoner Parlaments mit ihrer traditionellen Thronrede, wie hier am 6. Dezember 2000.

Prinzessin Lilian, Königin Silvia von Schweden und König Carl XVI. Gustaf treffen am 11. Dezember 2002 im Stockholmer Schloss zu einem festlichen Diner für die diesjährigen Nobelpreisträger ein.

Von der eigentlichen Wortbedeutung ist kaum etwas übrig, und doch gibt es sie noch: die Monarchie. Ja, sie erfreut sich wachsender Beliebtheit. Auch und vielleicht gerade weil ihre Bedeutung heute eine ganz andere ist. Ursprünglich meinte der griechische Begriff die alleinige Herrschaft eines gewählten oder erblichen Stammes- oder Staatsoberhaupts, wie sie über lange Epochen der Menschheitsgeschichte fast überall üblich war. Heute gibt es nur noch die Erbmonarchie in Europa, und die entsprechenden Monarchen herrschen nicht mehr, sondern repräsentieren ihr Land nicht anders als etwa gewählte, aber nicht regierende Staatsoberhäupter wie etwa der deutsche Bundespräsident.

Solchen politischen Repräsentanten haben die gekrönten Häupter allerdings Entscheidendes voraus: Sie treten ihr Amt nicht befristet an, sondern erben es vom Vorgänger und üben es gewöhnlich bis zum Lebensende aus. Dieser Faktor der Dauer sorgt dafür, dass sie einen festen Platz in den Herzen ihrer Mitbürger gewinnen. Die Menschen interessieren sich für alles, was in den allerhöchsten Familien vor sich geht, nehmen Anteil an ihren Freudenfesten und Trauerfällen, sonnen sich mit in der Pracht der langen Traditionen und bekommen so einen kleinen Schimmer ab vom Thronesglanz. Selbst in den Ländern, die keinen König oder Fürsten an der Spitze haben, ist das Interesse an den Kronenträgern und ihren Angehörigen groß, manchmal fast größer als bei deren eigenen Völkern. Nur wenige Sendungen haben weltweit mehr Zuschauer im Fernsehen als die über Königliches.

Einleitung

Der Dauer-Vorteil ist sogar noch größer, als auf den ersten Blick zu vermuten. Ein Monarch bezieht seine Bedeutung ja auch aus der langen Reihe der Vorfahren und der fraglosen Weitergabe seines Ranges an die Nachfahren. Er wird nicht gewählt und steht damit

tatsächlich über den oder doch außerhalb der Parteien. Das sichert einen gleichbleibenden Kurs des Auftretens und Sprechens für sein Land und Volk, auch wenn die jeweiligen Regierungen den Inhalt seiner Äußerungen bestimmen. Er bildet mit seiner Familie das Familienleben im Lande ab, das ja auch auf dem Prinzip des Erbens und Vererbens beruht. Und er stellt zudem insofern ein Vorbild dar, als er auch eine Sie sein kann. Momentan weist Europa vier amtierende Könige und drei Königinnen auf sowie zwei Fürsten und einen Großherzog.

Doch zurück zur Beliebtheit, die zum Teil auch auf dem Machtverlust der Throninhaber beruht. In der Geschichte hat es sich immer wieder gezeigt, dass fähige Herrscher nur selten genauso befähigte Söhne oder Töchter hatten. Bei ihrer früheren Machtfülle für die betroffenen Länder zuweilen ein schweres Problem. Hier soll Rom als Beispiel dienen: Unter dem ersten Kaiser Augustus (herrschte 31 v. Chr. bis 14 n. Chr.) weinten wenige der Republik eine Träne nach, denn das Reich blühte und der Frieden schien auf lange sicher. Schon unter dem düsteren Nachfolger Tiberius wandelte sich die Lage, und mit dessen Nachfolgern geriet das Reich in

die Hände von brutalen Despoten. Der Alptraum endete erst, als der Senat 96 n. Chr. wieder eingriff und das Prinzip der Adoptivkaiser durchsetzte. Als der letzte dieser glanzvollen Herrscher, vielleicht sogar der fähigste, nämlich Mark Aurel, das Adoptions-Prinzip Ende des

König Harald V. von Norwegen und Königin Sonja, 1991.

Königin Beatrix der Niederlande und der spanische König Juan Carlos I. in heiterer Stimmung bei einem festlichen Abendessen am 23. Oktober 2001 im Königspalast in Amsterdam.

2. Jahrhunderts n. Chr. für seinen Sohn Commodus durchbrach, entartete das Kaisertum erneut in Willkürherrschaft und Chaos.

Spätestens mit der französischen Revolution von 1789 war diese Gefahr gebannt, und seit der demokratischen Umwälzung zu Beginn des 20. Jahrhunderts stehen die verbliebenen Monarchen unter parlamentarischer Kontrolle. Fehlleistungen oder gar Fehltritte von Höchstgestellten amüsieren eher oder werden allenfalls kopfschüttelnd kommentiert. Die Medien haben uns die hohen Herrschaften inzwischen zudem so nahe gebracht, dass ihre Menschlichkeit die Majestät überstrahlt. Auch das macht sie so interessant, und das nutzen sie ihrerseits zur Imagepflege und dazu, sich und ihr Haus ins richtige Licht zu setzen. Der damit verbundene Verlust an Privatheit ist halt der Preis für die herausgehobene Position, die sie weiter werden ausfüllen können, wenn sie mit der Zeit gehen. Und daran ist kein Zweifel.

Ludwig XVI., König von Frankreich, im Krönungsornat. Er regierte von 1774 bis 1792 und wurde in den Revolutionswirren am 21. Januar 1793 hingerichtet.

Das monarchische Herrschaftsmodell war, wie schon gesagt, das gängigste von allem Anfang an. In Sippen, Gruppen, Stämmen und Völkern bilden sich stets Oberschichten und besonders profilierte Persönlichkeiten heraus, deren Führungsanspruch entweder als natürlich akzeptiert oder durch Wahl bestätigt wird. Das war im alten Ägypten so, und es war auch in Europa nicht anders. Die Entwicklung führte vom Stammeskönigtum zu immer größeren Einheiten bis hin zum Kaisertum, das viele Königreiche umfasste. Im Jahr 987 sprach Adalbero, Bischof von Reims, zu den Großen des Westfränkischen Reiches: „Macht also den Herzog zu eurem Führer! Für ihn sprechen seine Taten, sein Adel und seine Männer." Die Angesprochenen verfuhren so und wählten Hugo Capet zu ihrem König, der das Herrscherhaus der Kapetinger begründete.

Drei Säulen werden in diesem Ausspruch deutlich, auf denen die Monarchie ruht: Eignung („Taten"), Zugehörigkeit zu den sowie Wahl durch die Mächtigen des Landes („Adel") und Hausmacht („seine Männer"). Wer etwas erreicht hat, strebt aber danach, es

Einleitung

Karl der Große, König der Franken von 768 bis 814, römischer Kaiser seit 800.

seinen Kindern zu vererben. Das stieß bei den Wahlberechtigten natürlich auf Widerstand. Doch auch darauf, wie er überwunden wurde, gibt der geschilderte Vorgang Hinweise: Es war ja ein hochgestellter Bischof, der den Rat zur Wahl gab. Darin steckte schon so etwas wie Salbung im Namen Gottes und kirchlicher Segen. Herrschaft wurde immer gern an den Himmel geknüpft, galt als „von Gottes Gnaden" eingesetzt. Dazu passte das Wahlprinzip allenfalls anfänglich. Überall setzte sich daher bald mehr oder weniger ausgeprägt die erbliche Herrschaft durch, bei den Landesfürsten fast durchgängig, im Kaisertum wegen der vielen Rivalitäten nur bedingt und mit Unterbrechungen durch den Wechsel von Dynastien.

Der trat entweder durch Ausbleiben männlicher Erben ein, denn der Thronanspruch von Frauen ist eine spätere und auch nicht allenthalben erreichte Errungenschaft. Oder der Wechsel wurde gewaltsam herbeigeführt durch den Sturz des Herrscherhauses. Der wiederum spielte sich entweder intern ab wie beim Untergang der fränkischen Merowinger im 8. Jahrhundert, deren oberste Minister („Hausmeier") die Könige verdrängten, sich und ihre Familie, die Karolinger, an ihre Stelle setzten und durch Karl den Großen (König 768–814, Kaiser seit 800) zur unumstrittenen Führungsmacht in Europa aufstiegen. Oder Niederlagen gegen äußere Feinde setzten der Herrschaft ein Ende wie im Fall der bemerkenswertesten europäischen Dynastie: Die Habsburger verloren die jahrhundertelang getragene römisch-deutsche Kaiserkrone durch Napoleons Siegeszug 1806 und den österreichischen Thron durch den Zusammenbruch ihres Reiches im Ersten Weltkrieg 1918; der letzte Kaiser Karl I. wurde nach Madeira verbannt.

Nicht länger hielt sich das jüngste europäische Kaiserhaus: Die deutschen Hohenzollern, die erst 1871 ihrem preußischen Königtum (seit 1701) die deutsche Krone hatten hinzufügen können, mussten ebenfalls 1918 abdanken; Kaiser Wilhelm II. ging ins holländische Exil. Beide großen Familien existieren bis heute, regieren aber nicht mehr, sondern werden nur noch von einem Chef des Hauses repräsentiert. Ihr Schicksal ereilte schon ein Jahr zuvor eine der ältesten Dynastien Europas: Die bereits seit 1613 in Russland herrschenden Romanow fielen der bolschewistischen Oktoberrevolution zum Opfer; die engere Herrscherfamilie selbst sogar buchstäblich: Tschekisten (Geheimpolizisten) ermordeten Zar Nikolaus II. und die Seinen im Juli 1918.

Der französische Kaiser Napoleon I., um 1812.

ver im 18./19. Jahrhundert, die den Thron der Tudors, Stuarts und Oranier erbten. Sie blieben dann aber nur in weiblicher Linie auf dem englischen Thron und gingen daher genealogisch durch den Prinzgemahl Albert, den Ehemann von Königin Victoria, im Haus Sachsen-Coburg-Gotha auf. Das nahm 1917 den Namen Windsor an, weil im Ersten Weltkrieg ein deutscher Name auf dem britischen Thron als deplaziert empfunden wurde.

An der kurzen Skizze der Throninhaber in London wird schon deutlich, wie verwickelt die Querverbindungen zwischen den Häusern waren und sind. Dafür noch ein Beispiel: Die Wettiner führen ihren Stammbaum auf Bernhard zurück, einen sehr kinderreichen Grafen im frühen Mittelalter, dessen Sippe sich mehrfach verzweigte. Alle sächsischen Herrscher bis 1918 kamen aus seiner Nachkommenschaft, die aber auf dem Umweg über Sachsen-Coburg auch ins englische Königshaus einheira-

Kaiser Wilhelm II. und sein erster Sohn Kronprinz Wilhelm im Jahr 1887. Der letzte deutsche Kaiser wurde am 27. Januar 1859 in Berlin geboren und ist am 4. Juni 1941 in Haus Doorn gestorben.

Das letzte letzte russische Zarenpaar, Zar Nikolaus II. und seine Frau Alexandra Feodorowna, in einer undatierten Aufnahme.

Damit sind schon einige der wichtigsten, allerdings inzwischen abgetretenen Dynastien genannt. Andere hatten und haben zum Teil ähnlichen Rang. Da sind beispielsweise die Welfen, denen wir heute nur noch im regierenden Haus Grimaldi in Gestalt des Ehemanns von Caroline von Monaco begegnen, während die anderen Familienzweige keine öffentliche Funktion mehr haben. Allerdings haben die Welfen das englische Königshaus beeinflusst durch welfische Könige aus dem Haus Hanno-

Einleitung

Prinzessin Caroline von Monaco und ihr Mann, Prinz Ernst August von Hannover, gehören am 23. Juni 2001 zu den Gästen der Hochzeit von Prinz Bernhard von Baden im Schloss von Salem, Stammsitz des Hauses Baden.

tete, die belgischen Könige stellte und stellt und auch den bulgarischen Thron eroberte. Dort regiert heute sogar wieder ein Wettiner in der Person des einstigen Königs Simeon II. (1943 als 6-jähriger vertrieben): Aus dem König wurde dabei allerdings der gewählte Ministerpräsident, der sich nach seiner Dynastie nun bürgerlich Herr Sakskoburgotski nennt.

Ähnlich weit zurück reichen die Linien der Bourbonen, die heute wieder den spanischen Thron innehaben, und auf ebenso altehrwürdige Herkunft können viele andere Königshäuser zurückblicken. Darunter auch sehr bedeutende, die längst ausgestorben sind wie etwa die Staufer, deutsche Könige und Kaiser von 1138 bis 1250. Sie sahen Friedrich von Büren († 1053) als ihren Stammvater an, der allerdings bereits in der sechsten Generation Pfalzgraf war. Ihren Namen bezogen sie von der Höhenburg Staufen (Hohenstaufen), die der Sohn des Stammvaters erbauen ließ. An den Staufern wird deutlich, welch tiefe Spuren fähige Monarchen im kollektiven Gedächtnis hinterlassen können: 1977 zeigte Stuttgart eine Staufer-Ausstellung, zu der täglich über 10 000 Besucher strömten, die die Exponate wie Reliquien des großen Kaisers Friedrich I. Barbarossa und seines Enkels Friedrich II. bestaunten. Der Letztere galt noch Jahrhunderte nach seinem Ende als „stupor mundi", das Staunen der Welt. Ja, viele wollten dieses Ende gar nicht wahrhaben und glaubten, Großvater oder Enkel seien nur entrückt in den Berg Kyffhäuser, um dereinst wiederzukommen und Deutschland wieder einig und groß zu machen.

Nicht ausgestorben, aber seit Maria Theresia (1717–1780) in weiblicher Linie (Habsburg-Lothringen wegen ihres Ehemanns Franz von Loth-

Friedrich II. der Große, König von Preußen von 1740 bis 1786.

ton Aargau. Ihre geschickte Heiratspolitik führte dazu, dass sie zeitweilig ein Reich beherrschten, das „vom Aufgang der Sonne bis zu ihrem Niedergang" reichte. Es umfasste das Deutsche Reich, Böhmen, Österreich-Ungarn, Italien, Sizilien, Spanien, Portugal, Burgund, die Niederlande und unermesslich große überseeische Kolonien. Es gibt keine europäische Dynastie, die nicht um die eine oder andere Ecke mit den Habsburgern verwandt ist. Nur die ebenfalls schon erwähnten Hohenzollern, als Kurfürsten von Brandenburg und Könige von Preußen spätestens seit dem 17. Jahrhundert ernsthafte Rivalen der Kaiser-Familie, hielten sich mit Querverbindungen deutlich zurück.

Schließlich avancierten die Hohenzollern selbst zu Kaisern und trugen damit einen Titel, der für Mitteleuropa ursprünglich nicht vorgesehen war. Er leitete sich ja vom Namen Cäsar her und bezeichnete den Herrn über das Römische Weltreich. Das aber war im Germanensturm untergegangen und hatte die Kirche ohne weltlichen Schutz gelassen. Den suchten die Päpste dann im Frankenreich, das anders als die anderen germanischen Reiche durch den Übertritt von Merowinger-König Chlodwig im Jahr 496 katholisch geworden war. Zwar hatten dessen Dynastie, wie oben erwähnt, die Karolinger abgelöst, doch im Glauben der Herrscher hatte sich nichts geändert. Und so kam es, dass am Weihnachtstag des Jahres 800 Papst Leo III. Karl den Großen in Rom zum Kaiser krönte und dass sich die späteren deutschen Nachfolger römische Kaiser und deutsche Könige nannten und ihr Hoheitsgebiet Heiliges Römisches Reich Deutscher Nation hieß.

ringen) fortgeführt und womöglich noch älter als die Staufer sind die schon genannten Habsburger. Sie lassen sich seit dem 10. Jahrhundert am Oberrhein nachweisen und heißen nach der Habsburg (Habichtsburg) im Schweizer Kan-

Einleitung

Die in Aachen ausgestellten Reichsinsignien Kaiserkrone und Reichsapfel.

Büstenreliquiar Karls des Großen aus dem Aachener Domschatz.

Die Habsburger behielten den Kaisertitel bei, als sie die römisch-deutsche Krone verloren hatten, für ihr österreichisch-ungarisches Reich, zu dem ja auch große Teile Italiens, Kernland des Römerreiches, gehörten. Und die deutschen Herrscher nahmen den Titel 1871 an, weil der preußische König mit der Reichsgründung zum Oberherrscher unter diversen Königen und Fürsten geworden war. Man brauchte dafür einen überwölbenden Begriff, obwohl die Brücke zum einstmals sinngebenden Römischen Reich kaum noch zu erkennen war und obwohl etwa der englische König über ein erheblich größeres Reich gebot. Bei ihm erinnerte nur die Bezeichnung „Empire" an das Römische Imperium, an das auch die beiden französischen Napoleons aus der selbsternannten Dynastie Bonaparte mit dem Titel „Empereur" im 19. Jahrhundert angeknüpft haben. Und die Romanow-Herrscher über das russische Riesenreich schmückten sich ebenso mit dem Cäsar-Titel, denn der Begriff „Zar" hat dieselbe Herkunft.

Das alles aber waren Spätblüten der höchsten Form der Monarchie, die bald welkten: Der französische Kaiser Napoleon III. verlor den Krieg gegen Preußen-Deutschland und musste 1870 ins englischen Exil gehen. Die drei kontinentalen Kaiserreiche Österreich, Russland und Deutschland gingen 1918 unter, und mit dem Kaisertum ver-

Kaiser Karl V., römisch-deutscher Kaiser von 1519 bis 1556 und ab 1516 König von Spanien.

König Umberto von Savoyen und seine Braut, die belgische Prinzessin und zukünftige Königin Maria Jose nach ihrer Hochzeit am 8. Januar 1930 in der Palatina Kapelle des Quirinalspalastes in Rom. Die italienische Königsfamilie war nach der Abschaffung der Monarchie 1946 ins Exil gegangen.

Das ehemalige griechische Königspaar Konstantin und Anne-Marie treffen am 25. August 2001 zur Trauung des norwegischen Kronprinzen Haakon mit Mette-Marit Tjessem-Höiby vor dem Osloer Dom ein.

schwanden auch zahlreiche Königreiche wie Ungarn, Bayern, Württemberg, Sachsen und noch mehr Fürstentümer. Das britische Empire existierte danach auch nur noch auf dem Papier. 1931 musste es zahlreiche Staaten als gleichberechtigte Dominions anerkennen, und 1947 verlor die englische Krone mit Indien den letzten kaiserlichen Zacken. Der Zweite Weltkrieg hatte die Kraft zum Zusammenhalt des Kolonialreiches endgültig gebrochen. Anders aber als bei den Verlierern von 1918 blieb die Monarchie erhalten, wie sie auch in einigen weiteren europäischen Ländern lebendig ist, weil sich deren Dynastien den demokratischen Zeitläuften anzupassen verstanden haben.

Vielen gelang das nicht: Das Haus Savoyen war in Italien durch die Kollaboration mit dem Mussolini-Faschismus diskreditiert und musste 1946 abdanken. In Albanien machte eben dieser Faschismus der Monarchie bereits 1939 den Garaus. In Griechenland wogte der Kampf zwischen Royalisten und Republikbefürwortern lange hin und her: 1924 wurde die Monarchie abgeschafft, 1935 wieder eingeführt, von 1941 bis 1946 lebte König Georg II. wegen der deutschen Besatzung und des nachfolgenden Bürgerkriegs im Exil, sein Nachnachfolger Konstantin I. wurde von einer Militärjunta 1967 ebenfalls ins Exil gezwungen und konnte auch nach Wiederherstellung der Demokratie nicht zurückkehren. In Portugal fiel die Monarchie schon 1910 nach schweren Unruhen. Als Republik hatte das Land zwar auch kein Glück, doch nicht ein König beerbte sie, sondern mehrere Diktatoren. Anders als Spanien suchte das Land danach aber nicht den Rückweg in die Monarchie, sondern stabilisierte sich nach 1974 als parlamentarische Demokratie. Die osteuropäischen Staaten wurden nach dem Zweiten Weltkrieg kommunistisch; für Könige, wie es sie in Rumänien, Jugoslawien und Bulgarien gegeben hatte, war da kein Platz mehr.

Die dänische Königin Margrethe II. bei der jährlichen Verleihung des Hosenbandordens in der St. George's Chapel auf Windsor, 2002. Der höchste und älteste englische Orden wurde 1348 von Edward III. gegründet.

Die britische Königin Elisabeth II. krönt ihren ältesten Sohn Charles am 1. Juli 1969 auf Schloß Caernarvon zum Prinzen von Wales. Im Hintergrund Premierminister Harold Wilson. Prinz Charles wurde nach der Inthronisierung seiner Mutter 1952 Thronerbe.

Der Schwund an Monarchien hat die verbliebenen nur desto interessanter gemacht. Und obwohl es überall Menschen gibt, die Kronen und Throne lieber heute als morgen abschaffen möchten, darf die Gefahr als gering eingeschätzt werden. Selbst schwer verständliche Skandale, wie sie bei Hofe nicht seltener sind als in bürgerlichen Häusern, erschüttern das monarchische Prinzip gewöhnlich nicht. Man möchte beinahe sagen im Gegenteil: Der Tod

Einleitung

Nach der kirchlichen Trauung am 29. Juli 1981 fahren Prinzessin Diana und Prinz Charles in einer offenen Kutsche zum Buckingham Palast.

Der belgische König Albert II., 1999.

Der spanische Kronprinz Felipe und seine Verlobte Letizia Ortiz Rocasolano am 6. November 2003 im Garten des Pardo-Palastes in Madrid.

etwa der englischen Prinzessin Diana unter höchst skandalösen Umständen stabilisierte die englische Monarchie eher, obwohl deren Spitze zunächst nicht recht wusste, welche Miene sie zu diesem Vorgang machen sollte. In der tiefen Trauer aber um die schöne junge Frau und über ihr tragisches Schicksal fanden Volk und Krone dann doch zu bewegender Gemeinsamkeit.

England   Das

Junger Name, altehrwürdige Tradition – auf diese Formel lassen sich Frische und Würde des englischen Königshauses Windsor bringen. Es heißt noch nicht einmal hundert Jahre so, nämlich erst seit 1917, weil die genealogisch korrekte deutsche Bezeichnung Sachsen-Coburg-Gotha mit wachsender Dauer des Ersten Weltkriegs immer weniger erwünscht war. Der abgelegte Dynastiename aber zeugt von einer unübersehbar langen Ahnenreihe. Sie reicht durch Querverbindungen über das Haus Hannover, die Stuarts und die Tudors bis zur normannischen Eroberung im Jahr 1066.

Der Namenswechsel belegt zugleich die Wandlungsfähigkeit der wohl bedeutendsten noch amtierenden Dynastie in Europa. Sie beschäftigt wie kaum eine andere die Fantasie der Menschen. Ihr Wohl und Wehe wird auch außerhalb Englands aufmerksam registriert. Während andere Monarchen eher wie moderne Führungskräfte wirken, ist am englischen Hof die große Vergangenheit weiter lebendig. Gerade die selbstverständliche Verwurzelung darin nehmen dem Prunk der Paraden, der Mächtigkeit der Paläste und den höfischen Ritualen das Museale.

Eine entscheidende Rolle kommt dabei einerseits der auch weiblichen Thronfolge im Königshaus zu. Anderseits wirkt sich eben deswegen der Glücksfall Elisabeth II. wohltuend aus. Schon die Dauer ihrer Amtszeit und ihre natürliche Autorität haben allen Angriffen auf die britische Monarchie die Spitze genommen.

Der Buckingham Palast im Zentrum Londons ist seit der Herrschaft Königin Victorias der offizielle Wohnsitz der königlichen Familie. Ursprünglich 1705 für den Herzog von Buckingham erbaut, erwarb König Georg III. 1762 den Palast. In den prunkvollen Sälen finden Staatsempfänge und festliche Dinner statt.

Haus Windsor

Das englische Königshaus heute

Als Elisabeth ihrem Vater auf den Thron folgte, war sie 25 Jahre alt. Seit nunmehr 50 Jahren ist sie im Amt, und keiner vermag zu sagen, wie lange sie noch weiterregieren wird. Die letzte rechtmäßige Königin, Victoria, herrschte über 60 Jahre lang und ist damit die bisher am längsten regierende Königin Großbritanniens.

Nur wenige haben die Krone länger getragen und nur wenige mit mehr Würde als die britische Königin Elisabeth II., die am 4. Juni 2002 auf fünfzig Jahre Regentschaft zurückblickt. Mit einem Dankgottesdienst in der Kathedrale Saint Paul's feiern mit ihr hochrangige Gäste aus aller Welt das seltene Jubiläum, während ihre „Untertanen" auf den Straßen Volksfeste in allen Teilen des Landes veranstalten. Die Medien überbieten sich mit Hymnen auf die Stabilität, die das Land der Monarchin verdankt, und auf die Selbstlosigkeit, mit der die Queen ihr hohes Amt versieht und laut eigener Aussage bei dieser Gelegenheit noch lange zu versehen gedenkt. Ruhestand ist kein Thema.

Sie begreift ihre Rolle als Lebensaufgabe, obwohl die Herrscher schon lange nur noch so genannte sind und nicht mehr regieren, sondern bloß noch repräsentieren. Doch so ganz ohne Einfluss sind sie nicht. Während die Premierminister kamen (bisher insgesamt elf) und gingen, ist Elisabeth als Staatsoberhaupt Garantin von Ordnung und Tradition geblieben. Sie steht über den Parteien und für die Dauer im Wandel. Als sie in der achtspännigen goldenen Kutsche zur Kirche fährt, verstummt alle Kritik am Königshaus, das nicht selten mit wenig erfreulichen Nachrichten Schlagzeilen macht. Diese Frau mit ihrem Ehemann Philip, Herzog von Edinburgh, an der Seite, hat sich im vergangenen halben Jahrhundert Verdienste erworben, die immer wieder aufkommende Zweifel an der Monarchie zerstreut haben.

Ihr haben es die Briten zu verdanken, dass auch lange nach dem Ende des Empires ein Abglanz der großen Zeiten weiter auf ihrer Insel liegt. Gewiss, das Kolonialimperium ist längst zerfallen, und doch „regiert" Elisabeth nicht nur Großbritannien und Nordirland, sondern sie fungiert auch als Staatsoberhaupt zahlreicher lose im Commonwealth of Nations zusammengeschlossener Länder, darunter so großer und mächtiger wie Kanada und Australien. Gerade der Fünfte Kontinent hat am 6. November 1999 ein weiteres Mal bewiesen, dass auch dort die Menschen ihre Queen nicht missen wollen. Eine breite abso-

Das englische Königshaus

lute Mehrheit von 55 Prozent der Australier hat gegen eine Umwandlung ihres Staates in eine Republik mit einem gewählten Präsidenten an der Spitze votiert. Elisabeths Reich bleibt weltumspannend.

Dabei ist Elisabeth nur durch eine eher wenig glückliche Affäre auf den Thron gekommen: Am 21. April 1926 als älteste Tochter von Prinz Albert, Herzog von York, und seiner Frau Elizabeth geboren, rückte sie erst als Zehnjährige in den Rang einer Kronprinzessin auf. Ihr Onkel, König Eduard VIII., dankte damals noch vor seiner Krönung ab, weil ihm die Liebe mehr bedeutete als die Krone. Elisabeths Vater, Eduards jüngerer Bruder, wurde als Georg VI. König und sie damit nächste Anwärterin auf den Thron.

Ihre Stunde schlug früher als erwartet. Gerade fünf Jahre war sie verheiratet und kaum 26 Jahre alt, als der Vater 1952 starb. Die allseits bewunderte, strahlende junge Frau sollte fortan Krone und Königsornat tragen. So kurz nach den schwersten Zeiten des Landes im Zweiten Weltkrieg hätten sich viele lie-

Prinz Charles und Camilla Parker-Bowles beim Verlassen der St. Mary's-Kirche in Sandringham nach dem Sonntagsgottesdienst.

Prinz Charles im Gespräch mit den Popsängern Will Young and Gareth Gates, die im Jahr 2002 mit ihrer Single „The long and winding Road - Suspicous Minds" die Nummer 1 der britischen Single-Charts sind.

ber einen gestandenen Mann auf dem Thron gewünscht. Rasch jedoch wurde deutlich, dass Elisabeth über Qualitäten verfügt, die ihre Zartheit und scheinbare Schwäche mehr als aufwiegen:

Geduld und Beharrlichkeit, Disziplin und Augenmaß, Strenge und zugleich Flexibilität sind ihr in einem Maße gegeben, das manch anderes Mitglied ihrer Familie vermissen lässt. So hat sie alle Stürme, und es gab viele und schwere, überstanden und ist das geworden, was der Erzbischof von Canterbury, George Carey, bei der Jubiläumspredigt rühmte: „Inbegriff der Beständigkeit." Auch Premierminister Tony Blair von der nicht gerade adelsfrommen Labour Party verbeugt sich anerkennend: „Sie haben die Monarchie erfolgreich an die moderne Welt angepasst."

Und Elisabeth hat mit ihrem Mann Prinz Philip für den Fortbestand der Hauptlinie ihres Hauses gesorgt: Der spätere Kronprinz Charles wurde schon ein Jahr nach der Eheschließung 1948 geboren, seine Schwester Anne folgte 1950. Dann trat, bedingt auch durch die Thronübernahme, eine Pause von einem Jahrzehnt ein, ehe 1960 der nächste Sohn Andrew und vier Jahre darauf der letzte Sprössling Edward zur Welt kamen. Alle haben später geheiratet und die ältesten drei haben ihrerseits Nachwuchs; die Windsors werden uns noch lange

Prinz Edward, Graf von Wessex, und seine Ehefrau auf einer Gartenparty im Buckingham Palast im Sommer 2003. Lady Sophie strahlt, und der Grund mag der ersehnte Nachwuchs nach einer Eileiterschwangerschaft sein.

Seit der Hochzeit der beiden im Jahr 1999, die nur in kleinem Rahmen stattfand, haben die beiden beruflich kein Glück gehabt. Die Werbekauffrau Sophie plauderte einem Kunden gegenüber ihre persönliche Meinung über diverse Royals und Politiker aus, Prinz Edward investierte in eine erfolglose TV-Produktionsfirma. Finden die beiden in der Elternrolle endlich ihre Aufgabe?

Das englische Königshaus

Prinz William und sein Bruder Prinz Henry auf dem Balkon des Buckingham Palastes, von wo aus sie die Truppenparade anlässlich des 77. Geburtstages der Queen 2003 verfolgen. Traditionell findet das farbenprächtige Spektakel in der Hoffnung auf gutes Wetter im Juni statt, obwohl die Königin am 21. April Geburtstag hat.

Polo auf Drahteseln: Nicht nur auf den Pferden sitzen die sportlichen Prinzen fest im Sattel, wie hier bei einem Benefiz-Poloturnier 2002.

erhalten bleiben. In engeren Betracht für die Thronfolge aber dürften aller Voraussicht nach nur die beiden Söhne von Prinz Charles, William und Henry („Harry") kommen.

Sie sind durch den entsetzlichen Unfalltod ihrer Mutter, der schönen Lady Di(ana), 1997 ins Rampenlicht gerückt und genießen auch deswegen viel Sympathie, weil sie die Hauptleid-

Nur für besondere Anlässe wird die goldene Kutsche benutzt. Ein solcher ist zweifelsohne das Thronjubiläum der Königin Elisabeth II. im Jahr 2002. Tausende Schaulustiger säumen die Straßen, als die Queen mit Prinz Philip in einer großen Prozession vom Buckingham Palast durch die Innenstadt Londons zur St. Paul's Kathedrale zieht.

tragenden des Scheidungsdramas um ihre Eltern geworden sind. Es ist zwar nicht die erste Scheidung im Königshaus gewesen, doch die dramatischste wegen der hohen Stellung des Prinzen und der ungeheuren Popularität der „Königin der Herzen", als die Diana gern bezeichnet wurde. Geschieden worden sind schon vorher auch Anne und Andrew, nachdem bereits die Ehe ihrer Tante Margaret Rose, Schwester der Königin, 1978 vor dem Richter geendet hatte.

So paradox es klingt: Auch diese Turbulenzen gehören zu dem, was der Premierminister als „Anpassung der Monarchie an die moderne Welt" bezeichnet hat. Die allerhöchste Familie steht nicht mehr unter dem enormen Druck, der Öffentlichkeit heile Welt vorspielen zu müssen. Und sie lässt sich auch nicht mehr völlig in ein Vorbildkorsett zwängen. Es wird sogar gemunkelt, dass die lange Babypause der Königin in den 1950er Jahren auf Eskapaden ihres vitalen Ehemanns zurückzuführen gewesen sein könnten. Sollte dem so sein, dann hat man das seinerzeit noch gut unter dem Hut zu halten verstanden; ein Vorbild freilich wäre es für die eigenen Kinder nicht eben gewesen. Und sie haben es angesichts der modernen Medien natürlich viel schwerer, das Private ganz abzuschotten.

Vieles, das früher heil ausgesehen hat, war halt auch nur Fassade. Insofern kann die neue Offenheit auch als ein Stück mehr Ehrlichkeit gesehen

Vor Popstars und seiner Mutter Königin Elisabeth II. hält Kronprinz Charles eine kleine Ansprache beim Finale des Popkonzerts anlässlich des 50. Thronjubiläums 2002 im Park des Buckingham Palastes in London. Über eine Million Menschen verfolgen vor der in Gold angestrahlten Fassade des Palastes und in den angrenzenden Parks die „Party at the Palace".

werden. In jedem Fall hat das Menschliche oder gar Allzumenschliche, das auch „bei Hofe" sichtbar wird, nicht zuletzt zum moderneren Image beigetragen. Und manche Schwäche hat die Sympathiewerte möglicherweise eher steigen lassen. Es steht also kaum zu erwarten, dass wieder ein Fall wie 1936 einträte, wenn Prinz Charles seine langjährige Freundin, die geschiedene Camilla Parker-Bowles, heiraten würde und dann irgendwann die Thronfolge anstünde. Doch warum Parlament und Regierung vor Probleme stellen? Beide Partner sind Mittfünfziger, so dass weitere Elternschaft ausgeschlossen ist. Eheschließung muss da in der „modernen Welt" nicht mehr sein, auch nicht bei den Royals.

Wenn denn je aus dem Dauerkronprinzen Charles ein König werden sollte. Die Mutter der Königin, die im Jahr des Goldenen Thronjubiläums gestorbene allseits geliebte Queen Mum, hat ein Alter von nahezu 102 Jahren erreicht. Wenn die Tochter ihr nur ein wenig nacheifert, wird Charles an die achtzig Jahre alt sein, ehe er nachrückt. Ob er das dann selber noch wollen und auch noch können würde? Reine Spekulation. Aber auch das ist ein wichtiger Reiz der Monarchie: Sie beflügelt die Fantasie.

Die Königinmutter, liebevoll Queen Mum genannt, war beim Volk sehr beliebt. Nachdem ihr Ehemann, Albert Herzog von York, unter dem Namen Georg VI. als Nachfolger seines abgedankten Bruders Eduard VIII. zum König gekrönt wird, ist sie ihm eine große Stütze. Gänzlich auf diese Aufgabe unvorbereitet, wandelt er sich mit ihrer Hilfe von einem schüchternen Mann in einen sehr beliebten König, der von 1936 bis 1952 herrscht.

Anstatt sich und ihre Töchter während des Zweiten Weltkriegs in Kanada in Sicherheit zu bringen, bleibt sie mit ihrer Familie im bombardierten London – um nicht nur bei ihren Kindern, sondern auch bei allen Kindern des Landes zu bleiben. Nicht zuletzt durch dieses unaufdringliche Heldentum hat sie die Herzen der Briten erobert.

Das englische Königshaus

Fast schien sie unsterblich – und mit ihren über hundert Jahren aus der königlichen Familie nicht mehr wegzudenken. Doch am 30. März des Jahres 2002 schließt die allseits geliebte Queen Mum für immer die Augen.

Zehn Tage nach ihrem Tod nehmen die Briten mit einer pompösen Trauerfeier Abschied. 2100 Gäste erweisen Queen Mum die letzte Ehre. Die Sargträger ziehen voller Ehrerbietung ihre Bärenfellmützen, als der Sarg der Königinmutter mit ihrer Standarte und ihrer Krone auf einer Geschützlafette vor der Westminster-Abtei eintrifft.

Eine europäische Familie

Stolz sind die Engländer bis heute auf ihre Insellage trotz der von manchen betrauerten Untertunnelung des Ärmelkanals. Doch so „splendid" (glanzvoll), wie es ein geflügeltes Wort des 19. Jahrhunderts wollte, war ihre Isolation nie. Zwar hatte es nach Wilhelm, dem Herzog der Normandie, also seit Mitte des 11. Jahrhunderts, nie wieder eine feindliche Eroberung gegeben, doch freundliche dafür in großer Zahl: Einheiratungen von Hochadligen vom Kontinent in die königliche Familie, und die letzte liegt gerade einmal gut eine Goldene Hochzeit zurück. 1947 heiratete die heutige Königin ihren Schwarm Marineoffizier Philip aus einer Nebenlinie des griechischen Königshauses und der dänisch-deutschen Dynastie Schleswig-Holstein-Sonderburg-Glücksburg.

Queen Elisabeth II., Prinz Charles und dessen ältester Sohn Prinz William verfolgen amüsiert den Wettbewerb im Sackhüpfen bei den Hochlandspielen in Braemar in Schottland 2001. Neben Tanz und Musik gehören auch Disziplinen wie Baumstamm-Weitwurf, Tauziehen und Steinestoßen zum Programm der jährlich stattfindenden Spiele.

Die Queen und Prinz Philip am 75. Geburtstag 2001 auf dem Balkon des Buckingham Palastes.

Das englische Königshaus

Das war nicht ohne Probleme gewesen, denn das deutsche Element war wenig erwünscht, zumal es noch die deutsche Mutter des Bräutigams, eine Battenberg, verstärkte. Mit einem Anglisierungstrick, den schon ein Onkel 1921, dem Geburtsjahr des künftigen Prinzgemahls, angewandt hatte, wurde die Hürde beseitigt: Durch halbe Übersetzung und Umstellung der Silben des Mutternamens wurde aus Philip von Griechenland und Dänemark ein unverfänglicher Philip Mountbatten, der zudem zum Herzog von Edinburgh, Earl of Merioneth und Baron Greenwich ernannt wurde. Als Gatte der künftigen Königin sollte er den Titel „Prinz" tragen. An die deutsche „Belastung" erinnerte kaum noch etwas.

Auch Mary, die Großmutter der Braut, war inzwischen ganz eingemeindet, denn sie und ihr Mann, König Georg V., hatten ja seinerzeit im ersten Großen Krieg der Umbenennung ihres Hauses in Windsor zugestimmt. Dabei war diese Großmutter, bei Elisabeths Eheschließung 80 Jahre alt, auch eine Deutsche aus einer Nebenlinie des württembergischen Königshauses: Königin Mary war eine gebürtige Herzogin Maria von Teck. Sie erlebte auch noch die Thronbesteigung ihrer Enkelin und starb 1953. Marys Mutter wiederum, die 1925 im Alter von 80 Jahren verstorbene Alexandra, entstammte wie Elisabeths Bräutigam der dänisch-deutschen Dynastie Schleswig-Holstein-Sonderburg-Glücksburg und war mit Eduard VII.

Die britische Königin Elisabeth II. liebt ihre Corgi-Hunde. Nachdem ihr Lieblingshund Kelpie im hohen Hundealter von 17 Jahren verstarb, hat die Königin noch drei Corgis: Pharos, Swift und Emma. Laut dem Boulevardblatt „Sun" hat die Königin ihren treuen Vierbeiner, Leiter der königlichen Hundemeute, im Garten von Schloss Windsor zur letzten Ruhe gebettet.

Prinz Andrew und Fergie haben auch nach ihrer Scheidung ein äußerst freundschaftliches Verhältnis bewahren können und verbringen gemeinsam Urlaub mit ihren Kindern, wie hier 2001 in der Schweiz.

Das englische Königshaus

(König 1901–1910) verheiratet. Und Stammvater aller Herrscher von diesem Eduard an über Georg V., Eduard VIII. und Georg VI. bis zu Elisabeth selbst war Albert von Sachsen-Coburg-Gotha, Ehemann der Königin Victoria, die 63 Jahre lang dem Empire vorgestanden hatte.

Die Söhne von Prinz Charles, William und Harry, haben die Begeisterung für das Polo-Spiel und wohl auch das Talent zum Siegen geerbt: Ihre Mannschaft im Team von Highgrove schlug das gegnerische Team von Cirencester Park beim Polo-Turnier in Cirencester im Juli 2001.

Also kontinentale Bindungen, wohin man sieht bei den Windsors. Nur Elisabeths Vater, Georg VI. (1895 – 1952, König seit 1936), hatte heimisch geheiratet wie später sein Enkel Charles, wobei dieser freilich mit dem Entschluss wenig glücklich geworden ist. Leicht hatten es auch die Ehepartner früherer Windsors nicht immer, als sie noch Sachsen-Coburg-Gotha hießen. Vor allem Eduard VII. machte der Mutter Victoria mit seinen Affären und seiner Faulheit schwere Sorgen, und der gleichnamige Urenkel, der achte Eduard, verlor den Thron sogar aus Liebe zu der zweimal geschiedenen Amerikanerin Wallis Warfield-Simpson.

Prinzessin Anne ist unter den Mitgliedern der königlichen Familie die Fleißigste. Nicht mit Skandalen, sondern mit ihrem Engagement in diversen Wohltätigkeitsorganisationen und zahlreichen offiziellen Terminen im In- und Ausland macht sie von sich reden. Nach ihrer gescheiterten Ehe mit dem Olympiareiter Mark Phillips, mit dem sie die Leidenschaft für Pferde und die Reiterei teilte, heiratete sie 1992 den Stallmeister der Queen, Tim Laurence.

Bis heute blieb die Ehe ohne Skandale, und es gibt keinen Grund, den immer wieder aufkommenden Trennungsgerüchten Glauben zu schenken. Das Paar tritt stets in trauter Zweisamkeit auf, wie hier bei der Taufe des größten Kreuzfahrtschiffes „P&O Aurora", das von Prinzessin Anne getauft wurde, 2000.

Das englische Königshaus

Der begeisterte Polo-Spieler Prinz Charles nimmt an zahlreichen Turnieren teil. Traditionsgemäß überreicht die Königin die Auszeichnung, wie hier beim Royal Ascot Meeting in Windsor Great Park 2000, und empfängt dafür dezent lächelnd einen Handkuss von Prinz Charles.

Auch die jüngere Schwester der Queen, Margaret, hatte kein Glück in der Liebe, musste sie doch ihre große Liebe zugunsten der Staatsräson aufgeben und scheiterte ihre Ehe mit Lord Snowdon. Sie starb nach mehreren Schlaganfällen im selben Jahr wie Queen Mum.

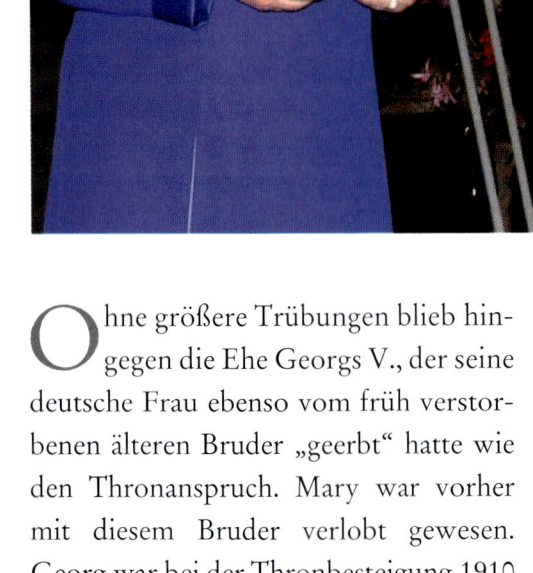

Ein runder Geburtstag: Queen Mum, die hundertjährige Jubilarin, zeigt sich am Nachmittag des 4. August 2000 mit den Mitgliedern der Königsfamilie auf dem Balkon des Buckingham Palastes.

Und noch ein runder Geburtstag im Jahr 2000: Königin Elisabeth II. wendet sich an die Gäste eines Empfangs zu Ehren des 50. Geburtstages ihrer einzigen Tochter, Prinzessin Anne. Die Party ist auch eine Anerkennung für Annes unermüdlichen Einsatz in verschiedenen Wohltätigkeitsorganisationen.

Ohne größere Trübungen blieb hingegen die Ehe Georgs V., der seine deutsche Frau ebenso vom früh verstorbenen älteren Bruder „geerbt" hatte wie den Thronanspruch. Mary war vorher mit diesem Bruder verlobt gewesen. Georg war bei der Thronbesteigung 1910 entsprechend schlecht auf die Königsrolle vorbereitet und konzentrierte sich zeitlebens mehr aufs Privatleben: Zwölf Kinder hatte er in den ersten zwölf Jahren seiner Ehe mit Mary. Elisabeth II. war zehn Jahre alt, als der Großvater 1936 starb; sie erinnert sich gern an den stattlichen alten Herrn, einen typischen britischen Landedelmann.

Das englische Königshaus

Elisabeth und ihre drei männlichen Vorgänger wurden lange an der Stammmutter Victoria gemessen, der „Großmutter Europas", wie man sie gern ein wenig spöttisch nannte. Ihre neun Kinder hatte sie nämlich so geschickt verheiratet, dass fast auf allen europäischen Thronen schließlich Verwandte der später Windsor genannten Dynastie saßen und vielfach noch sitzen. Diese bemerkenswerte Frau stammte ihrerseits aus dem Haus Hannover, das 1714 den englischen Thron geerbt hatte.

Die „Königin der Herzen" und Mutter Teresa, der „Engel der Armen" – hier bei einem Treffen 1997 in Rom – verband das Engagement für die Armen. Lady Di hat mit ihrer hohen Popularität das Anliegen der „International Campaign to Ban Landmines" entscheidend gefördert und durch Besuche in schwer betroffenen Ländern auf das Problem der Landminen aufmerksam gemacht. Die Friedensnobelpreisträgerin Mutter Teresa setzte sich in Kalkutta für die Ärmsten der Armen ein.

Chronik der wichtigsten Ereignisse

2003 Jahreschronik

15.10. Camilla Parker-Bowles gibt das Reiten auf, Grund: Fortschreitende Osteoporose (Knochenschwund).

15.08. In seinem neuen Buch „Diana – Secrets & Lies" (Geheimnisse und Lügen) behauptet Monarchie-Experte Nicholas Davies, die Prinzessin sei Opfer britischer und französischer Agenten geworden.

11.08. Aufregung um Prinz William, der auf einer Jagd in Kenia eine kleine Dik-Dik-Antilope mit einem Riesenspeer erlegt hat. Tierschützer sprechen von „Bambi"-Mord.

01.08. Prinz Charles bezieht mit Camilla Parker-Bowles das renovierte Clarence House neben seinem bisherigen Palast St. James.

21.06. Prinz William stellt seinen 21. Geburtstag unter das Motto „Jenseits von Afrika".

05.06. Afghanistans Präsident Karsai erhält aus der Hand Elisabeths II. die Erhebungsurkunde in den Adelsstand.

02.06. Zu den Feierlichkeiten aus Anlass des 50. Krönungsjubiläums lädt die Königin erstmals Camilla Parker-Bowles offiziell ein; eine Geste der

Die britische Krone wird sie wohl nie tragen: Camilla Parker-Bowles, die langjährige Geliebte des britischen Thronfolgers Prinz Charles, wird hier bekrönt vom Wandornament der Prince's Foundation im Hintergrund, 2000.

Charles in Sorge um Camilla

Die Verlautbarung des Palastes klingt nüchtern: Lady Camilla Parker-Bowles wird künftig aus gesundheitlichen Gründen auf ihren Lieblingssport, die Fuchsjagd, verzichten, heißt es am 15. Oktober 2003. Dahinter verbirgt sich aber ein Drama: Die Freundin von Kronprinz Charles leidet an Osteoporose, einer unaufhaltsamen Verminderung der Knochenmasse. Das hat bereits zu chronischen Rückenschmerzen geführt und könnte bei Reitunfällen schwerste Verletzungen bis hin zu einer Querschnittslähmung nach sich ziehen.

Obwohl Charles bereits viele internationale Kapazitäten zu Rate gezogen hat, schreitet das Leiden fort. Das Bedrohliche daran: Camillas Großmutter Sonya ist an der Krankheit gestorben, und auch die Mutter Rosalind (74) quälte sich damit bis zu ihrem Tod vor neun Jahren. Osteoporose tritt vor allem bei Frauen in und nach den Wechseljahren auf, gefördert durch die hormonelle Umstellung. Hormonersatz durch Medikamente kann die Krankheit hemmen, ist aber nicht ohne Risiko: Die Gefahr von Brustkrebs steigt.

Wo Queen Mum den Drink nahm

Endlich haben sie ein gemeinsames Zuhause: Prinz Charles und seine inzwischen vom Hof akzeptierte Lebensgefährtin Camilla. Sie beziehen Anfang August 2003 Clarence House, bis zu ihrem Tod Residence von Königinmutter Elizabeth. 46 000 Karten zum Preis von 7,50 Euro sind für Touristen ausgegeben worden, die bis zum Oktober das Erdgeschoss besichtigen können. Die Privatgemächer des Hausherrn und Camillas sowie der Diana-Söhne William und Henry („Harry") in den oberen Stockwerken sind nicht zugänglich. Der für 8,7 Millionen Euro renovierte Bau ist 1825–27 von dem späteren König Wilhelm IV. für seine deutsche Frau Viktoria errichtet worden: ein einfaches Stadtpalais mit klassizistischer Fassade. Bemerkenswerter schon die Inneneinrichtung, die bei technischer Modernisierung im ursprünglichen Stil erhalten geblieben ist: Schwere Vorhänge, Möbel mit kostbaren Intarsien, Büsten, Kamine, Landschafts- und Jagdgemälde, Familienbilder in Silber- und Goldrahmen. „Hier", verkündet die Fremdenführerin, „pflegte Queen Mum vor dem Mittagessen einige Drinks einzunehmen."

Ein „schwarzer" Tag auf Windsor

Prinz William feiert am 21. Juni 2003 seinen Geburtstag auf Schloss Windsor, doch einen der besonderen Art: Zum einen stimmen Datum und erreichtes Alter überein, zum anderen hat sich der junge Mann zwecks Auflockerung der Atmosphäre ein Motto einfallen lassen: „Jenseits von Afrika" heißt es nach dem preisgekrönten Film und soll die Gäste zu fantasievoller Kostümierung animieren. Außerdem solle es sie darauf einstimmen, dass Stimmung durch eine afrikanische Combo gemacht wird. Der Prinz höchst

Das englische Königshaus

Drei Generationen der britischen Königsfamilie: Königin Elisabeth II. und ihr Gatte, der Herzog von Edinburgh, Prinz Charles und sein ältester Sohn Prinz William posieren im Clarence House, der Residenz der verstorbenen Königinmutter, 2003.

selbst schlägt die Trommel. Besonders fällt die Feier aber auch durch einen Zwischenfall aus: Während William („Wills") die Gäste begrüßt, versucht ihm ein Unbekannter, der auf die Bühne torkelt, das Mikrofon zu entreißen. Sicherheitskräfte nehmen den Störenfried fest. Gefahr hat nicht bestanden, der Mann ist nicht bewaffnet, sondern nur betrunken. Ob später auch einige der 300 Gäste in diesen Zustand geraten sind, wird nicht bekannt.

Schon vor dem Geburtstag hat sich William in einem Interview zu seiner Zukunft geäußert und vehement dementiert, dass er angeblich keinen Wert darauf legt, König zu werden: „Ich bin da hinein geboren worden, und es ist meine Pflicht." Von seiner königlichen Großmutter sagte er: „Sie ist ein riesiges Vorbild für mich."

Königin gegen Königin

Alle zehn Jahre besucht Elisabeth II. ihre höchsten Garde-Grenadiere auf Schloss Windsor. Es wird ein gelungenes Fest werden, denn die Generalprobe am 15. April 2003 wäre fast geplatzt. Eine Bienenkönigin hat der Queen den Stuhl streitig gemacht. Mit ihrem ganzen Schwarm hat sie sich ausgerechnet auf den für die höchsten Gäste vorgesehenen Sitzen niedergelassen und keine Anstalten gemacht, sie für die richtige Königin wieder zu räumen. Im Gegenteil: Die mit befohlen regloser Miene angetretenen Grenadiere mussten befürchten, unliebsam stacheligen Besuch unter ihren Bärenfellmützen zu bekommen. Peter Sheppard, Imker Ihrer Majestät, hat schließlich mit sanfter Gewalt die Gefahr gebannt. „Schloss Windsor", so sein Kommentar, „schien der Bienenkönigin zu gefallen."

Königin Elisabeth II. und ihr Enkel Prinz William verfolgen bei strahlendem Sonnenschein auf dem Balkon des Buckingham Palastes in London die Truppenparade anlässlich des 77. Geburtstages der Queen 2001.

Jahreschronik 2003

Aufwertung für die Partnerin von Prinz Charles.	
Ein Bienenschwarm stört Festlichkeiten der Queen auf Schloss Windsor.	**15.04.**
Kronprinz Charles sagt die Teilnahme an einem Abendessen mit dem russischen Präsidenten Putin ab, weil die Königin das Erscheinen auch seiner Freundin Camilla als „unpassend" ablehnt.	**13.04.**
Gerüchte um eine mehr als freundschaftliche Beziehung zwischen Prinz William, 20, und der hübschen Gutsherrentochter Bryony Daniels.	**März**
Tod von Major Ronald Ferguson, 72, ehemaliger Polo-Manager von Prinz Philip und Prinz Charles und Vater der Herzogin Sarah (Fergie).	**16.03.**
Die BBC beginnt mit der Ausstrahlung einer Dokumentation von Stephen Poliakoff „The Lost Prince" (Der verlorene Prinz) über das Schicksal des anfallkranken jüngsten Kindes John von König Georg V. und Königin Mary. John war 1919 im Alter von 14 Jahren gestorben.	**19.01.**
Königin Elisabeth II. wird im King Edward VII. Hospital am Meniskus des rechten Knies operiert. Operateur ist der orthopädische Hofchirurg Roger Vickers.	**13.01.**
James Hewitt, einstiger Liebhaber von Prinzessin Diana, versucht in den USA 64 Briefe der Princess of Wales zu verkaufen, die sie ihm zwischen 1989 und 1991 geschrieben hat.	**09.01.**
Mark Bolland, PR-Berater von Prinz Charles und seinen Söhnen, tritt von seinem Posten zurück. Er hat sich vor allem Verdienste um das Image von Camilla Parker-Bowles als Freundin des Thronfolgers erworben.	**03.01.**

Königin Elisabeth II. trifft mit Königin Beatrix der Niederlande, König Harald von Norwegen, Königin Margrethe von Dänemark und Königin Sofia von Spanien zu einem Dinner anlässlich ihres Goldenen Thronjubiläums 2002 in Windsor Castle ein.

2002 Jahreschronik

21.11. Prinzessin Anne wird von einem Gericht in Berkshire zu einer Geldstrafe von 500 Pfund verurteilt. Ihr Bullterrier „Dorothy" („Dotty") hat zwei Jungen gebissen, weil ihn die Prinzessin nicht angeleint hatte. Sie muss außer dem Schmerzensgeld auch die Behandlungskosten von 148 Pfund tragen.

19.11. Herzogin Sarah von York („Fergie") besucht als Repräsentantin der Porzellanfirma Wedgwood Hamburg. Dort zeichnet sie zwei Kaufleute mit dem „German Tabletop Award" aus, stellt die neue Kollektion des Designers Jasper Conran vor und signiert Wedgwood-Bücher.

04.11. Eugenie, jüngere Tochter des Prinzen Andrew, wird an der Wirbelsäule operiert. Die Korrektur macht sie um fünf Zentimeter größer.

01.11. Nach Intervention der Königin wird der Prozess gegen Paul Burrell, dem früheren Butler von Prinzessin Diana, eingestellt.

19.10. Eine BBC-Umfrage ergibt, das nach Meinung der Mehrheit Prinzessin Diana zu den zehn bedeutendsten Briten aller Zeiten zählt. Platz eins belegt allerdings Kriegspremier Winston Churchill.

Traurige Tage im Buckingham Palast

Wie nahe beieinander Schmerz und Jubel liegen können, erleben Englands Königin Elisabeth und ihre Familie im Jahr 2002. Die Vorbereitungen für das Fest zum 50. Jahrestag der Thronbesteigung laufen seit Monaten auf Hochtouren, da erschüttert der Tod von Prinzessin Margaret und von Queen Mum, wie die Mutter der Monarchin stets liebevoll genannt worden ist, das Königshaus. Am 9. Februar schließt die jüngere Schwester der Königin für immer die Augen, nur sechs Wochen später entschläft dann am 30. März ihre Mutter, geschwächt vom Schmerz um die Tochter. Schwer zu sagen, welcher Trauerfall mehr Anteilnahme auslöst, denn hoher Beliebtheit erfreuten sich beide Verstorbenen. Und obwohl bei beiden das Ende absehbar gewesen ist, nimmt das Land die Nachrichten mit Bestürzung auf. Margaret, die Frau, die um ihrer hohen Stellung willen auf Liebesglück hatte verzichten müssen, kränkelte schon sehr lange. Elizabeth Bowes-Lyon, so der Geburtsname von Queen Mum, erschien vielen fast als unsterblich: Der Abschied nach 101 Lebensjahren fällt dem Volk sichtlich schwer und überschattet die glanzvollen Feiern des kommenden Sommers.

Besonderer Respekt für eine besondere Person: Prinz Charles, seine Brüder Andrew und Edward und ihr Cousin David Linley halten Totenwache am aufgebahrten Sarg der Königinmutter in der Westminster Hall in London 2002.

Die Rache des verfolgten Butlers

Vielleicht hätte er nie geredet. Doch dann kam die Polizei, durchsuchte seine Wohnung, fand einige hundert Gegenstände aus dem Privatbesitz der verstorbenen Prinzessin Diana und schritt mit Billigung des Königshauses zur Diebstahlsanklage: Paul Burrell, jahrelang Butler im Haus der „Königin der Herzen", fand sich vor Gericht wieder. Bald drang von dort Kunde zur Königin, dass der Mann „auspacken" wolle und dass dann mit vielen unappetitlichen Details zu rechnen sei.

Ob es daran liegt, oder ob der Königin wirklich erst jetzt wieder einfällt, dass Burrell nach dem Tod der Prinzessin ganz offiziell um Erlaubnis für die Mitnahme von Privatgegenständen seiner Herrin gebeten hat? Elisabeth II., in deren Namen britische Gerichte ihre Urteile sprechen, teilt jedenfalls in letzter Minute mit, Burrell habe nichts Unrechtes getan. Die Richter hören es gern, die gefürchtete Aussage ist nun nicht mehr erforderlich. Burrell wird Anfang November 2002 freigesprochen.

Der „grüne" Prinz: Charles ausgezeichnet

Die Stiftung Europäisches Naturerbe (Euronatur) beschließt im Januar 2002, dem englischen Kronprinzen Charles den Euronatur-Umweltpreis zu verleihen. Am 11. Juni nimmt ihn Seine Königliche Hoheit in Lübeck entgegen. Zur Begründung heißt es, Charles werde ausgezeichnet für „seinen langjährigen Einsatz im ökologischen Landbau, für sein Engagement für eine menschliche und umweltfreundliche Architektur sowie für die Bewahrung intakter Kulturlandschaften". Der britische Thronfolger habe auf seinen eigenen Gütern schon vor Jahren konsequent eine Agrarwende durchgeführt und habe frühzeitig begonnen, einen neuen Dialog zwischen Kultur und Natur zu führen. Charles steht damit in einer Reihe illustrer Preisträger, darunter beispielsweise Klaus Töpfer, der deutsche Chef der UN-Umweltbehörde und der frühere brandenburgische Umweltminister Mathias Platzeck.

Auf den Spuren seiner Mutter

Ein wichtiger Geburtstag steht den Windsors ins Königshaus: Prinz Harry, der nur dann mit dem Rufnamen Henry gerufen wird, wenn er etwas ausgefressen hat, also ziemlich oft – Prinz Harry wird am 15. September 2002 volle 18 Jahre alt. Von nun an darf er ohne Verkleidung und künstlichen Bart, die bisher ab und an herhalten mussten, im Pub ein Bier ordern. Ja, er dürfte theoretisch sogar ohne Einwilligung des Vaters heiraten.

Strahlend präsentiert Prinz Harry ein Shirt mit einer großen 18 darauf – ein Geschenk des Clubs West Ham United's zu seinem bevorstehenden 18. Geburtstag im September 2002.

Dann freilich liefe er Gefahr, aus der Thronfolge zu fallen, in der er bisher die Nummer drei ist nach Vater Charles und Bruder William.

Das hat er aber ganz offensichtlich nicht vor, denn mit dem ständig zu Streichen aufgelegten Rotschopf ist eine Wandlung vorgegangen: Im Vorfeld des Geburtstages besuchte er in St. Paul's eine Gedenkfeier für die Opfer des 11. Septembers, ein Projekt für junge Straftäter und eine lange von seiner tödlich verunglückten Mutter gefördertes Krankenhaus. Die „Times" titelte: „Prinz Harry schlüpft in den Wohltätigkeitsmantel seine Mutter". Der draufgängerische Junge hat offensichtlich allerhand zu kompensieren gehabt: Den Scheidungskrieg der Eltern, die unappetitlichen Details über sie in den Boulevardblättern und vor allem den grausigen Tod der Mutter, als er zwölf Jahre alt war. Über sie spricht er immer noch viel. Jetzt scheint statt Kompensation Nachfolge angesagt zu sein. Und so ist wohl auch zu verstehen, dass Harry keine Geburtstagsparty gibt, sondern nur eine „stille Feier".

Jahreschronik 2002

14.10. Bei Prozessbeginn wegen Diebstahls bezeichnet sich Lady Dianas früherer Butler Paul Burrell in allen Punkten der Anklage als „nicht schuldig".

15.09. 18. Geburtstag von Prinz Henry („Harry"), jüngerer Sohn des Thronfolgers. Er erhält ein eigenes Wappen.

22.06. Lord Alexander Earl of Ulster, 27, heiratet in London Dr. Claire A. Booth. Der Earl ist das älteste Kind des Herzogs Richard von Gloucester, eines Vetters der Königin.

11.06. In Lübeck erhält Prinz Charles von der Stiftung Europäisches Naturerbe den Euronatur-Umweltpreis 2002.

04.06. Goldenes Thronjubiläum der Königin. Sie erhält als Geschenk dazu wenige Tage zuvor vom VW-Werk einen 6,7-Liter-Bentley mit V-8-Motor, der eigens für sie gefertigt worden ist.

15.05. 21. Geburtstag von Zara Phillips, Tochter von Prinzessin Anne und Captain Mark Phillips; Zara steht auf Rang zehn der Thronfolge.

30.03. Tod der Königinmutter Elizabeth („Queen Mum") im Alter von 101 Jahren.

09.02. Tod von Prinzessin Margaret, Countess of Snowdon und Schwester der Königin, im Alter von 71 Jahren.

06.02. 50. Jahrestag der Thronbesteigung durch Elisabeth II., begangen mit Salutschüssen im Hyde Park und am Tower; die eigentlichen Feierlichkeiten sind auf den 4.6. terminiert.

2001	Jahreschronik
25.12.	100. Geburtstag von Herzogin Alice von Gloucester, einer Tante der Königin.
24.09.	Prinz William beginnt sein Studium der Kunstgeschichte an der schottischen Universität St. Andrews.

04.08.	Königinmutter Elizabeth („Queen Mum") begeht ihren 101. Geburtstag.
30.07.	Prinz Andrew, Herzog von York, quittiert nach 22 Jahren den Dienst bei der Königlichen Marine und wird britischer Handelsbotschafter.
10.06.	80. Geburtstag von Prinz Philip, Herzog von Edinburgh und Ehemann der Königin.
02.05.	Erster öffentlicher Auftritt von Zara Phillips, Tochter von Prinzessin Anne und Mark Phillips, bei einer Wohltätigkeitsveranstaltung.
08.04.	Sophie Gräfin Wessex zieht sich aus ihrer PR-Agentur zurück.

Der Kronprinz „is not amused"

Als Prinz Edward die bildschöne Sophie Rhys-Jones heiratete und sie zur Gräfin von Wessex machte, registrierte die Presse wohlwollend, dass sie auch als Mitglied der königlichen Familie weiter beruflich tätig sein wollte. Ob es der falsche Beruf war? In einer PR-Firma muss halt viel geredet werden, ohne dass jedes Wort gleich auf die Goldwaage zu legen wäre. Das ist der jungen Frau nun zum Verhängnis geworden.

Ein Kunde, der sich als Scheich ausgab, plauderte scheinbar ganz privat mit der fleißigen Gräfin, ließ aber heimlich ein Tonband mitlaufen und veröffentlichte bald darauf einige der wenig ladyliken Bemerkungen. Sie haben Sophie in Bedrängnis gebracht. So hat sie dem britischen Premierminister Blair „zu präsidentenhaftes" Gehabe vorgeworfen und sich abfällig über Camilla Parker-Bowles, die Freundin von Kronprinz Charles, geäußert: „Ich glaube nicht", so Sophie, „dass sie viele Leute gern als Königin sähen." Das mag denken, wer will, und das darf mancher auch sagen. Ein Familienmitglied aber zieht sich damit unweigerlich den Zorn von Charles zu.

Am 8. April 2001 hat sich Sophie nun aus ihrer Agentur zurückgezogen. Mit der Berufstätigkeit ist es vorerst vorbei.

Hundert Jahre jung – Queen Mother, ein stiller Star

Da steht sie, wie immer pastellfarben gekleidet, die kleine Frau zwischen lauter Offizieren mit Gardemaß. Sie winkt huldvoll und fast ein bisschen verlegen, während die Bataillone der Armee ihr zu Ehren vorüberziehen. Als könne es das Königreich nicht erwarten, wird Elizabeth Angela Margarete, geborene Bowes-Lyon, am 19. Juli 2000, schon drei Wochen vor ihrem hundertsten Geburtstag, mit einer Parade gefeiert, wie sie sonst nur ihrer Tochter Elisabeth II., der amtierenden Königin, zusteht.

So alt wie das Jahrhundert: Queen Mum und ihr Lieblingsenkel Prinz Charles fahren in der mit Blumen geschmückten Kutsche durch die jubelnde Menschenmenge, 2000.

Am eigentlichen Ehrentag dann, dem 4. August, jubeln Zehntausende der Jubilarin zu, die im offenen Wagen mit Prinz Charles, ihrem Lieblingsenkel, an der Seite durch die britische Hauptstadt fährt. Als junge Lady war Elizabeth eine umschwärmte Schönheit, die Heiratsanträge sammelte wie andere Schmuck. Selbst ihr späterer Ehemann, Herzog Albert von York, holte sich zweimal eine Abfuhr, ehe seine Beharrlichkeit beim dritten Vorsprechen Erfolg hatte. 1923 läuteten dann die Hochzeitsglocken, und knapp drei Jahre später wiegte die glückliche Jungherzogin ihre nach ihr benannte Tochter im Arm. 1930 folgte eine zweite Tochter, Margaret Rose. Einen Stammhalter konnte Elizabeth ihrem Mann nicht schenken.

Das führte 1936 zu allerlei Geunke, als dessen Bruder, König Eduard VIII., abdankte, weil er eine zweimal geschiedene Frau, noch dazu eine Amerikanerin, heiraten wollte. Albert nämlich sollte nun an seiner Stelle den Thron besteigen, und es war absehbar, dass mit einem männlichen Nachkommen nicht mehr zu rechnen war.

Das englische Königshaus

Königin Elisabeth II. enthüllt im Beisein von Bundespräsident Johannes Rau und dem britischen Botschafter eine Steintafel zur Eröffnung der neuen Botschaft nahe dem Brandenburger Tor in Berlin.

Viel Zeit für Bedenken aber war nicht, denn die politische Lage verlangte stabile Verhältnisse an der Spitze des Landes, und so bestieg Albert als Georg VI. den Thron. Der etwas gehemmte Mann hatte einen wesentlichen Vorzug: seine Frau. Elizabeth stand ihm unerschrocken zur Seite, als 1939 die Lichter in Europa ausgingen und deutsche Bomber über London erschienen. Sie weigerte sich, die Hauptstadt zu verlassen und wurde für ihre Landsleute zu einem Vorbild an Mut und Widerstandsgeist. Und sie zeigte, dass auch eine Frau ihren Mann stehen kann.

Heute ist „Queen Mum", wie sie im Volk zärtlich heißt, die allerhöchste Ikone der Monarchie und die hochverehrte Chefin des Hauses Windsor. Ihr tägliches Gläschen Gin und einige andere liebenswerte Schwächen haben ihren Sympathiebonus eher noch gesteigert – hoch lebe Königinmutter Elizabeth!

Die Queen in Berlin: Einweihung der Botschaft

Es hat etwas gedauert, doch nun hat die deutsche Hauptstadt wieder eine britische Vertretung, die den Namen verdient. Am 18. Juli 2000 weiht Königin Elisabeth II. das neue Gebäude ein, das genau dort an der Wilhelmstraße nur einen Steinwurf weit vom Brandenburger Tor entfernt steht, wo schon bis 1939 die englischen Diplomaten residierten. 38 Millionen Euro hat sich Großbritannien den sechsstöckigen Bau kosten lassen, der eine Bürofläche von 11 200 Quadratmetern aufweist und mit eigenwilligen Stilelementen wie dem verkantet aus der Fassade ragenden mächtigen blauen Saal über dem Tor die Handschrift des Architekten Michael Wilford zeigt.

Ein wahrhaft königliches Haus und die erste britische Botschaft überhaupt, die von Ihrer Majestät höchstselbst der Bestimmung übergeben worden ist. Elisabeth bezeichnet die Residenz als „Schaufenster Großbritanniens" und sagt in ihrer Ansprache: „Wo sich früher West und Ost gegenüber standen, können sie nun zusammenkommen. Berlin wird nicht länger ein Außenposten des Kontinents sein, sondern die geographische Mitte."

In Begleitung der Familie verlässt Queen Mum nach einer Messe die St. Paul's Kathedrale in London, 2000.

Jahreschronik 2000

21.08. 70. Geburtstag von Prinzessin Margaret, Countess of Snowdon und Schwester der Königin.

04.08. Mit einer der üblichen Glückwunschkarten, die sie an Hundertjährige verschickt, gratuliert Elisabeth II. ihrer Mutter Elizabeth („Queen Mum") zum 100. Geburtstag.

18.07. Elisabeth II. weiht die neu erbaute britische Botschaft in Berlin ein.

21.06. Mit dem 18. Geburtstag wird Prinz William, ältester Sohn des Thronfolgers und von Lady Diana, volljährig.

13.02. Edward Herzog von Kent, ein Vetter der Königin, übergibt in Dresden am 55. Jahrestag der vernichtenden Bombardierung der Stadt das von seinen Landsleuten gestiftete Kuppelkreuz für die wieder erbaute Frauenkirche.

1999 Jahreschronik

19.06. Aus Anlass seiner Hochzeit mit Sophie Rhys-Jones erhält Prinz Edward, der jüngste Sohn der Königin, den Titel eines Earl of Wessex.

05.02. Geburt von Andrew, zweiter Sohn von Lady Sarah Chatto und Enkel von Prinzessin Margaret.

28.01. Erstmals zeigt sich Kronprinz Charles öffentlich mit Freundin Camilla Parker-Bowles.

1998

14.10. Auf seinem Landsitz Highgrove feiert Kronprinz Charles seinen 50. Geburtstag.

02.09. Prinz Henry, jüngster Sohn von Prinz Charles, nimmt seinen Schulbesuch in Eton auf.

25.01. Nachdem sie schon 1995 an der rechten Hüfte operiert worden ist, erhält die Königinmutter („Queen Mum") eine neue linke Hüfte.

1997

27.12. In Schloss Windsor werden die vom Brand 1992 verwüsteten Räume wieder für das Publikum geöffnet.

11.12. Abschied von der Königlichen Yacht „Britannia"; sie wird nach knapp 44 Jahren als „First Ship" außer Dienst gestellt.

20.11 Feier der Goldenen Hochzeit des Königspaares mit einem Festbankett.

31.08. Tod der geschiedenen Frau von Prinz Charles, Lady Diana, nach einem Autounfall in Paris.

15.07. Gartenfest der Königin und ihres Mannes, Prinz Philip von Edinburgh, aus Anlass ihrer Goldenen Hochzeit.

Prinz Edward und seine frisch angetraute Braut Sophie Rhys-Jones verlassen nach der Trauung die St. George's Chapel auf Schloss Windsor im Jahr 1999.

Mit gebremstem Glanz und Jubel

Wird sie die neue Herzdame der Briten? Als Sophie Rhys-Jones, nun verheiratete Gräfin von Wessex, am 19. Juni 1999 mit ihrem angetrauten Prinzen Edward, dem jüngsten Sohn der Königin, die St. George's Chapel in Windsor verlässt, können die etwa 30 000 Schaulustigen nicht umhin, an Diana zu denken. Da schwebt eine ähnlich engelgleiche Erscheinung ganz in Weiß die Stufen der Kirche hinunter, bezaubernd lächelnd wie einst Lady Di und dabei doch noch näher dem Volk.

Die 34-jährige Braut des gleichaltrigen Edward ist eine Bürgerliche, Vater Autoverkäufer, Mutter Sekretärin. Sie hat ihren Weg als Selfmadefrau gemacht und sich aus eigener Kraft und ohne elitäre Schulbildung eine PR-Agentur aufgebaut, die sie auch nach der Einheirat ins Königshaus nicht aufgeben will.

In nur kleinem Rahmen findet die Feier der Hochzeit statt. Im Haus Windsor ist man durch die Skandale um Charles und Diana, Andrew und Fergie gewarnt. Dass die Zeitung „Sun" bereits ein barbusiges Foto der jungen Sophie ausgegraben hat, schärft den Argwohn noch und rät zur Zurückhaltung. Dabei hat Sophie sofort die Herzen ihrer Schwiegereltern damit erobert, dass sie die von vielen als nicht mehr zeitgemäß eingestufte Formel bei der Trauung spricht, sie wolle ihrem Ehemann stets gehorsam sein. Vielleicht glückt dieses Glück.

Thronfolger im Dauerwartestand

Die Königin ruft und alle, alle kommen am Vorabend des 14. Novembers 1998 zur Feier des 50. Geburtstags ihres ältesten Sohnes und – wann wohl? – Nachfolgers Charles Philip Arthur George, Prince of Wales. 850 Gäste, darunter die Königspaare aus Spanien, Norwegen, Dänemark und Belgien sowie Emissäre fast aller europäischen Staaten, drängen sich im Buckingham Palast. Mit großem Beifall danken sie für die Rede der Queen auf den gereiften Kronprinzen, und vor allem für die Feststellung: „Charles, die Feier heute Abend ist eine Huldigung für all das, was du bisher bereits erreicht hast."

Urlaub in Schottland: Prinz Charles und seine Söhne auf dem königlichen Sommergut Balmoral 1997.

Natürlich schwebt bei allem Jubel auch Trauer durch den Raum. Trauer über die 1996 gescheiterte Ehe des Prinzen und vor allem Trauer um seine vor erst 15 Monaten tödlich verunglückte Ex-Frau Diana. Am wenigsten trauert vielleicht Charles selbst, denn er ist nun frei für eine Liebe, die nicht zuletzt Ursache für die Scheidung von Diana gewesen ist: Camilla Parker-Bowles, die ein Jahr ältere Freundin, ist nur vorübergehend aus seinem Herzen zu verdrängen gewesen. Sie spielt nun wieder die erste Geige, darf aber noch nicht offiziell bei Hofe auftreten. Deswegen hat sie ihrem Prinzen am Geburtstag selbst auf dem Landsitz Highgrove eine eigene Feier ausgerichtet, zu der zwar weniger Gäste (300) kommen, aber nur solche, vor denen sie sich und ihre Liebe nicht verstecken muss. Auch Charles wirkt hier gelöster als auf dem glatten Parkett des mütterlichen Palastes.

Zeichen der Trauer und ein letzter Gruß an die „Prinzessin der Herzen": das Meer von Blumen vor dem Kensington Palast, dem Wohnsitz Dianas, 1997.

Leb wohl, Rose Englands

Royals sind beliebte Beutestücke für die Paparazzi, und die beliebteste Angehörige des Königshauses, die 36-jährige Prinzessin Diana, hat den Appetit der Bildberichter in besonderer Weise geweckt. Sie soll ein Verhältnis mit dem Milliardärssohn Emad „Dodi" al-Fayed haben. Und als sie am Abend des 30. August 1997 mit ihm in einem Pariser Hotel geortet wird, steigt das fotografische Jagdfieber ins Ungemessene.

Vergeblich versuchen die beiden kurz nach Mitternacht mit Hilfe eines nicht ganz nüchternen Chauffeurs den Journalisten per Auto zu entkommen. Bei der Verfolgungsjagd gerät ihr gepanzerter Mercedes bei Tempo 196 ins Schleudern, der Fahrer verliert die Kontrolle, der Wagen prallt gegen einen Betonpfeiler. „Dodi" und der Fahrer sind sofort tot, ein Leibwächter überlebt schwer verletzt, und auch Diana kommt noch ins Krankenhaus. Dort erliegt sie gegen 4 Uhr früh am 31. August ihren inneren Verletzungen.

Jetzt erst zeigt sich, welche ungeheure Verehrung die schöne junge Frau genossen hat. Vor ihrer Wohnung im Kensington Palast breitet sich in kürzester Frist ein Blumenmeer aus, Menschen weinen haltlos vor ihrem Foto mit dem Trauerflor. Die zunächst zurückhaltende Reaktion des Königshauses lässt sich angesichts des Schocks, der ganz England erfasst hat, nicht durchhalten. Das Land erwartet von der Königin Worte des Trostes, und die können in diesem Fall nur solche der Betroffenheit und der ehrlichen Anerkennung

Mit einem Knopfdruck gibt Elisabeth II. die offizielle Website des Königshauses (www.royal.gov.uk) für die Öffentlichkeit frei.	06.02
1996	
Scheidungsurteil in der Sache Wales gegen Wales, Ende der Ehe von Prinz Charles und Lady Diana.	28.08.
Prinzessin Margaret erstmals Großmutter: Tochter Lady Sarah Chatto bringt ihren Sohn Samuel zur Welt.	28.07.
75. Geburtstag von Prinz Philip, Herzog von Edinburgh und Ehemann der Königin.	10.06.
Das Scheidungsurteil zur Trennung der Ehe von Prinz Andrew, Herzog von York, und Sarah Ferguson („Fergie") wird rechtskräftig.	30.03.
70. Geburtstag von Elisabeth II., offizielle Feiern wie üblich aus Wettergründen erst im Juni.	21.04.
1995	
Öffentliches Bekenntnis von Prinzessin Diana in einem BBC-TV-Interview über ihre Ehe und außereheliche Beziehungen.	20.11.
Prinz William, ältester Sohn von Prinz Charles und seiner Frau Diana, Princess of Wales, beginnt seine Schulzeit in Eton.	06.09.
Vorwiegend in deutscher Sprache hält Prinz Charles auf dem Rathausmarkt in Hamburg eine Rede aus Anlass des 50. Jahrestages des Endes des Zweiten Weltkriegs.	03.05.
In Vertretung seiner Cousine, Königin Elisabeth II., spricht Herzog Edward von Kent in Dresden zum 50. Jahrestag der Zerstörung der Stadt.	13.01.

1994	Jahreschronik
06.08.	Lady Helen Taylor, die Tochter des Herzogs Edward von Kent, wird Mutter eines Jungen, der den Namen Columbus erhält.
14.07.	Lady Sarah Armstrong-Jones, Tochter von Prinzessin Margaret und Nichte der Königin, heiratet in London Daniel Chatto.
29.06.	In einem Fernseh-Interview mit dem Sender ITV gesteht Prinz Charles ein, dass er Ehebruch begangen habe.
06.05.	Einweihung des nach vieljähriger Bauzeit fertig gestellten Tunnels unter dem Ärmelkanal durch den französischen Präsidenten Mitterrand und Königin Elisabeth II.
14.01.	Herzogin Katharine, verheiratet mit Herzog Edward von Kent, tritt im Alter von 60 Jahren zum katholischen Glauben über.
1993	
08.10.	David Viscount Linley, Sohn von Prinzessin Margaret und Lord Snowdon, heiratet in London Serena Stanhope.
22.09.	Margaret („Bobo") MacDonald stirbt im Alter von 89 Jahren im Buckingham Palast. Sie war über 60 Jahre Dienerin der königlichen Familie.
11.06.	Beförderung von Prinz Edward, Herzog von Kent, zum Feldmarschall der Armee.
11.02.	Regierungsbeschluss: Elisabeth II. wird künftig wie jeder Bürger Steuern auf ihr privates Einkommen zahlen.

für die oft gescholtene Ex-Schwiegertochter sein. Bei der in alle Welt übertragenen Trauerfeier am 6. September weht die Fahne des Buckingham Palastes auf Halbmast. Dianas geschiedener Mann Prinz Charles folgt mit den Söhnen William (16) und Harry (13) sowie dem Schwiegervater Prinz Philip dem Sarg in die Westminster Abtei. Dort findet der Bruder Dianas, Earl Charles Spencer, bewegende Worte, richtet

Dank für fünfzig Ehejahre

Vor einem halben Jahrhundert standen sie schon einmal vor dem Altar der Westminster Abtei. Nur dreißig Monate nach Ende des Zweiten Weltkriegs gaben sich damals Prinzessin Elisabeth und ihr Auserwälter Marineleutnant Philip Mountbatten das Eheversprechen. Sie haben es gehalten und danken nun am 20. November 1997 an gleicher

Elton John, guter Freund Dianas, singt live bei der Trauerfeier für die Prinzessin in der Westminster Abtei zur Melodie seines berühmten Liedes „Candle in the Wind".

aber auch scharfe Kritik an die Adresse der Sensationspresse, die seine Schwester in den Tod gehetzt habe. Ein weiterer Höhepunkt der Abschiedsfeier wird das Lied, das der Popsänger Elton John eigens auf die Verstorbene geschrieben hat. Zur Melodie „Candle in Wind" singt er:

„Leb wohl, Rose Englands, mögest du stets in unseren Herzen blühn ... Nun gehörst du zum Himmel, und die Sterne preisen deinen Namen."

Stelle dem himmlischen Stifter aller Ehen mit einem Gottesdienst. Angesichts der Turbulenzen in den Ehen ihrer Kinder und der Königinschwester Margaret wirkt dieses Jubiläum besonders golden und beeindruckt die zahlreichen Gäste aus aller Herren Länder.

Diese Herren sind fast vollzählig versammelt, alle Thronkollegen ohnedies, aber auch bürgerliche Staatsoberhäupter. Seit der Krönung von Elisabeth 1953, ein Jahr nach ihrer Thronbesteigung, hat London nicht mehr so viele gekrönte Häupter zu Gast gehabt wie zu diesem Fest, das die Engländer vollen Herzens mitfeiern. Ihre Königin in tiefrotem Kostüm mit schwarzgerändertem rotem Hut macht eine ebenso gute Figur wie der Mann im marineblauen Anzug an ihrer Seite, jeder Zoll noch immer ein Offizier von tadelloser Haltung. Mag der eheliche Frieden auch nicht immer ungetrübt gewesen sein, die beiden goldenen Hochzeiter haben stets Brücken der Verständigung gefunden. Manchmal ein strenges Glück, ein Glück aber aufs Ganze gesehen unbestreitbar.

Das letzte Wort hat der Richter

Ein absehbares Ende: Nachdem sich der britische Thronfolger Charles schon vor drei Jahren von seiner Frau Diana getrennt hat, ergeht am 28. August 1996 das amtliche Scheidungsurteil in der Sache „Wales gegen Wales". Durch beiderseitige Untreue ist eine Ehe zerbrochen, die mit einer Traumhochzeit 1981 begonnen hat und die dann bald zum Albtraum geworden ist. Charles wandte sich wieder seiner Jugendfreundin Camilla Parker-Bowles zu, inzwischen auch geschieden, während seine Frau Skandal-Schlagzeilen machte. Sie darf sich nach der Scheidung weiterhin „Prinzessin von Wales" nen-

Das englische Königshaus

nen, verliert aber den Anspruch auf die Anrede „Königliche Hoheit". Ihre Wohnung im Kensington Palast steht ihr weiter zur Verfügung. Das Sorgerecht für die Söhne William und Harry wollen die Eltern weiterhin gemeinsam ausüben. Während Diana nun frei ist für eine neue Ehe, kann der Kronprinz nur mit Einwilligung der Regierung wieder heiraten. Ob er diese bekommt, darf bei der Stimmung gegen ihn und seine Freundin im Volk bezweifelt werden. Noch jedenfalls gehören die Herzen der Briten Diana.

Ehedrama auf dem Bildschirm

Flucht nach vorn ist eine häufige Strategie, wenn die Bedrängnis zu groß wird. Am 29. Juni 1994 entschließt sich der britische Thronfolger Charles zu öffentlicher Offenheit, was sein Verhältnis zur Jugendfreundin Camilla Parker-Bowles angeht. In einem Fernsehgespräch räumt er ein, dass die Beziehung wirklich mehr ist als eine Freundschaft. Die vielen Gerüchte stimmen also doch.

Zunächst hat der Prinz damit gepunktet, doch an Telegenität kann er es mit seiner schönen jungen Frau nicht aufnehmen. Sie geht am 20. November des folgenden Jahres ebenfalls an die Öffentlichkeit. Zwei Stunden laufen die Kameras der BBC, dann ist ein Interview im Kasten, das tiefe Blicke in das Innenleben einer gescheiterten Ehe gewährt. Die Prinzessin gibt zu, dass beide Fehler gemacht haben und gesteht ihre Liebesspiele mit ihrem Reitlehrer James Hewitt: „Ich himmelte ihn an. Ich liebte ihn."

Die Sympathien ihrer Landsleute aber sichert sich Diana mit Äußerungen wie: „Ich will keine Scheidung ... Unsere Jungs sind alles, was zählt." Und: „Nein, ich glaube nicht, dass es eine Königin Diana geben wird. Ich möchte Königin im Herzen der Menschen sein." Der Ausspruch soll ihr über den Tod hinaus eben diese Herzen zufliegen lassen.

Von der schüchternen Kindergärtnerin zur eleganten Dame: Nicht nur in diesem Cocktailkleid ist Lady Di der strahlende Mittelpunkt auf jedem Empfang – wie hier in der Serpentine Gallery 1994, in Begleitung ihres Butlers.

Jahreschronik 1992

12.12 Prinzessin Anne, von Mark Philipps geschiedene Tochter der Königin, heiratet in zweiter Ehe in Schottland Commander Timothy Laurence.

09.12 Vor dem Unterhaus verliest Premierminister John Major eine Erklärung des Königshauses: „Der Buckingham Palast teilt mit Bedauern mit, das der Prinz und die Prinzessin von Wales beschlossen haben, sich zu trennen ..."

24.11. Bei einer Feier in London bezeichnet die Königin die vergangenen zwölf Monate wegen der vielen Rückschläge als „annus horribilis" (schreckliches Jahr).

20.11. Der Nordostflügel von Schloss Windsor wird teilweise durch einen Brand zerstört.

22.10. Elisabeth II. nimmt zusammen mit ihrem Mann, Prinz Philip, an einem Versöhnungsgottesdienst in der Dresdener Kreuzkirche teil.

20.08. Boulevardblätter veröffentlichen im doppelten Sinn enthüllende Bilder der von ihrem Mann getrennt lebenden Herzogin Sarah von York („Fergie").

18.07. Lady Helen Windsor, Tochter des Herzogs von Kent, heiratet in Windsor den Kunsthändler Timothy Taylor.

31.05. Königinmutter Elizabeth („Queen Mum") enthüllt in London ein Denkmal des Luftmarschalls Sir Arthur Harris.

12.05. Ansprache von Königin Elisabeth II. vor dem Europäischen Parlament in Straßburg.

23.04.	Nach fast dreijähriger Trennungszeit wird die Ehe von Prinzessin Anne und Captain Mark Phillips nach 19 Jahren in London geschieden.
19.03.	Der Buckingham Palast teilt mit, dass die Anwälte der Herzogin von York („Fergie") Verhandlungen für eine formale Trennung von ihrem Ehemann, Prinz Andrew, aufgenommen haben.

1991

08.07.	Die Königin inspiziert einen wieder restaurierten Flügel des Hampton Court Palastes, der vor fünf Jahren abgebrannt ist.
03.06.	In einer über einstündigen Operation wird die Kopfknochenverletzung von Prinz William, ältestem Sohn des Kronprinzen, versorgt.

Die britische Insel rückt an den Kontinent heran

Ein uralter Traum wird wahr: die Landverbindung zwischen Großbritannien und dem europäischen Festland. Es sind sicher nicht nur freudige Gefühle, mit denen Königin Elisabeth II. zusammen mit dem französischen Präsidenten Mitterrand am 6. Mai 1994 die beiden Tunnelröhren für den Eisenbahnverkehr zwischen ihren beiden Ländern freigibt. Es geht mit diesem symbolischen Akt ja auch Stück jener Isolation verloren, die stolz „splendid" (glanzvoll) genannt worden ist. Die durch die fünfzig Kilometer langen Röhren rasenden Züge werden Britannien fester an Europa binden, als es den Briten vielleicht manchmal lieb sein mag. Das dem Meere zugewandte Gesicht Englands wird sich künftig immer öfter auch dem Kontinent zuwenden müssen, der auf dem Weg zu seiner politischen Einigung ist und das Inselreich integrieren will.

Neugierige Blicke in die gute Stube

Die englische Monarchin ist eine der reichsten Personen der Welt und braucht doch Geld: Die Wiederherstellung ihres 1992 von einem Feuer verwüsteten Schlosses Windsor verschlingt umgerechnet 100 Millionen Mark. Einen Teil davon will man durch Eintrittsgelder zur Besichtigung des Stadtsitzes der Königsfamilie, des Buckingham Palastes in London, wieder einnehmen. Er ist für einige Monate teilweise für die Öffentlichkeit zugänglich. Für 20 Mark können Besucher seit dem 7. August 1993 Blicke in 19 der 600 guten Stuben der Königin werfen, darunter in den prachtvoll in Rot und Gold ausgestatteten State Dining Room. Die Queen und die Ihren werden allerdings unsichtbar bleiben, denn in den Besuchszeiten werden sie entweder nicht im Hause sein oder sich in den nicht freigegebenen 581 Räumen aufhalten.

Stammsitz des Königshauses in Flammen

Ein Kurzschluss oder ein zu lange betriebener Scheinwerfer? Ganz genau vermögen es die Experten nicht zu sagen. Brandstiftung aber lässt sich ausschließen beim Feuer, das am 20. November 1992 um die Mittagszeit über einer Kapelle am Brunswick Tower von Schloss Windsor ausbricht. Wegen der Holztäfelung des Gebäudes, vor allem der Saint George's Hall aus dem 14. Jahrhundert, breiten sich die Flammen ungeheuer rasch aus. Bei der relativ günstigen Tageszeit aber sind auch schnell viele Löschzüge mit etwa 200 Feuerwehrleuten zur Stelle. Während sie versuchen,

Rechtzeitig zur Goldenen Hochzeit von Königin Elisabeth II. und Prinz Philip erstrahlt Schloss Windsor in neuem Glanz, 1997.

ein weiteres Ausgreifen des Feuers zu verhindern und den Herd zu löschen, bildet das Personal des riesigen Komplexes eine Kette zur Rettung der unersetzlichen Kunstschätze der hier untergebrachten königlichen Sammlung. Sie umfasst Werke von Dürer, Rembrandt und anderen weltberühmten Künstlern der Neuzeit. Diese Millionenwerte können weitgehend gerettet werden, und doch

Das englische Königshaus

Das glückliche Brautpaar Prinz Andrew und Sarah Ferguson nach der prunkvollen Hochzeit in der Londoner Westminster Abbey, 1986.

ist der Schaden an den Gebäuden und an der Einrichtung enorm. Als Elisabeth II. am späteren Nachmittag in Windsor eintrifft, erfährt sie, dass Kenner den Wiederaufbauaufwand mit umgerechnet über 100 Millionen Mark beziffern. Auch für eine der reichsten Familien der Welt kein Pappenstiel.

Glanz aus dem 17. Jahrhundert

Nach fünf Jahren aufwändiger Arbeiten kann das große Team der Restauratoren am 8. Juli 1991 Elisabeth II. die Schlüssel zum Königstrakt von Hampton Court Palace wieder übergeben. Bei ihrem Rundgang durch die sorgfältig wieder hergestellten Räume im dritten Stockwerk erlebt die Königin eine neues Wohngefühl: Alles ist ihr neu, weil es so alt ist. Man hat 1986 beschlossen, die Restaurierung nicht im Stil des Zustands direkt vor dem Brand vorzunehmen. Der abgebrannte Flügel sollte vielmehr wieder so erscheinen, wie ihn der große Architekt Sir Christopher Wren im 17. Jahrhundert geplant hatte.

Das ist erreicht worden durch Einsatz nur solcher Techniken, die auch seinerzeit schon bekannt waren. Ein kleiner Glücksfall ist den Kunsthandwerkern dabei entgegen gekommen. Zur Zeit des Brandes sind große Teile der Wandbehänge und kostbaren Tapeten gerade zwecks Ausbesserung abgenommen gewesen. Sie erlitten daher keine Schäden. Wenn nun das Publikum nach der Neueröffnung des Palastes durch die Königin den größten Königspalast Großbritanniens bewundern kommt, wird es einen genauen Eindruck von Baukunst und Innenarchitektur der englischen Renaissance erhalten.

Zu Unrecht verfemt

Es war nicht immer so wie heutzutage, dass Hochadlige und Königskinder als Gemeineigentum angesehen wurden und dass ihr Privatleben in aller Munde war. Das Buch „The Little Princesses" löste jedenfalls noch 1950 einen Skandal aus, war es doch nicht von einem der üblichen Klatschjournalisten, sondern von einer

Jahreschronik

1990

23.12. In der Kirche von Sandringham wird die am 23. März 1990 geborene zweite Tochter von Prinz Andrew, Herzog von York, auf den Namen Eugenie Victoria Helena getauft.

10.09. Prinz William, ältester Sohn von Prinz Charles und Prinzessin Diana, beginnt seine Schulzeit im Internat Ludgrove in Wokingham, Berkshire.

1989

07.09. Erscheinen des Buches „A Vision of Britain" von Prinz Charles.

1988

08.07. Geburt des ersten Kindes von Prinz Andrew und seiner Frau Sarah („Fergie") in London. Die Tochter erhält die Namen Beatrice Elizabeth Mary.

11.02. Im Alter von 78 Jahren stirbt Marion Crawford, ehemalige Gouvernante der Prinzessinnen Elizabeth (Elisabeth II.) und Margaret.

1986

23.07. In der Westminster Abbey heiraten Prinz Andrew, zweiter Sohn der Königin, und Sarah Ferguson („Fergie"). Der Prinz erhält aus diesem Anlass den zusätzlichen Titel eines Herzogs von York.

24.04. In Paris stirbt die verwitwete Herzogin von Windsor im Alter von 89 Jahren an einer Lungenentzündung.

1985

07.07. Der 17-jährige Boris Becker erhält als jüngster Sieger aller Zeiten in Wimbledon den Pokal aus der Hand der Herzogin Katherine von Kent.

1984	Jahreschronik
15.09.	Geburt von Prinz Henry (genannt Harry) Charles Albert David als zweites Kind der Eheleute Prinz Charles und Prinzessin Diana von Wales.
1982	
17.09	Heimkehr von Prinz Andrew, der als Hubschrauberpilot am Falklandkrieg teilgenommen hat.
04.08	Taufe des ältesten Sohnes von Prinz Charles und Prinzessin Diana auf den Namen William Arthur Philip Louis.
09.07	Festnahme des arbeitslosen Michael Fagan am frühen Morgen im Schlafzimmer der Königin.
10.03.	Prinz Edward, jüngster Sohn der Königin, wird 18 Jahre alt und damit mündig.
1981	
29.06.	Traumhochzeit des Jahres oder gar des Jahrzehnts: Der britische Thronfolger Prinz Charles gibt Lady Diana Spencer in der St. Paul's Kathedrale das Ja-Wort.
15.04.	Geburt der Tochter Zara Anne Elizabeth von Prinzessin Anne und ihrem Ehemann Mark Philipps.
03.01.	Im Alter von 98 Jahren stirbt in London Prinzessin Alice, Countess of Athlone. Die Großtante der Königin war die letzte Überlebende der 37 Enkel von Königin Viktoria und hatte als Vierjährige an deren Goldenem Thronjubiläum 1887 teilgenommen.

Insiderin verfasst worden, von Marion Crawford, die bis zur Verheiratung von Prinzessin Elizabeth im Jahr 1947 über anderthalb Jahrzehnte lang der künftigen Königin und ihrer Schwester Margaret als Kindermädchen, Gesellschafterin und Gouvernante zur Seite gestanden hatte.

Erst 17 und schon Wimbledonsieger: Katherine Herzogin von Kent, die traditionell den Siegerpreis überreicht, gratuliert am 7. Juli 1985 Boris Becker zu seinem Sieg. Neben ihr steht ihr Gatte Edward, der Herzog von Kent. Becker ist der jüngste Sieger in der Geschichte des Wimbledon-Tennisturniers.

Jetzt kommen die Erinnerungen an jene Tage des Aufruhrs im Königshaus wieder hoch, denn „Crawfie", wie sie liebevoll von den Prinzessinnen genannt worden war, ist am 11. Februar 1988 im Alter von 78 Jahren gestorben. Der damalige Ärger über sie erscheint im Rückblick völlig unverständlich, denn die einstige Nanny hat liebevoll aus dem königlichen Kinderzimmer über die „ernste Lilibet" und den Wildfang Margaret berichtet. Viel von der Zuneigung, die Elisabeth als junge Königin genossen hat, geht zurück auf das harmlos-heitere Buch, das verglichen mit heutigen Enthüllungen geradezu herzig wirkt.

Glückwünsche aus Amerika

Fast auf den Tag genau vor fünf Jahren stand die britische Hauptstadt schon einmal hochzeitlich Kopf, als Kronprinz Charles Lady Diana heimführte. Jetzt, am 23. Juli 1986, ist sein nächster Bruder Andrew (26) dran, der sich das Yes-Wort seiner gleichaltrigen Freundin Sarah Ferguson, von Freunden und in der Presse gern „Fergie" genannt, in der Westminster Abbey sichert. Die temperamentvolle rothaarige Herzogin von York, so darf sich die strahlende Braut nun nennen, wird wegen ihrer Schlagfertigkeit geschätzt. Sie punktet auch mit ihrer Erklärung, sie wolle weiter in ihrem Beruf als Verlagskauffrau arbeiten. Herzöglicher Müßiggang ist ihre Sache offenbar nicht.

Neben der in einer Wolke aus Weiß auftretenden „Fergie" wirkt Prinz Andrew in seiner dunklen Uniform mit den Goldtressen eher bescheiden. Sein leuchtendes Lächeln aber zeigt, dass ihm dieses Zurücktreten nichts ausmacht. Hochadel aus Nah und Fern ist angereist, allen voran der spanische König Juan Carlos I. mit seiner Königin Sofia. Unter den hochrangigen Gästen aus den Republiken der Welt ist vor allem Nancy Reagan zu

Das englische Königshaus

nennen, die die Glückwünsche ihres Mannes, des US-Präsidenten, und des amerikanischen Volkes überbringt.

Der blonde Bub und die Traumfrau

Sie ist die gute Fee von Wimbledon: Katherine, Herzogin von Kent, gibt sich alljährlich die Ehre, die Sieger der offenen britischen Tennismeisterschaften zu ehren. Dieses Mal aber hat sie es mit einem Sieger zu tun, der selbst sie staunen macht. Als um 18 Uhr 26 am 7. Juli 1985 der Matchball verwandelt ist und sich der Jubel gelegt hat, steht vor ihr ein rotblonder Bub von 17 Jahren, den vor dem Turnier niemand auf dem Zettel gehabt hat, der jünger ist als alle Champions zuvor und der zudem – ebenfalls ein Novum – aus Deutschland kommt.

Der über 1 Meter 90 lange Boris Becker hat sich mit wuchtigen Schlägen und unbekümmertem Kämpfertum in die Herzen gespielt. Selbst die Herzogin vergisst fast ihre hochadlige Kühle, als sie den wertvollsten Tennispokal der Welt übergibt: „Mr. Becker, Ihr Spiel hat mir sehr gut gefallen!" Und Boris? Er wird es noch lange nicht fassen können, dass hier ein Traum wahr geworden ist und dass er hier einer Traumfrau der besonderen Art begegnet ist. „Ich hab' ihr in die Augen geguckt, ich glaub', ich hab' gelacht, weil ich von ihr in der Nacht vor dem Match geträumt habe ... Von dem Gesicht dieser Frau, wie die mir gratuliert."

Prinz Charles gibt seiner frisch angetrauten Ehefrau, Prinzessin Diana, auf dem Balkon des Buckingham Palastes einen Hochzeitskuss.

Feuertaufe vor den Falklandinseln

Während der langen Wochen auf See und im Einsatz bei den Falklandinseln hatte er nur ihr Bild vor sich. Jetzt stehen sie wieder leibhaftig vor ihm: Die Eltern Elisabeth II. und Prinz Philip begrüßen am 17. September 1982 ihren aus dem Krieg heimkehrenden Sohn Andrew mit sichtlicher Erleichterung. Wie leicht hätte ihn das Schicksal von acht seiner Hubschrauber-Kameraden ereilen können, die vom Feindflug nicht zurückgekehrt sind! Und hätte es ihm auf dem Träger „Invincible" nicht auch ergehen können wie den vielen Soldaten vom Zerstörer „Sheffield", die nach schwerem Treffer verbrannten, in der eiskalten See ertranken oder mit dem Schiff untergingen? Andrew ist gerade bei diesem schweren Schlag, den die Royal Navy getroffen hat, als Rettungsflieger im Einsatz gewesen, hat Kameraden in letzter Minute retten können, aber auch manchen sterben sehen. Nur knapp ist er selbst argentinischen Exocet-Raketen entgangen und dem Feuer von Bordgeschützen der Jabos. Den Eltern tritt ein

Jahreschronik 1978

24.05. Nach zweijähriger Trennung und 18-jähriger Ehe wird Prinzessin Margaret von Antony Armstrong-Jones, Earl of Snowdon, geschieden.

1977

16.05. Neuer aus acht Wagen bestehender Sonderzug für die Queen; der bisherige, 1941 gebaute wird als inzwischen zu langsam außer Dienst gestellt.

06.02. Festveranstaltungen zum Silbernen Thronjubiläum von Elisabeth II.

1976

21.04. Kleinere Feiern zum 50. Geburtstag von Elisabeth II.; die offiziellen finden wie üblich erst im Juni statt.

1973

14.11. In der Westminster Abtei geben sich Prinzessin Anne, einzige Tochter der Königin, und Captain Mark Pillips das Ja-Wort.

Jahreschronik

1972
- **20.11.** Feierlichkeiten aus Anlass der Silberhochzeit von Königin Elisabeth II. und Prinz Philip.
- **28.05.** In Paris stirbt im Alter von 77 Jahren der Herzog von Windsor, vormals König Edward VIII.

1971
- **10.06.** England und die königliche Familie feiern den 50. Geburtstag von Prinz Philip, Herzog von Edinburgh.

1969
- **01.07.** Feierliche Investitur von Charles, dem ältesten Sohn der Königin, als Prince (Fürst) of Wales im Hof der Burg Caernarvon in Wales, durch seine Mutter.

1966
- **14.11** Mit seinem 18. Geburtstag wird Prinz Charles zwar noch nicht großjährig, aber nachfolgefähig.

1965
- **30.01.** Trauergottesdienst für den am 24.1. verstorbenen ehemaligen Premierminister Winston Churchill.

1961
- **03.11.** Prinzessin Margaret bringt ihr erstes Kind, den Sohn David Viscount Linley, zur Welt.
- **01.07.** In Sandringham wird dem Ehepaar John Edward 8. Earl of Spencer (37) und Lady Frances (25) um 14 Uhr 10 die Tochter Diana geboren.

1960
- **06.05.** Trauung von Prinzessin Margaret Rose (29), der Schwester der Königin, mit dem bürgerlichen Fotografen Antony Armstrong-Jones.

gereifter junger Mann entgegen, dessen ernste Miene kaum noch etwas vom einstigen Sonnyboy und Partylöwen erkennen lässt. „Es war eine schreckliche Zeit. Ich möchte das nicht noch einmal erleben", zieht er auf der anschließenden Pressekonferenz Bilanz.

Und doch hat ihm die Erfahrung offenbar nicht geschadet, im Gegenteil: Die Kameraden berichten, dass er als aufgedrehter Clown an Bord kam und noch bei der Äquatortaufe auf dem Hinweg der Ausgelassenste von allen war. Das wurde nach der Feuertaufe bei den ersten Flügen mit seinem „Sea King"-Hubschrauber im umkämpften Seegebiet schlagartig anders. Andrew reihte sich ein, lehnte alle Sonderrechte ab, meldete sich zu den gefährlichsten Aufträgen und mauserte sich zum verlässlichen Offizier, zu dem seine Leute aufschauen konnten. Der Krieg hat ihn zum ganzen Mann gemacht.

Kein Glück mit der zweiten Wahl

Das konnte wohl nicht gut gehen, obwohl es zunächst durchaus so ausgesehen hat: Als am 6. Mai 1960 die Glocken der Westminster Abtei zur Trauung riefen, schritt eine bezaubernde Braut zum Altar, so bezaubernd, dass ihre Schwester Elisabeth II. in all ihrer Königlichkeit nicht mithalten konnte. Margaret Rose be-

Prinzessin Margaret und ihr heimlicher Geliebter, der Fotograf Peter Townsend 1950. Gestohlenes Glück, denn diese Liebe stand im Widerspruch zur Staatsräson und wurde ihr geopfert.

herrschte einen glücklichen Moment lang die Szene an der Seite ihres Auserwählten Antony Armstrong-Jones.

Jeder wusste und weiß heute genauer denn je, dass Antony nur zweite Wahl gewesen ist, ja fast eine pure Trotzreaktion der Prinzessin. Im Dezember 1959 hatte Peter Townsend, Margarets ewiger Geliebter, eine belgische Industriellentochter geheiratet und damit Margarets offenbar nie ganz erloschene Hoffnungen erstickt. Hinter der Genehmigung des Hofes zur Ehe mit Armstrong-Jones steckte auch ein gerüttelt Maß an schlechtem Gewissen, dass man der Prinzessin fast gewaltsam die Liebe zum schönen geschiedenen Fliegeroffizier aus dem Herzen gerissen hatte.

Nach der Geburt von zwei Kindern 1961 und 1964 aber schien es so, als sei doch ein kleines Glück ins Leben von Margaret und ihrem Antony eingezogen, der inzwischen zum Earl of Snowdon geadelt worden war. Der Schein hat getrogen. Nach wenigen Jahren sind die Partner eigene Wege gegangen. 1976 hat man sich getrennt, auf Probe ist zunächst gesagt worden, doch nun ist diese, wenn es denn je eine war, gescheitert. Am 24. Mai 1978 lösen Richter in London die nicht mehr existente Ehe auf. Es ist die erste Scheidung im Königshaus seit jenem berüchtigten buchstäblich frauenmordenden König Heinrich VIII. im 16. Jahrhundert.

Papa Heuss bricht das Eis

Nicht einmal anderhalb Jahrzehnte ist es her, dass deutsche V-2-Raketen in London eingeschlagen sind und britische Bomber deutsche Städte in rauchende Trümmerhaufen verwandelt haben. Der erste Besuch eines deutschen Staatsoberhaupts nach dem Krieg in England ist entprechend heikel. Was kann man den Briten zumuten? Offenbar nicht so freundliche Worte, wie sie Königin Elisabeth II. zur Begrüßung hat sprechen wollen. Die Regierung hat ihre Formulierungen sicherheitshalber ein wenig „vereist", denn die Presse hat schon im Vorfeld mit deutschfeindlichen Artikeln nicht gegeizt.

Deutsche kann sich der gewöhnliche Brite offenbar nur mit Stahlhelm und Hitlergruß vorstellen. Der da am 20. Oktober 1958 munter winkend in der Kutsche neben der jungen Queen sitzende weißhaarige alte Herr verblüfft die Londoner jedenfalls ziemlich. Bundespräsident Theodor Heuss passt so gar nicht ins Klischee, und Elisabeth bedauert schon nach den ersten Sätzen, dass sie nicht auf ihrem Text bestanden hat. Sie fühlt sich sichtlich wohl an der Seite des freundlichen Mannes mit der rauchig-tiefen Stimme, die so warme Worte findet. Nicht umsonst nennt man ihn daheim zärtlich „Papa". Das Eis jedenfalls ist im Nu gebrochen.

Allerhöchster Beitrag

„Der König ist tot – es lebe der König." So auch in London, als Georg VI. am 6. Februar 1952 einem Lungenleiden erlegen ist. Nur dass es dieses Mal eine Königin ist, die dem Vater folgt. Thronbesteigung aber ist noch nicht Krönung, denn eine solche Feier muss sorgfältig geplant werden. Erst sechzehn Monate nach der Amtsübernahme wird die schöne junge Frau am 2. Juni 1952 nach uraltem Zeremoniell in der Westminster Abtei festlich zur Königin von Großbritannien unter den Augen der ganzen Welt gekrönt, denn erstmals überträgt das Fernsehen das farbenprächtige Schauspiel.

Abgesandte vieler Völker überbringen Glückwünsche, und alle haben sich etwas Besonderes einfallen lassen. Der ausgefallenste Glückwunsch kommt aus Neuseeland, allerdings auf einem halsbrecherischen Umweg. Am 29. Mai ist es Edmund Hillary und seinem Sherpa Tensing Norgay als ersten Menschen gelungen, den höchsten Berg der Erde, den Mount Everest zu besteigen. Die Bezwingung des nepalesisch Sagarmatha („Himmelskönig") genannten allerhöchsten Gipfels widmen die beiden Kletterer ihrer Königin als Beitrag des Commonwealth zur Krönung.

Familienfoto aus dem Jahr 1960: Königin Elisabeth II., Prinz Philip mit den Kindern Charles, Anne und Andrew vor Schloss Balmoral in Schottland.

Als drittes Kind der Königin und ihres Mannes Prinz Philip kommt im Buckingham Palast Sohn Andrew zur Welt.	19.02.
	1958
Der deutsche Bundespräsident Theodor Heuss trifft zu einem Staatsbesuch in London ein und wird von Elisabeth II. begrüßt.	20.08.
	1953
In der Westminster Abtei wird Elisabeth II., seit dem Vorjahr auf dem britischen Thron, zur Königin gekrönt.	02.05.
Erstbesteigung des Mount Everest durch Edmund Hillary und Norgay Tensing als „Beitrag des Commonwealth" zur Krönung von Elisabeth II.	29.05.
	1952
Tod Georgs VI. im Alter von 56 Jahren. Nachfolgerin wird seine 25 Jahre alte Tochter Elisabeth, die als zweite ihres Namens den Thron besteigt.	06.02.

1951 Jahreschronik

07.12. Georg VI. empfängt Konrad Adenauer als ersten deutschen Regierungschef nach dem Krieg.

1948

14.11. Kronprinzessin Elisabeth bringt ihr erstes Kind zur Welt. Der Prinz erhält den Rufnamen Charles.

22.06. König Georg VI. verzichtet fortan auf den seit 1876 von seinen Vorgängern und ihm getragenen Titel „Kaiser von Indien".

1947

20.11. In der Westminster Abtei geben sich Kronprinzessin Elisabeth und Philip Mountbatten das Ja-Wort.

15.08. Der britische Vizekönig Louis Earl Mountbatten of Burma entlässt Indien in die Unabhängigkeit.

10.07. Verlobung von Kronprinzessin Elisabeth mit dem Marineleutnant Philip Mountbatten.

1943

29.11. Churchill überreicht im Namen König Georgs VI. dem sowjetischen Diktator Stalin in Moskau den Orden „Schwert von Stalingrad".

25.08. Admiral Lord Louis Mountbatten (43) wird Oberbefehlshaber des neuen alliierten Südostasienkommandos.

1940

09.09. Bei einem Nachtangriff der deutschen Luftwaffe auf London wird der Buckingham Palast beschädigt (erneut 11. und 13.09.). Der „Anschlag auf das Leben der königlichen Familie" stärkt den Widerstandswillen der Briten.

Nach ihrer Krönung winken Königin Elisabeth II. von Großbritannien und ihr Prinzgemahl der Bevölkerung Londons zu, 1953.

Ein Paar wie aus dem Märchenbuch

2300 Menschen, darunter acht Königinnen, fünf Könige, zehn Prinzessinnen, acht Prinzen und über vier Dutzend Mitglieder der königlichen Familie, haben sich am 20. November 1947 in der Westminster Abtei versammelt. Am Arm König Georgs VI. schreitet, nein schwebt seine Tochter Elisabeth durch das Kirchenschiff in einer Wolke aus Seide und Tüll, am Altar erwartet von ihrem Bräutigam Marineoffizier Philip Mountbatten, seit gestern Herzog von Edinburgh, und vom Erzbischof von Canterbury, der die Trauung vornimmt. Bei aller Stattlichkeit des Leutnants mit dem Gardemaß hängen doch aller Augen an der strahlenden jungen Frau an seiner Seite: Sie trägt ein Kleid aus elfenbeinfarbenem Duchesse-Atlas, das in klassischen Linien mit eng anliegendem Mieder, langen engen Ärmeln und weit fallendem Rock geschnitten ist. Das breite, herzförmige Dekolleté ist mit einem Blumenmuster aus Zuchtperlen und Kristallen bestickt; eine viereinhalb Meter lange durchsichtige weiße Schleppe fällt von den Schultern; der Brautschleier wird von einem Diadem aus Perlen und Diamanten gehalten. Dann der große Augenblick nach dem Ja-Wort: Philip streift seiner Angetrauten einen Ring aus walisischem Gold über den Finger – ein Hauch wie von Engelsflügeln weht durch die heilige Halle. Unter dem Jubel der zu Hunderttausenden die Straße säumenden Londoner rollt dann die goldene Kutsche das Märchenpaar zum Festbankett im Buckingham Palast.

Auch die 19-jährige Prinzessin Elisabeth packt als Mitglied des weiblichen Freiwilligen-Corps der britischen Armee im Krieg 1945 tatkräftig mit an.

Unaufdringliches Heldentum

Die Krone haben sie nicht gewollt: Elizabeth, geborene Bowes-Lyon, und ihre Mann Albert, Herzog von York. Doch 1936 ließen sie sich dann eben doch in die Pflicht nehmen. Für den Mann, als König Georg VI. genannt, eine besondere Herausforderung bei seiner angeborenen Schüchternheit und seinem leichten Stottern. Er besiegt beides, schon weil es plötzlich 1939 gegen einen furchtbaren Feind zu bestehen gilt: Hitlers Luftwaffe taucht immer öfter über den britischen Inseln auf und entfesselt seit August 1940 ein Inferno in London: Die Stadt brennt an allen Enden, und am 9. September brennt auch der Buckingham Palast. Appelle der Regierung Churchill, die königliche Familie solle sich in Kanada in Sicherheit bringen, stoßen auf die entschlossene Weigerung vor allem der Königin. Sie will nicht nur bei ihren Kindern, sondern bei allen Kindern des Landes bleiben.

Ihr Mann zeigt denselben stillen Heldenmut, besucht getroffene Stadtteile, spricht Verwundeten Mut zu, inspiziert Hospitäler und besichtigt Flakstellungen. In dieser schweren Zeit gewinnen Queen und King endgültig die Herzen ihrer Landsleute, denn sie begnügen sich mit derselben kargen Versorgung wie sie mit Nahrungsmitteln auf Lebensmittelmarken und Heizmaterial auf Bezugsschein. Selbst als sie 1942 die Frau des amerikanischen Präsidenten, Eleanor Roosevelt, zu bewirten haben, wird keine Ausnahme gemacht. Der hohe Staatsgast muss in ungeheizten Räumen übernachten.

König Georg VI. und Königin Elizabeth informieren sich 1940 über das Ausmaß der Kriegsschäden in London nach deutschen Bombenangriffen.

Plötzlich im Rampenlicht

Auch für die Kinder des neuen Königs Georg VI. stellt sich die Welt plötzlich ganz anders dar: Waren sie bisher zwar sehr hochrangige Mitglieder der königlichen Familie, stehen sie nun auf einmal in der ersten Reihe. Insbesondere die älteste Tochter Elisabeth zieht die Aufmerksamkeit der Öffentlichkeit auf sich, denn sie wird dereinst ja die Krone erben, weil in England auch die weibliche Thronfolge zählt. Wo immer sie auftaucht, sieht sie sich kritischen Blicken ausgesetzt, doch sie zeigt Haltung. So auch beim Schwimmfest in London am 12. Juli 1939, bei dem die 13-jährige Kronprinzessin wie die vier Jahre jüngere Schwester Margaret in ihrer Altersklasse eine Siegerurkunde gewinnt. Bei den sportbegeisterten Briten hat das Mädchen damit einen dicken Stein im Brett.

Jahreschronik

1939

25.12. In seiner Weihnachtsansprache bezeichnet König Georg VI. die Aufgabe der Alliierten als eine „Sache der christlichen Zivilisation".

12.07. Bei einem Schwimmfest in London siegen Kronprinzessin Elisabeth und ihre Schwester Margaret in ihren Altersklassen.

21.07. Taufe eines neuen Schlachtschiffs durch König Georg VI. auf den Namen seines Vaters.

08.06. US-Präsident Roosevelt und seine Frau Eleanor empfangen in Washington das britische Königspaar.

1938

28.09. Elizabeth, Ehefrau von König Georg VI., tauft in Glasgow einen Transatlantikdampfer auf den Namen „Queen Elizabeth".

1937

03.06. Im französischen Schloss Condé heiratet der abgedankte englische König Eduard VIII. seine Geliebte Wallis Warfield-Simpson.

12.05. Krönung von König Georg VI. in der Londoner Westminster Abtei.

1936

12.12. Albert Herzog von York wird unter dem Namen Georg VI. Nachfolger seines abgedankten Bruders Eduard VIII.

10.12. Thronverzicht von König Eduard VIII. (42), da ihm die Regierung die angestrebte Eheschließung versagt.

12.05. König Eduard VIII. verzichtet auf jährlich 60 000 Pfund Apanage und erhält künftig nur noch 410 000 Pfund im Jahr.

28.01.	Beisetzung König Georgs V. in Schloss Windsor; unter den Trauergästen die Monarchen von Norwegen, Bulgarien, Dänemark, Belgien und Rumänien.
21.01.	Tod König Georgs V.; Nachfolger wird der Prince of Wales Eduard VIII.
1935	
20.04.	In Berlin trifft ein Glückwunsch-Telegramm von König Georg V. zum 46. Geburtstag Hitlers ein.
1933	
12.06.	In London eröffnet König Georg V. die Weltwirtschaftskonferenz.
1931	
24.08.	Auf Initiative von König Georg V. kommt es zum Treffen der Führer der drei im Unterhaus vertretenen Parteien und zum Auftrag zur Bewältigung der Wirtschaftskrise, eine Allparteienregierung zu bilden.
1930	
21.08.	Elizabeth, Herzogin von York, bringt ihre zweite Tochter zur Welt; sie erhält die Namen Margaret Rose.
1926	
21.03.	Erstes Kind des Herzogspaars von York geboren: Die Tochter wird nach der Mutter Elisabeth genannt.
1923	
26.04.	Herzog Albert von York heiratet die schottische Adlige Lady Elizabeth Angela Marguerite Bowes-Lyon.
1921	
10.06.	Prinz Andreas von Griechenland und Prinzessin Alice von Battenberg melden die Geburt ihres Sohnes Philip.

Ein Herz, drum keine Krone

Noch vor der Krönung entsagt Eduard VIII. nach elf Monaten Amtszeit am 10. Dezember 1936 dem vom Vater Georg V. ererbten Thron: Mrs. Wallis Warfield-Simpson, eine Amerikanerin, hat mit Charme und Esprit den König erobert, der

fest, an Liebe und Thron. Er entscheidet sich für die Liebe. Schon zwei Tage später wird sein Bruder als „Herrscher über Großbritannien, Irland und die Dominions" eingesetzt. Im Thronsaal des St. James Palastes in London sind 300 Mitglieder des Thronrates erschienen und proklamieren „einstimmig und eines Her-

König Eduard VIII. mit seiner Geliebten Wallis Simpson und einer Freundin in Portofino 1936, kurz bevor seine Beziehung zur Amerikanerin bekannt wurde.

damit vor dem Dilemma steht: Dem Herz gehorchen oder auf die Krone verzichten, denn beides ist nicht zu haben trotz intensiver Verhandlungen mit der Regierung. Eine zweimal geschiedene Königin mögen und können die Politiker dem Volk nicht zumuten, und auch Eduard muss einsehen, dass er den Bestand der Dynastie gefährden würde, hielte er an beidem

zens, dass der hohe und mächtige Prinz Albert Frederik Arthur George nun durch Gottes Gnade unser einziger mächtiger Lehnsherr König Georg VI. ist, dem wir aus vollem Herzen und in demütiger Zuneigung Treue und ständigen Gehorsam schwören". Der neue König verleiht dem zurückgetretenen Bruder den Titel eines Herzogs von Windsor.

Ein Zeitalter wird beerdigt

63 Jahre im Dienst – da kann man und schon gar eine kleine Frau durchaus mal müde werden. Die Engländer machen sich wenig Sorgen, als es um den Jahreswechsel von 1900 zu 1901 heißt, Königin Victoria gehe es gesundheitlich nicht besonders gut. Wie denn auch, die inzwischen recht rundliche Dame ist immerhin 81 Jahre alt, seit vier Jahrzehnten Witwe und Mutter von neun Kindern. Aber sterben? Victoria doch nicht, diese entschlossene Königin von Großbritannien und Irland sowie Kaiserin des Empires! Nein, derart pflichtwidriges Verhalten traut niemand der Monarchin zu. Sie ist längst zu

Das englische Königshaus

Die stolzen Eltern, Prinz Albert und Herzogin Elizabeth mit ihrem ersten Kind Elisabeth nach der feierlichen Taufe im Buckingham Palast, 1926.

einer Institution geworden, die sich nicht wegdenken lässt, die Inkarnation des Zeitgeistes.

Hellhörig werden ihre Untertanen erst, als am 20. Januar abends sechs Uhr Großer Bahnhof in Charing Cross Station angesagt ist. Der deutsche Kaiser Wilhelm II., Enkel der Königin, trifft von Dover kommend in der britischen Hauptstadt ein. Mitten im Winter, und Aufsehen erregender noch mitten in den ausgedehnten Feierlichkeiten zum 200-jährigen Bestehen des Königreichs Preußen (18.1.)! Sorgenvoll richtet sich nun alle Aufmerksamkeit auf Schloss Osborne im Norden der Isle of Wight, wo sich die Königin aufhält. Sie liebt das „Haus", eigentlich eher ein neapolitanischer Palast, den ihr Mann vor einem halben Jahrhundert für sie errichtet hat.

Noch ehe ihre Kinder und Enkel eilends eintreffen, entschläft die Königin am 22. Januar morgens Schlag 6 Uhr 30. Bei ihr sind ihr Leibarzt und Enkel Wilhelm, die die immer schwerer atmende Königin gestützt haben. Jetzt geht die Trauerbotschaft in alle Welt, die eine Schrecksekunde lang innehält. Den Menschen wird angstvoll bewusst, dass nun das 19. Jahrhundert wirklich Vergangenheit ist, dass nichts mehr so sein wird wie bisher. Das drückt sich auch darin aus, dass die Regierung bis zum 6. März Staatstrauer anordnet und bis zum 17. April Halbtrauer. Die Beisetzung am 30. Januar in Windsor unter Anteilnahme aller gekrönten Häupter Europas gleicht der Beerdigung einer ganzen Epoche.

Britannia soll weiter die Meere beherrschen

Newcastle im Tauffieber: Nach anderhalb Jahrzenten läuft am 21. Februar 1939 endlich wieder ein Schlachtschiff vom Stapel bei der Vickers-Armstrong Werft. Und Seine Majestät König Georg VI. tauft es höchstselbst. Es wird nämlich nach seinem Vater „King George V." genannt und soll die durch die deutsche Seerustung gefährdete Position ebenso festigen wie vier noch im Bau befindliche weitere Schlachtschiffe und Schwere Kreuzer. Wenn das 27 Knoten schnelle, 227 Meter lange und 31,4 Meter breite Stahlungetüm in Dienst gestellt wird, soll es über zehn gewaltige Geschütze vom Kaliber 35,6 Zentimeter, sechzehn Kanonen à 13,2 Zentimeter sowie 96 kleinere Rohre verfügen. Rund 2000 Mann Besatzung werden die feuerspeiende schwimmende Festung bedienen.

Jahreschronik

1917
17.07. Wegen wachsender antideutscher Ressentiments wird der Name des britischen Köngshauses von Sachsen-Coburg-Gotha in Windsor (nach dem königlichen Sommersitz) geändert.

1911
24.06. Beginn der einwöchigen Krönungsfeierlichkeiten für Georg V., an denen alle deutschen Reichsfürsten und Kaiser Wilhelm II. teilnehmen.

1910
06.05. In London stirbt König Eduard VII., Nachfolger wird sein Sohn als Georg V.

1903
01.05. Staatsbesuch von Eduard VII. in Paris wird als Beginn einer engeren Verbindung der beiden Staaten gewertet.

1901
22.01. Der bereits 60-jährige Eduard VII. wird Nachfolger seiner verstorbenen Mutter Victoria.

Jahreschronik

1897
- **20.06.** Am diamantenen Thronjubiläum Victorias nehmen zahlreiche europäische Monarchen in London teil, darunter auch Tochter Vicky, die deutsche „Kaiserin Friedrich".

1894
- **03.03.** Nach insgesamt 14 Jahren als Premierminister tritt William Gladstone (84) zurück.

1888
- **15.06.** In Potsdam stirbt der Schwiegersohn Victorias, als Friedrich III. (56) König von Preußen und Deutscher Kaiser; Nachfolger wird ihr Enkel Wilhelm II.

1887
- **18.06.** Beginn der Feierlichkeiten zum Goldenen Thronjubiläum.

1883
- **29.03.** Tod John Browns (56), früher schottischer Diener von Albert und nach dessen Tod Vertrauter der Königin.

1881
- **19.04.** In London stirbt der langjährige Premierminister und Freund der Königin Benjamin Disraeli (76).

1876
- **01.05.** Auf Betreiben von Premierminister Disraeli nimmt Victoria den Titel Kaiserin von Indien an.

1871
- **14.12.** Die kollosseumähnlich gebaute Royal Albert Hall wird von der Queen feierlich eröffnet; der Komponist Anton Brucker ist der Organist.

1861
- **14.12.** Der Tod von Prinzgemahl Albert (42) stürzt die Königin in jahrelange tiefe Trauer.

Königin Victoria von Großbritannien und Irland mit ihrem Prinzgemahl Albert von Sachsen-Coburg-Gotha. Prinz Albert starb 1861 auf Windsor und hinterließ eine trauernde Witwe.

Gelegenheit zu stolzer Bilanz

Nicht einmal die große Vorgängerin Elisabeth hat es so weit gebracht: Am 20. Juni 1887 kann Queen Victoria auf fünfzig Thronjahre zurückblicken. „Allein", wie sie zwar seufzt, weil ihr Albert das nicht mehr erleben darf, aber gleichwohl stolz darauf, wie stolz ihr Volk darauf ist. Am 18. Juni schon beginnen die Feierlichkeiten und dauern volle zwölf Tage. Ein endloser Besucherstrom zieht an der Königin vorbei. Aus allen Völkern ihres Imperiums kommen sie: Antipoden von Neuseeland und kanadische Eskimos, indische Maharadschas und siamesische Prinzen, Fidschi-Insulaner und tiefschwarze Sudan-Häuptlinge, dazu Verwandtschaft von allen Höfen der Alten Welt. Bunter war London nie.

Die Briten feiern ihre Königin auf den Straßen und in den Parks, in Pubs und Clubs, und sie feiern sich selbst und England als unangefochtene Weltmacht Nr. 1 wirtschaftlich wie militärisch. Trotz der enormen gesellschaftlichen Zerklüftung und der krassen Gegensätze von Arm und Reich: In diesem Tagen entsteht so etwas wie eine geschlossene Volksgemeinschaft, denn die Wohlhabenden überbieten sich bei dieser Gelegenheit in Mildtätigkeit, und der Rausch der Begeisterung – und des Fusels, versteht sich – macht für Momente die Alltagssorgen vergessen. Dass wegen der Hitze und des Geränges jeden Tag zahllose Menschen in Ohnmacht fallen, kann den Jubel nicht trüben.

„Vertraue ganz deinem Mann!"

Die letzte eigene Niederkunft der Königin liegt noch nicht einmal ein Jahr zurück, da verdichten sich bereits die Aussichten auf Großmutterschaft: Victoria, genannt Vicky, gleichnamige älteste Tochter der Queen steht am 25. Januar 1858 mit dem preußischen Prinzen Friedrich Wilhelm, genannt Fritz, in der Kapelle des St. James Palastes vor dem Traualtar. Die beiden sind einander schon länger versprochen, doch allerhand Schwierigkeiten und die Jugend der Braut (17) haben bisher der Vermählung entgegen gestanden. Haupthindernis war der Ort der Eheschließung, denn am Hof der Hohenzollern hat man es zunächst als selbstverständlich angesehen, dass in Berlin geheiratet würde. Erst ein Machtwort der Königin half: „Natürlich muss der Mann die Frau heimholen!"

Das englische Königshaus

Noch hat Preußen nicht das europäische Format, sich dagegen zu stellen. Fritz kommt. Das Ja-Wort fällt ihm nicht schwer, denn er ist in die noch etwas babyrunde Braut sichtlich verliebt.

und komme ihr das auch noch so seltsam vor. Offenbar ein guter Rat, denn die junge Frau strahlt, als sie mit ihrem Fritz am 2. Februar in ihre neue Heimat Berlin und in eine ungewisse Zukunft aufbricht.

„Der Park bot einen herrlichen Eindruck, die herbeiströmenden Massen, die Wagen und Soldaten, ganz wie bei der Krönung, und ich so aufgeregt wie damals. Um halb 12 setzte sich die Prozession der

Noch ist Queen Victoria die am längsten regierende Königin Englands. 1877 wurde sie Kaiserin von Indien und herrschte über ein Reich, „in dem die Sonne nie unterging".

Ab geht es zu einer Flitterwoche nach Schloss Windsor. Nun wird es der Königin doch etwas bänglich zu Sinn. Sie weiß ja, was der Tochter bevorsteht. Für Aufklärung hat in diesen prüden Zeiten aber auch der Vater nicht gesorgt. Und so bleibt der Mutter als Abschiedsgruß nur der Rat an die Tochter, in der anstehenden Hochzeitsnacht nur ganz ihrem Mann zu vertrauen und zu tun, was er sage,

Ein Tag, der nie vergehen wird

Albert hat die Idee gehabt, und er ist auch der Mann, sie umzusetzen: Am 1. Mai 1851 kann seine Frau Victoria die erste Weltausstellung in der Hauptstadt ihres Reiches einweihen. Ihre Eindrücke vom Kristallpalast im Hyde Park, dem Zentrum des Ganzen, hat sie selbst so zusammengefasst:

neun Staatskarossen in Bewegung. So habe ich den Hyde Park noch nie gesehen, voller Volk, soweit das Auge reichte. Erst regnete es ein wenig, als wir losfuhren, aber als wir am Kristallpalast ankamen, schien die Sonne und glitzerte auf dem riesigen Bauwerk, über dem die Flaggen aller Nationen wehten. Albert geleitete mich hinein, mit Vicky an der Hand, während Bertie meine hielt. Als wir uns in der Mitte den

Victorias gleichnamige Mutter (75), Herzogin von Kent, stirbt auf Schloss Windsor.	16.03.
1859	
In Berlin kommt Victorias erster Enkel Wilhelm, der spätere Kaiser zur Welt.	27.01.
1858	
Victorias gleichnamige älteste Tochter (17) heiratet den preußischen Prinzen Friedrich Wilhelm.	25.01.
1857	
Victoria ernennt auf Rat der Regierung Palmerston ihren Gatten Albert zum Prince Consort (Prinzgemahl).	26.06.
1855	
Besuch des Königspaars bei Napoleon III., in Paris Begegnung mit dem preußischen Politiker Bismarck.	Aug.
1851	
Victoria eröffnet „The Great Exihibition", die erste Weltausstellung, in London.	01.05.
1848	
Aus Sorge vor einem Massenmarsch der so genannten Chartisten auf London setzt sich Victoria mit Familie auf die Insel Wight ab.	08.04.
1846	
Die königliche Familie bezieht Osborne House auf der Isle of Wight.	01.09.
1840	
Pistolen-Attentat eines Kellners auf das königliche Paar.	10.06.
In der Kapelle des St. James Palastes wird Victoria mit ihrem Vetter Albert von Sachsen-Coburg-Gotha getraut.	10.02.
1838	
Krönung der seit einem Jahr amtierenden Queen Victoria in der Westminster Abtei.	28.06.

57

Blick in die Geschichte

Jahreschronik

1829 Im „Catholic Emancipation Act" werden die Katholiken zu Parlament und öffentlichen Ämtern zugelassen.

1801 In der Unionsakte werden Großbritannien und Irland vereinigt.

1760 Georg III. wird König, der erste aus dem Hause Hannover, der die Landessprache beherrscht.

1756 Beginn des Siebenjährigen Krieges.

1714 Georg I. aus dem Haus Hannover wird König von England

1707 Vereinigung Englands und Schottlands zu Großbritannien.

1702 Nach dem Tod Wilhelms III. von Oranien besteigt Königin Anna als letzte Stuart den englischen Thron.

1701 Im „Act of Settlement" wird festgelegt, dass der Monarch Anglikaner sein muss.

1689 In der „Bill of Rights" wird die konstitutionelle Monarchie in England begründet.

1688 Wilhelm von Oranien stürzt seinen Schwiegervater König Jakob II. von England und wird König.

1685 Jakob II. auf dem Thron.

1679 In der „Habeas-Corpus"-Akte schützt das Parlament die persönliche Freiheit des Bürgers gegen die königliche Willkür.

1660 Karl II., Sohn Karls I. aus dem Hause der Stuarts, wird König.

1653 Oliver Cromwell wird Lord-Protektor mit absoluter Macht.

1649 Hinrichtung Karls I.; die Armee proklamiert die englische Republik, es regiert das Parlament.

Stufen näherten, war der Anblick der herrlichen Glasfontäne magisch und beeindruckend. Die gewaltigen Hochrufe, die Freude auf allen Gesichtern, das enorme Gebäude mit all seinen Dekorationen und Ausstellungsstücken, der Klang der Orgel, mein geliebter Mann, der Schöpfer dieses Friedens-Festivals, das Industrie und Künste aller Nationen der Erde vereint – das alles war so bewegend, ein Tag, der nie vergehen wird."

Mit dem Schrecken davon gekommen

Das jungvermählte Paar Albert und Victoria liebt die laue Sommerluft der Londoner Parks und nutzt daher jede Gelegenheit zu einer Ausfahrt. So auch am Abend des 10. Juni 1840, wie immer arglos im offenen Wagen. Man winkt den jubelnden Passanten zu, biegt in den Constitution Hill Richtung Hyde Park ein und freut sich an Sonne und Vogelgezwitscher. Das wird plötzlich von einem peitschenden Knall übertönt. Albert sieht einen jungen Mann am Parkgitter eine Pistole fallen lassen und eine zweite ziehen. Gedankenschnell reißt er seine Frau auf den Sitz hinunter, als es schon wieder knallt. Dann wird der Schütze von Umstehenden überwältigt. Die Kugeln sind daneben gegangen – wenn es welche gewesen sind. Trotz intensiver Suche finden sich keine. Deswegen ist Mordversuch nicht nachzuweisen. Doch da der Anschlag, und sei es auch nur durch Schreck, dem Leben der schwangeren Königin gegolten hat, muss der 18 Jahre junge Kellner namens Edward Oxford als „nicht zurechnungsfähig" hinter Gitter „during Her Majesty's pleasure", so lange es der Königin beliebt. 27 Jahre sollten es werden.

Victoria, Königin von England, im Krönungsornat. Unter ihrer Herrschaft entwickelte sich das Britische Empire zur größten Weltmacht.

Hinrichtung Karls I. von England

Als Karl I. im Kampf um die Rechte des Parlaments seinem Gegenspieler Oliver Cromwell nach einem blutigen Bürgerkrieg unterlag, wurde der englische König wegen Hochverrats und anderer Staatsverbrechen zum Tode verurteilt. Über die öffentliche Hinrichtung am 30. Januar 1649 berichtet in seiner „Englischen Geschichte" der große Historiker Leopold von Ranke:

„Das Schafott war vor Whitehall errichtet, ebenda, wo sich die Könige nach ihrer Thronbesteigung vor dem Volke zu zeigen pflegten. Neben dem Block, wo er enden sollte, stehend, konnte er noch einmal öffentlich sprechen. Er sagte, mit Unrecht lege man ihm den Krieg und seine Greuel zur Last; die Schuld falle auf die, die ihm seine legitime Autorität über die bewaffnete Macht hätten rauben wollen. Hätte er zuletzt der Willkür und der Veränderung der Gesetze durch das Schwert Raum geben wollen, so würde er nicht an dieser Stelle sein, er sei der Märtyrer des Volkes; von einem vergänglichen Königreiche gehe er nun zu einem unvergänglichen. Auf die Erinnerung des Bischofs bestätigte er nochmals, dass er in dem Bekenntnis der Kirche von England sterbe, wie er es von seinem Vater empfangen habe. Dann hat er, auf dem Blocke liegend, selbst das Zeichen gegeben, dass nun die Axt auf seinen Nacken fallen möge. Ein Augenblick, so war das abgeschlagene Haupt dem Volk gezeigt, mit den Worten: Es sei das Haupt eines Verräters. Alle öffentlichen Plätze, die Zugänge der Straße, besonders die Eingänge der City waren mit Kriegsvolk zu Pferd und zu Fuß besetzt. Eine unabsehbare Menge von Menschen war dennoch herbeigeströmt. Von den Worten des Königs vernahmen sie nichts; aber sie waren durch die zwar vorsichtigen und besonnenen, jedoch entschiedenen Reden ihrer Prediger von dem Sinne derselben auch ohnehin durchdrungen: Als sie das abgeschlagene Haupt erblickten, brachen sie in einen Schrei aus, allgemein, unwillkürlich, in dem sich das Gefühl der Schuld und der Ohnmacht mit dem Schrecken durchdrang."

„Gott der Allmächtige blies"

Vier Millionen Einwohner hatte England zur Zeit Elisabeths I. (sie regierte 1558–1603). Spanien aber beherrschte die halbe bekannte Welt. Das hinderte einzelne verwegene britische Freibeuter nicht, immer wieder spanische Galeonen aufzubringen. Und das wiederum brachte den spanischen König Philipp II. (regierte 1556–1598) maßlos auf. Und der Kragen platzte ihm endgültig, als sich Elisabeth in den Freiheitskampf der Niederländer gegen die spanische Herrschaft einmischte. Die reiche Provinz wollte Philipp um jeden Peis halten.

1588 beschloss er, eine riesige Armada aus 132 Kriegsschiffen mit 30 000 Mann Landungstruppen in Marsch zu setzen und England in die Knie zu zwingen. Der Herzog von Parma sollte mit seinen Truppen aus den Niederlanden ebenfalls übersetzen, sobald die Armada die Seeherrschaft im Ärmelkanal erobert hätte. Zwar konnte Elisabeths kühnster Admiral, Francis Drake, mit einem Überraschungscoup die in Cadiz versammelte Armada noch einmal empfindlich schwächen und ihren Angriff verzögern, aufzuhalten aber war er nicht. Am 19. Juli 1588 segelte die unabsehbare Flotte in Halbmondform in den Ka-

Nach der siegreichen Seeschlacht gegen die spanische Armada begab sich Königin Elisabeth I. zu ihren Truppen am Ärmelkanal und hielt Heerschau. Die Engländer verloren nur acht Schiffe, die Spanier hingegen 66 von 132.

Beginn des Bürgerkriegs unter Führung Oliver Cromwells gegen König Karl I.; Flucht des Königs aus London.	1642
Auflösung des Parlaments, Karl I. regiert mithilfe der königlichen Gerichte.	1629
In der „Petition of Right" an König Karl I. fordert das Parlament die Rechtssicherheit der Bürger (keine Verhaftungen ohne Angabe von Gründen und kein Standrecht mehr) und das Recht auf Steuerbewilligung.	1628
Karl I., Sohn Jakobs I., König von England.	1625
Das Parlament stürzt Bacon wegen Bestechlichkeit.	1621
Francis Bacon wird Lordkanzler; er ist ein Verfechter der alleinigen Entscheidungsgewalt des Königs; Beginn des Dreißigjährigen Krieges.	1618
Katholiken versuchen, im „Gunpowder Plot" (Pulververschwörung), das englische Parlament mitsamt dem König in die Luft zu sprengen. Der misslungene Anschlag ist Anlass für neue Maßnahmen gegen den Katholizismus.	1605
Jakob I. aus dem Geschlecht der schottischen Stuarts (Sohn Maria Stuarts) wird König von Großbritannien und Irland.	1603
Sieg der englischen Flotte über die spanische Armada im Ärmelkanal.	1588
Hinrichtung Maria Stuarts, der katholischen Königin von Schottland, wegen des Verdachts der Mitwisserschaft an einem Attentat gegen Elisabeth.	1587
Krieg zwischen England und Spanien.	1585
Königin Elisabeth wird vom Papst exkommuniziert.	1570

Jahreschronik

1558 Elisabeth I., Tochter aus der Ehe Heinrich VIII. mit Anne Boleyn, wird Königin; sie nimmt die katholische Restauration zurück und stellt die anglikanische Kirche wieder her.

1553 Maria Tudor (die Katholische), Tochter aus erster Ehe Heinrich VIII. besteigt den Thron. Während ihrer Regentschaft versucht sie eine Rekatholisierung des Landes und lässt die Protestanten blutig verfolgen.

1534 Geistliche und Beamte müssen dem König als Anerkennung seiner kirchlichen Oberhoheit den „Suprematseid" leisten; durch diese „Suprematsakte" löst Heinrich VIII. die englische Kirche von Rom.

1509 Heinrich VIII. besteigt den englischen ThronHeinrich VII., der erste englische König aus dem Haus Tudor, stärkt die Macht der Krone gegenüber dem Adel.

1483 König Richard III. lässt Eduard V. und dessen jüngern Bruder hinrichten.

1454 Das Haus York macht dem Haus Lancaster den Thron streitig, Beginn der Rosenkriege.

1453 Heinrich VI. (König 1422–1461) beendet den Hundertjährigen Krieg und büßt dabei allen englischen Besitz auf dem Festland ein; nur Calais bleibt ihm.

1399 Nach Gefangennahme des Königs (gestorben 1400) übernimmt das Haus Lancaster, eine Seitenlinie der Plantagenets, den Thron (bis 1461).

1377 Richard II. besteigt den Thron (regiert bis 1399), heiratet Anna von Böhmen.

1348 Pest erreicht England; die Epidemien in den folgenden

nal ein, zwei Tage später verließ die kleine britische Flotte Plymouth. Sie war klar unterlegen und doch mit ihren wendigen kleineren Einheiten für den Kampf auf engem Raum bestens eingerichtet. Nicht den traditionellen Enterkrieg mit den Schiffen als schwimmenden Schlachtfeldern hatten die britischen Strategen im Sinn, sondern den Einsatz der Schiffe selbst als Waffe. Sie waren schwer bestückt mit Artillerie und hatten zudem den Vorteil, dass sie den spanischen Kolossen folgten, die ja nicht wenden konnten. So erzielten die verfolgenden Briten manchen Gefechtserfolg, doch die Gefahr ließ sich so nicht wirklich bannen. Das gelang erst, als die Spanier wegen des Wetters vor Calais vor Anker gingen. Mit dem Wind ließen die Briten als Bran-

Die Niederlage der spanischen Armada im Ärmelkanal 1588. Die Seeherrschaft ging von Spanien an England über.

der umgerüstete unbemannte Kähne mitten in den Riesenpulk spanischer Schiffe driften. Da hätte es sicher allerhand Feuerschaden gegeben, doch der tatsächliche große englische Sieg kam vor allem dadurch zustande, dass alle spanischen Schiffsführer möglichst schnell die offene See zu gewinnen suchten, einander dabei behinderten, sich verhakten und den englischen Geschützen ein prächtiges Ziel boten. Zwar kam immer noch eine stattliche Anzahl der Großsegler davon, doch in der Nordsee erwartete sie ein Gegner, der weit stärker und gnadenloser als die Engländer zuschlug: Ein Orkan gab der verbliebenen Flotte den Rest: „Gott der Allmächtige blies,/und die Armada flog nach allen Winden", dichtete Schiller später darüber. Nur die Hälfte der Schiffe und nur ein Drittel der Mannschaften sahen die Heimat wieder.

Jeder spürte, dass sich hier ein Drama von weltgeschichtlicher Tragweite abgespielt hatte, und Elisabeth eilte zu ihren Truppen am Kanal, obwohl man sie mit allen Mitteln von einem Auftritt unter dem rohen Kriegsvolk abzuhalten suchte. Sie setzte sich durch, schritt die Ehrenformation ab und rief mit ihrer hellen Stimme: „Meine lieben Leute, man hat mich aus Sorge um meine Sicherheit überzeugen wollen, dass ich mich unter einer bewaffneten Menge vor Verräterei in acht nehmen müsse, aber ich versichere Euch, ich habe keine Lust, in Misstrauen gegen meine treuen und liebenden Leute zu leben. Mögen Tyrannen sich fürchten! Ich habe immer danach getrachtet, meine beste Kraft und meine Sicherheit zunächst Gottes Schutz, aber dann den treuen Herzen und der Rechtlichkeit meiner Untertanen anzuvertrauen." Frenetischer Beifall brandete auf. Einer Frau verdankte das Land den größten Triumph seiner Geschichte.

Überstunden für die Henker

„Eine Schande für die Menschheit, einen Blut- und Fettfleck in der englischen Geschichte" nannte der Romancier Charles Dickens den englischen

König Heinrich VIII. Er zielte damit vor allem auf dessen Karriere als Wüstling und Frauenverbraucher. Heinrich kam wegen des frühen Todes seines älteren Bruders Arthur 1509 auf den englischen Thron und übernahm auch gleich noch die Witwe des Bruders, Katharina von Aragon, ein Erbe, das Weltgeschichte machen sollte. Katharina nämlich war die Tante Kaiser Karls V., und als sich Heinrich in den 1520-er Jahren wegen ausbleibenden männlichen Nachwuchses von ihr scheiden lassen wollte, stieß er auf erheblichen Widerstand, denn der Papst mochte den Kaiser nicht verärgern. Schließlich löste Heinrich die englische Kirche 1534 von Rom, machte sich selbst zu deren Oberhaupt, konfiszierte die Kirchenschätze für die Krone, heiratete seine Geliebte Anna Boleyn und ließ sie hinrichten, als auch sie nur ein Mädchen zur Welt brachte, die spätere Königin Elisabeth I. Noch vier weitere Frauen heiratete Heinrich: Jane Seymour starb 1537 nach der Geburt eines kränklichen Sohnes, Ehefrau Nr. 4 Anna von Kleve verstieß der König wegen Hässlichkeit, Gemahlin Nr. 5 Catherine Howard ließ er wie schon Anna wegen angeblichen Ehebruchs 1542 köpfen, die letzte Gattin Catherine Parr überlebte den 1547 gestorbenen Wüterich. Die Henker hatten auch sonst zahllose Überstunden machen müssen wegen Heinrichs Angst vor Rivalen.

Rosenkriege

Elisabeth I. war die Tochter Heinrichs VIII. und seiner zweiten Frau Anna Boleyn. Heinrich wiederum war Sohn Heinrichs VII., der mit seinem Sieg bei Bosworth 1485 über Richard III. den britischen Thron eroberte. Er stammte aus dem walisischen Geschlecht der Tudors, das im dreißigjährigen Ringen der Häuser Lancaster und York auf seiten Lancasters gefochten hatte. Diese beiden Dynastien, Seitenlinien des früheren Herrscherhauses Plantagenet, führten beide Rosen im Wappen: Lancaster rote, York weiße. Ihr Kampf ging daher unter der Bezeichnung „Rosenkriege" in die Geschichte ein. Sie wurden allerdings nicht nur militärisch, sondern auch mit Mord und Totschlag, List und Arglist geführt und lieferten Stoff für Shakespeares Königsdramen. Mehrfach wechselte das Kriegsglück, und schließlich stand als Sieger keine Seite da, sondern der Lancaster-Verbündete Heinrich Tudor, dessen Haus mit Elisabeth 1603 erlosch; die Thronrechte gingen an die verwandten schottischen Stuarts über.

Königin Elisabeth I., Tochter aus der Ehe Heinrich VIII. mit Anna Boleyn, herrschte von 1558 bis 1603 und führte England im „Elisabethanischen Zeitalter" auf einen wirtschaftlichen und kulturellen Höhepunkt.

1339	Unter Eduard III. (König 1327–1377) bricht der Hundertjährige Krieg (bis 1453) um die Krone Frankreichs aus, die der König beansprucht.
1297	Schottischer Aufstand gegen England und König Eduard, der Anspruch auf die schottische Königskrone erhebt, nachdem das dortige Herrscherhaus ausgestorben ist.
1282	Beginn der Eroberung von Wales (bis 1284) durch Eduard I. (König 1272–1307), der seinem ältesten Sohn zum Prince of Wales ernennt, künftig Titel jedes Thronerben.
1258	Im „Krieg der Barone" verweigern diese dem König Eduard die für seine Italienpolitik erhobenen Steuern.
1215	Die geistlichen und weltlichen Großen erzwingen von König Johann ohne Land (1199–1216) die „Magna Charta libertatum", die ihnen Kontrollrechte gegenüber dem König einräumt.
1189	Dem ersten Plantagenet und bedeutenden Reformer Heinrich II. folgt der legendäre Richard I. Löwenherz (bis 1199).
1164	Mit den „Konstitutionen von Clarendon" stellt König Heinrich II. die Rechtshoheit der Krone über die Kirche wieder her.
1154	Durch Verheiratung entsteht die Linie Anjou-Plantagenet; regiert bis 1399. Mit den Besitzungen, die ihm durch Heirat mit Eleonore von Aquitanien zufallen, begründet Heinrich II. ein Riesenreich, das von Schottland bis zu den Pyrenäen reicht.
1086	Schlacht bei Hastings. Beginn der Beherrschung Englands durch normannische Könige.

hundert Jahren dezimieren die Bevölkerung um fast ein Drittel.

Spanien

Das

Das Silberne Thronjubiläum des spanischen Königspaars liegt erst wenige Jahre zurück und ist doch beinahe erstaunlicher gewesen als das Goldene der englischen Kollegin zwei Jahre darauf. Warum? Fast ein halbes Jahrhundert lang hat es vor Juan Carlos I. keine Monarchie mehr auf der iberischen Halbinsel gegeben, nachdem 1931 Alfons XIII. auf Druck der Republikaner hatte zurücktreten müssen. Die Republik scheiterte ihrerseits; es folgten fast vier Jahrzehnte Diktatur General Francos. Er wollte die ganze Macht, doch früh ist ihm aufgegangen, dass die Stabilität des Landes von einem möglichst erschütterungsfreien Übergang von ihm auf einen Nachfolger abhängen würde.

Was lag näher, als beizeiten die Wegweiser Richtung Wiedererrichtung der Monarchie zu stellen? Das angestammte Haus Bourbon (spanisch Borbón) genoss ja weiter große Sympathien und könnte vielleicht die Wunden heilen, die der Bürgerkrieg und das folgende Polizeiregime der Gesellschaft geschlagen hatten. Würde das gutgehen? Die Zweifler sahen sich durch Griechenland beunruhigt, wo die Monarchie nach einem Versuch der Wiederherstellung 1967 endgültig gescheitert ist. Und dann hatte Franco auch nicht den legitimen Thronfolger Don Juan de Borbón zum Erben bestimmt, sondern dessen Sohn Juan Carlos, den jungen, kaum bekannten Prinzen. Es sah nicht gut aus.

Der mächtige Königspalast in Madrid, der Palacio Real, wird vom König für offizielle Anlässe genutzt, wie Staatsempfänge und Gala-Diners.

Haus Bourbon

Das spanische Königshaus heute

Um so besser sieht es jetzt aus, und das hängt damit zusammen, dass der Diktator bei der eigenwilligen Wahl des künftigen Königs mit schier schlafwandlerischer Sicherheit den richtigen Kandidaten für die Krone vorgesehen hat. Vater Don Juan sieht das schon 1977 ein und anerkennt den seit zwei Jahren amtierenden Juan Carlos als König. Andere Gegner begreifen es spätestens 1981, als der König die nach Francos Tod 1975 noch recht instabile Demokratie vor einem Militärputsch nach griechischem Muster bewahrt. Der auf Francos Wunsch sorgfältig militärisch bei allen drei Waffengattungen ausgebildete Juan Carlos kennt die meisten inzwischen maßgebenden Kommandeure persönlich und kann sie von einer Solidarisierung mit den Putschisten abhalten. Als er sich dann noch öffentlich zur Demokratie bekennt, zieht er der Junta um den Oberstleutnant Tejero den Boden unter den Füßen weg.

Juan Carlos I., König von Spanien, feierte im Jahr 2000 sein 25-jähriges Thronjubiläum. Er ist einer der angesehensten Monarchen der Welt. Hier bei einer Rede im Königspalast in Madrid 2002.

Strahlend präsentieren sich die frisch Verlobten Kronprinz Felipe und Letizia Ortiz Rocasolano am 6. November 2003 den Fotografen.

Das spanische Königshaus

König Juan Carlos, Königin Sofia, Kronprinz Felipe, Prinzessin Cristina und ihr Mann Inaki Urdangarin vor dem Gala-Diner für den Bundespräsidenten Johannes Rau und seine Frau, 2002.

Königin Sofia von Spanien feierte am 2. November 2003 ihren 65. Geburtstag.

Ohne dieses beherzte Eingreifen wäre Spanien sicher noch heute nicht in Europa angekommen und damit auch nicht bei dem Wohlstand, dessen sich das Land inzwischen erfreut. Das hat dem König die Köpfe seiner Mitbürger gewonnen. Für die Herzen hat er seine Familie mit ins Amt und in den Palast gebracht. Auch das ein unschätzbarer Vorzug: Früh hat der europäische Hochadel ein Auge auf den ansehnlich-sportlichen Kronprinzen Juan Carlos geworfen. Schon 1954 lud Königin Friederike von Griechenland, eine Enkelin Kaiser Wilhelms II., die Familie des Grafen von Barcelona, wie sich der Vater des künftigen Königs zur Unterstreichung seiner Thronrechte nannte, zu einer Seefahrt ein. Und die wurde nicht nur lustig, sondern auch Ausgangspunkt einer Romanze der allerhöchsten Art:

König Juan Carlos, begeisterter Segler, winkt von Bord seiner Jacht „Bribon", nachdem er im September 2003 das Rennen der Prince of Asturias Trophy vor der Küste Nordspaniens gewonnen hat.

Königin Sofia mit ihren Enkelkindern Juan Valentin, Pablo Nicolas und Miguel Urdangarin auf der königlichen Jacht „Fortuna" vor der Küste Mallorcas im Juli 2003.

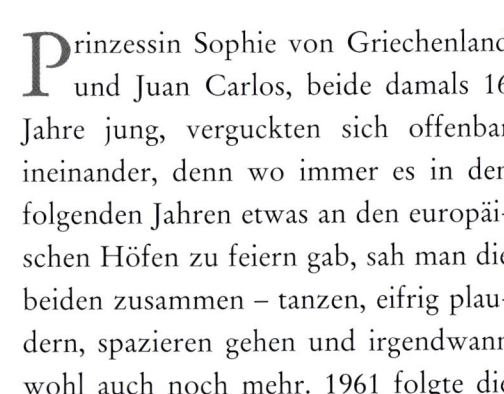

Prinzessin Sophie von Griechenland und Juan Carlos, beide damals 16 Jahre jung, verguckten sich offenbar ineinander, denn wo immer es in den folgenden Jahren etwas an den europäischen Höfen zu feiern gab, sah man die beiden zusammen – tanzen, eifrig plaudern, spazieren gehen und irgendwann wohl auch noch mehr. 1961 folgte die offizielle Werbung, und am 14. Mai 1962 war Hochzeit in Athen, und zwar gleich doppelt: einmal römisch-katholisch wegen des Bräutigams und einmal griechisch-orthodox wegen der Braut, die später zum Katholizismus konvertierte und seitdem spanisch Sofia genannt wird. Schon jetzt hätten die Zweifler an einer künftigen spanischen Monarchie ins Grübeln kommen müssen, denn nicht nur der gesamte Hochadel Europas feierte mit, sondern auch die große Politik setzte bereits auf den Hochzeiter als Erben Francos: US-Präsident Kennedy ließ Geschenke ebenso überreichen wie Frankreichs Staatspräsident de Gaulle und andere Staatschefs.

Ein weit schöneres Geschenk machten sich die Jungvermählten selbst anderthalb Jahre später mit der ersten Tochter Elena, heute Herzogin von Lugo, an deren Taufe General Franco teilnahm. Erstmals seit der Abdankung seines Vaters 1931 reiste nun auch Don Juan, Graf von Barcelona, wieder in die

König Juan Carlos küsst den Ring an der Hand von Papst Johannes Paul II. nach der Heiligsprechung im Rahmen einer Papst-Messe auf dem Colon-Platz in Madrid, Mai 2003.

Nach der Taufe des dritten Sohnes Miguel Urdangarin von Prinzessin Cristina von Spanien posiert die Königsfamilie im Palast La Zarzuela für das offizielle Foto, 2002. Der fünfte Enkel von König Juan Carlos und Königin Sofia rangiert in der Thronfolge an achter Stelle.

Prinzessin Elena, ihr Ehemann Jaime de Marichalar und ihre beiden Kinder Felipe Juan Froilan und Victoria Federica beim Einkaufsbummel in Madrid, 2002.

Heimat und signalisierte so, dass er einer Übernahme der Krone durch den Sohn nicht mehr im Wege stehen würde. Wichtiger war ihm und ist der Familie der Bestand der Dynastie, in der auch die weibliche Thronfolge gilt. Darüber war es im 19. Jahrhundert zu schweren Zerwürfnissen gekommen (Blick in die Geschichte). Die männliche Linie geht allerdings vor, wenn ein Thronfolger zur Verfügung steht. Das war nach der nächsten Geburt immer noch nicht der Fall. 1965 kam Cristina, heute Herzogin von Palma de Mallorca. Erst 1968 stellte sich Kronprinz Felipe ein.

Das spanische Königshaus

Der Kronprinz Felipe und sein Vater König Juan Carlos salutieren den Armeeangehörigen, die bei einer Parade anlässlich des Kolumbustages in Madrid an ihnen vorbeimarschieren, 2001.

König Juan Carlos gratuliert dem Gewinner des Großen Preises von Spanien, Michael Schumacher, und überreicht ihm anschließend den Siegerpokal, 2001.

Felipe ist vom Vater wie dieser von Franco auf seine künftigen königlichen Aufgaben bestens vorbereitet worden und nimmt den Eltern schon heute einen enormen Teil der repräsentativen Verpflichtungen ab. Sein Terminkalender ist randvoll. Und so kann er in der Praxis schon seit längerer Zeit üben, was er im Studium u. a. im kanadischen College Lakesfield und auf der Militärakademie gelernt hat: Sicheres Auftreten, Haltung, korrekte Umgangsformen, Geduld und Würde. Dabei helfen ihm das blendende Aussehen, sein Gardemaß von 1 Meter 97 und seine große Sportlichkeit, ein väterliches Erbteil. Wie der König ist Felipe ein passionierter Segler.

Krone auch für Frauen?

Auf den spanischen Thron kam die Dynastie der Bourbonen durch eine testamentarische Verfügung des letzten, kinderlosen habsburgischen Herrschers Karl II. Er hatte als Erben Philippe von Anjou, einen Enkel des französischen „Sonnenkönigs" Ludwig XIV., eingesetzt. Philipp V., wie der Nachfolger nach spanischer Zählung genannt wurde, setzte sich erst nach einem Jahrzehnt des Krieges durch und sogleich das bisher gültige spanische

Gegenüber: König Juan Carlos, stolzer Großvater, bewundert seine neugeborene Enkelin Victoria Federica im Arm seiner Tochter Infantin Elena, 2000.

König Juan Carlos und seine Frau Sofia mit ihrem Enkelsohn Juan Valentin kurz vor dem Start der fünften Ermenegildo Zegna Regatta, an der auch der König teilnahm, 2001.

König Juan Carlos im Gespräch mit seinem Sohn, Kronprinz Felipe, bei einem offiziellen Anlass im Königspalast von Madrid, 2001.

Thronfolgerrecht außer Kraft: Fortan sollten nur männliche Erben Anspruch auf die Krone haben. Das schien zunächst wenig problematisch, weil dieselbe aus Frankreich importierte Regelung dort bisher problemlos funktioniert hatte und sich im neuen Bourbonenstaat lange ebenfalls bewährte.

Und die Bourbonen erwiesen sich anfangs auch als ein Segen für das krisengeschüttelte Land, bis sie selber zum Problem wurden. 1808 fiel der soeben inthronisierte König Ferdinand VII. auf eine List Napoleons I. herein, ließ sich nach Frankreich locken und wurde dort zur Herausgabe der Krone an Joseph, den Bruder des Kaisers der Franzosen, gezwungen. Die Spanier reagierten mit einem Volksaufstand, der den Anfang von Ende der napoleonischen Herrlichkeit einläutete. 1814 konnte Ferdinand ins Land zurückkehren, das sich inzwischen allerdings eine liberale Verfassung gegeben hatte. Jetzt

Königin Sofia und König Juan Carlos posieren mit ihren Enkelkindern für die Weihnachtskarte der Königsfamilie, 2001.

Der spanische Kronprinz Felipe gratuliert seinem Vater König Juan Carlos, nachdem dieser bei der Siegerehrung eine Trophäe für seinen Sieg bei der King's Cup Regatta 2000 bekommen hat. Der Monarch hatte stellvertretend für seine Crew von der Jacht „Bribon" den Preis entgegengenommen. Die „Copa del Rey" findet alljährlich vor der Küste von Mallorca statt, und der König nimmt seit Jahren daran teil.

erwies sich der König als harter Reaktionär, hob die Verfassung wieder auf und erließ zur Sicherung der Königsherrschaft ein Gesetz, das auch die weibliche Thronfolge vorsah. Er hatte nämlich trotz seiner vier Ehen nur eine Tochter Isabella, die 1833 als Dreijährige den Thron erbte. Regentin wurde die Mutter.

Ferdinands Bruder Karl mochte das nicht hinnehmen, pochte auf das frühere Recht und konnte eine große Anhängerschaft gewinnen. Der Konflikt eskalierte zu bewaffneten Auseinandersetzungen, den so genannten Karlistenkriegen, die auch nach Karls Tod immer wieder aufflackerten, da seine Erben den Kampf bis gegen Ende des 19. Jahrhunderts fortsetzten.

Die Kämpfe des 19. Jahrhunderts aber beschädigten die Monarchie nachhaltig. Isabella musste 1868 ins Exil ausweichen und schließlich 1875 zugunsten ihres Sohnes Alfons XII. abdanken. Sie überlebte ihn zwar (bis 1904), doch eine Rückkehr gab es nicht, weil seine Frau ein halbes Jahr nach seinem Tod 1885 einen Sohn gebar (17.5.1886), der sogleich als Alfons XIII. anerkannt wurde. Einer der wenigen Fälle, in denen ein Thronerbe bereits als König zur Welt gekommen ist. Auch für ihn führte die Mutter zur Empörung der Karlisten die Regentschaft, die 1902 mit der Volljährigkeit von Alfons endete. Vier Jahre später heiratete der junge König Eugénie (Ena) von Battenberg, eine Enkelin der 1901 verstorbenen britischen Königin Victoria. Die Hoch-

Das spanische Königshaus

zeitsfeierlichkeiten wurden von einem Attentat überschattet, das bis heute Stoff für Sorgen liefert (siehe Chronik).

Es war auch Zeichen des gewandelten Zeitgeistes: Die Menschen akzeptierten nicht mehr so ohne weiteres, dass ihnen Staatsoberhäupter qua Erbe vorgesetzt wurden, und wenn, dann verlangte man nach verfassungsmäßiger Einschränkung ihrer Rechte. Alfons wurde zu einem Spielball der Parteien, die in der Folgezeit um die Macht rangen. Vielleicht steckte sein immer noch autoritäres Weltbild dahinter, dass er 1921/23 die Errichtung einer Militärdiktatur durch Primo de Rivera duldete und sich damit den Unmut des Volkes zuzog. Es half dann auch nichts mehr, dass er den General 1930 wieder entließ. Auf Druck der Republikaner musste Alfons das Land verlassen. Zehn Jahre zog er unstet durch Europa, ehe er in seinem Todesjahr 1941 auf die Thronrechte zugunsten seines Sohnes Don Juan, Graf von Barcelona, verzichtete. Damit begann die Geschichte der gut drei Jahrzehnte später wieder etablierten modernen Monarchie in Spanien.

Senatspräsidentin Esperanza Aguirre und Parlamentspräsidentin Luisa Fernanda Rudi würdigen die Verdienste König Juan Carlos' um die Demokratie anlässlich seines 25-jährigen Thronjubiläums im Parlamentsgebäude, 2000.

König Juan Carlos und Königin Sofia von Spanien nehmen am 23. November 2000 in Madrid an einer Zeremonie teil, mit der sein 25-jähriges Thronjubiläum gefeiert wird.

König Juan Carlos und sein Sohn Kronprinz Felipe beim Start der Großen Regatta 2000 im Hafen von Cadiz.

Chronik der wichtigsten Ereignisse

Nachdem der Prinz offiziell um die Hand der Fernsehjournalistin Letizia Ortiz Rocasolano angehalten hat, stellen sie sich gemeinsam mit der Familie den Fotografen, 2003.

2003 Jahreschronik

01.11. Der Hof in Madrid gibt die Verlobung von Thronfolger Felipe mit der TV-Journalistin Letizia Ortiz Rocasolano (31) bekannt.

24.10. In Oviedo verleiht Felipe den nach dem Thronfolger benannten Prinz-von-Asturien-Preis, die höchste wissenschaftliche Auszeichnung Spaniens, dem deutschen Philosophen Jürgen Habermas.

06.10. Königin Sofia bricht zu einem viertägigen Besuch nach Brasilien auf, wo sie an einer Konferenz über Entwicklungshilfe teilnimmt.

24.08. Schiffsparade vor Palma de Mallorca im Beisein des Königs und seiner Töchter; Anlass: 10. Todestag des Grafen von Barcelona im vergangenen April.

14.08. Gerüchte um Thronfolger Felipe Prinz von Asturien: Alte oder neue Liebe?

25.06. Elena, Herzogin von Lugo und älteste Königstochter, erleidet eine Fehlgeburt.

23.06. Juan Carlos I. trifft zu einem Besuch in Galicien ein, besichtigt vom Tankerunglück der „Prestige" betroffene Orte und hört sich Klagen der

Alle Auguren haben falsch gelegen

Es läuft gerade der Film „Du hast mich um den Verstand gebracht", als der staatliche Fernsehsender TVE am 1. November 2003 sein Programm für eine Sensationsmeldung unterbricht: Ihre Majestäten, König und Königin, hätten „die große Genugtuung", die Verlobung ihres Sohnes bekannt zu geben. Er werde am 6. November offiziell bei den Eltern seiner Auserwählten, der TV-Moderatorin Letizia Ortiz Rocasolano, um die Hand der Tochter anhalten. Dass es sich um eine Bürgerliche handelt, stellt seit der Verfassung von 1978 kein Problem mehr da. Sorgen macht schon eher, dass die junge Frau schon einmal verheiratet gewesen und nun geschieden ist. Doch da die seinerzeitige Trauung nicht kirchlich erfolgt ist, signalisiert die Kirche Einverständnis.

Für die Öffentlichkeit spielt das ohnedies keine Rolle. Sie ist vielmehr begeistert darüber, dass ausgerechnet der Prinz die beliebte Sprecherin der Hauptnachrichtensendung („Fernseh-Königin") erobert hat. Wieso hat davon niemand etwas geahnt? Sonst kann Felipe einer x-beliebigen Dame nur zunicken, und schon gibt es wilden Tratsch. Die beiden müssen sehr geschickt verborgen haben, was sie füreinander empfinden. Wie verlautet haben sie sich beim Aufenthalt des Prinzen vor einem halben Jahr an der ölverschmutzten Küste Galiciens kennen gelernt, wo die Journalistin gerade einen Film darüber gedreht hat. Die so lange herbeigesehnte Hochzeit des Kronprinzen ist für Sommer 2004 in der Almudena-Kathedrale von Madrid vorgesehen.

Per Urteil auf Platz zehn der Thronfolge

„Der königliche Bastard", ein Buch, das 2002 einiges Aufsehen erregt hat. Es handelt sich um autobiographische Aufzeichnungen, die den Autor dazu bewogen haben, vor Gericht zu ziehen: Don Leandro mit dem bürgerlichen Nachnamen Ruiz Morogas hat entdeckt, dass in der demokratischen Verfassung von 1978 uneheliche Kinder den ehelichen gleichgestellt worden sind. Warum soll das nicht für „königliche Bastarde" gelten? Leandro ist ein 1929 geborenes Kind der Liebe von Spaniens König Alfons XIII. zur Schauspielerin Carmen Ruiz Morogas, was Leandros zweiter Vorname Alfonso betont. Der Vater von König Juan Carlos, Don Juan, war Bruder des Königs und erbte die Thronrechte. Mithin gehört auch Leandro in die Reihe der Thronfolger, wenn auch nur auf Platz zehn. Das sieht auch das Gericht so und erteilt am 29. Mai 2003 dem Kläger die Genehmigung, seinem Namen ein „de Borbón" anzuhängen; seine Kinder tragen nun den Titel „Exzellenz". Das Königshaus lässt mitteilen, man akzeptiere die Entscheidung „mit Respekt".

Das spanische Königshaus

Bundeskanzler Gerhard Schröder begrüßt Spaniens Thronfolger Felipe bei seinem Besuch der Hauptstadt Berlin, 2003.

König in spe an der Spree

„Ganz privat", aber natürlich nicht unbemerkt hat Spaniens Thronfolger Felipe in Berlin Quartier gemacht. Und richtig „privat" ist auch sein Programm für den am 17. März 2003 beginnenden viertägigen Deutschlandbesuch natürlich nicht. Schon am Tag nach der Ankunft im Nobelhotel Adlon, wo ganze elf Zimmer für den hochherrschaftlichen Besucher reserviert sind, findet sich der König in spe beim Bundespräsidenten im Schloss Bellevue ein, wo ihn Johannes Rau zu Tisch gebeten hat. Auch Bundeskanzler Schröder lässt es sich nicht nehmen, mit dem Prinzen aufzutreten, obwohl er neben ihm recht untersetzt wirkt und der Jubel der Zuschauer, vornehmlich jüngerer Damen und selbstverständlich jede Menge Journalisten, wohl eher dem königlichen Beau gilt. Ein wenig Glanz fällt aber immer auch für den Partner ab, und so strahlt der Regierende Bürgermeister ebenfalls, als er mit Felipe durchs Brandenburger Tor spaziert. Einziger auch offiziell als offiziell dargestellter Termin des Prinzen ist die Eröffnung der weltweit größten Niederlassung der spanischen Kulturstiftung „Instituto Cervantes" am 18. Juni.

Für Washington, nicht gegen Teheran

Kein Zweifel hat die spanische Regierung daran gelassen, dass sie in der Irak-Frage uneingeschränkt an der Seite der USA stehe. Das bedeutet offensichtlich aber nicht, dass es wie der große Verbündete auch die feindliche Haltung gegenüber anderen Ländern in jedem Fall teilt. Eine „Achse des Bösen", wie sie US-Präsident Bush ausgemacht hat und zu der er den Iran wie Nordkorea zählt, kann Madrid so nicht sehen. Das signalisiert die Einladung an Irans Staatspräsidenten Chatami, der am 29. Oktober 2002 in der spanischen Hauptstadt eintrifft und von König Juan Carlos empfangen wird. Man möchte den Reformprozess im Iran mit dieser Geste unterstützen, und der Monarch drückt das deutlich, wenn auch in den üblichen diplomatischen Umschreibungen aus, als er den islamischen Geistlichen freundlich begrüßt.

Kronprinz Felipe, Königin Sofia, Christina Rau, Bundespräsident Johannes Rau und König Juan Carlos in guter Stimmung angesichts des bevorstehenden Gala-Diners im Königspalast in Madrid, 2002.

Bewohner über die schleppende Hilfe aus Madrid an.	
Per Gerichtsbeschluss erwirkt Leandro Alfonso Ruiz Morogas die Aufnahme in die königliche Familie.	29.05.
Das königliche Paar begrüßt Papst Johannes Paul II. in Madrid und dankt für seine deutlichen Worte gegen den Terrorismus auch der baskischen Untergrundorganisation ETA.	03.05.
Bundespräsident Rau empfängt Kronprinz Felipe, der sich zu einem viertägigen Besuch in Berlin aufhält.	18.03.
Beginn einer fünftägigen Reise des Königspaars nach China und auf die Philippinen.	05.03.
2002	
Bundespräsident Rau und seine Frau Christina werden zu einem Staatsbesuch von der königlichen Familie empfangen.	11.11.
König Juan Carlos begrüßt Irans Präsident Chatami im Zarzuela-Palast.	29.10.
Teilnahme der königlichen Familie an einer Trauerfeier für den vor neun Tagen verstorbenen Prinz Claus der Niederlande.	15.10.
Im Kloster Yuste bei Jarandilla, Sterbeort Kaiser Karls V. (1558), zeichnet Kronprinz Felipe den früheren sowjetischen Staatspräsidenten Michail Gorbatschow mit dem Preis „Carlos V" für das Jahr 2001 aus.	03.06.
Cristina Herzogin von Palma de Mallorca bringt in Barcelona ihren dritten Sohn Miguel zur Welt.	30.04.
König Juan Carlos sagt eine Audienz mit dem für Spanien startenden Ski-Langläufer Mühlegg ab.	26.02.

14.02.	Königin Sofia besucht mit Sohn und Töchtern ein Konzert des russischen Cellisten Rostropowitsch in Madrid.
07.02.	Während eines offiziellen Russlandbesuchs wird Kronprinz Felipe von Staatspräsident Putin im Kreml empfangen.
2001	
22.12.	Jaime de Marichalar, Herzog von Lugo und Ehemann von Königstochter Elena, erleidet einen schweren Schlaganfall.
14.12.	Offizielle Erklärung von Kronprinz Felipe über die Beendigung seiner Beziehung zum norwegischen Model Eva Sannum.
06.11.	UN-Generalsekretär Kofi Annan empfängt in New York den spanischen Kronprinzen Felipe, der zuvor „Ground Zero" besucht hat.

Chatami seinerseits nutzt die Gelegenheit, sich vom Regime Saddam Husseins in Bagdad und vom Terrornetzwerk des Osama Bin Laden klar zu distanzieren. Er lässt aber auch keinen Zweifel daran, dass er trotz der Feindschaft zu Bagdad einen Angriff auf den Irak ablehnt. Das Regime könne nur von der Bevölkerung entmachtet werden, nicht von außen. Demokratie müsse wachsen und dürfe nicht aufgezwungen werden. Der Besucher weiß, wovon er spricht, hat er es doch mit seinen fortschrittlichen Plänen im eigenen Land schwer genug. Amerikanischer Druck schwächt ihn weiter. Deswegen dankt er für die Aufgeschlossenheit der EU den Problemen des Iran und der gesamten Region gegenüber.

Schmutziger Lorbeer

Dreimal Gold – nicht zu fassen! Ski-Langläufer Johann Mühlegg, wegen seiner spiritistischen Eskapaden 1998 aus dem deutschen Olympia-Team geflogen, startet bei den Winterspielen in Salt Lake City für Spanien und holt

Prinzessin Elena und ihr Mann, Jaime de Marichalar, bevor er den Schlaganfall erlitt, mit ihrem Sohn Felipe Juan Froilan auf dem Balkon des Rathauses der galizischen Stadt Lugo, 1999.

drei Siege über 50 und 30 Kilometer sowie in der Verfolgung. König Juan Carlos gratuliert seinem neuen Star, und auch in der alten deutschen Heimat ist mancher stolz auf den Überflieger, der alle Konkurrenten wie Anfänger aussehen lässt. Dann aber der Schock: Nach der 50-Kilometer-Disziplin wird in Mühleggs Dopingprobe Eritropoetin (Epo) gefunden, das die Bildung der Sauerstoff tragenden roten Blutkörperchen stimuliert und zu den verbotenen Substanzen gehört. „Juanito", wie ihn die Spanier nennen, wird die Goldmedaille aberkannt, und später wird er auf zwei Jahre gesperrt. Auf solche Neu-Spanier kann das Land verzichten, und auch der König ist in keiner Weise amused: Er sagt die bereits angesetzte Audienz für den unsportlichen Sportler am 26. Februar 2002 ohne Angaben von Gründen kurzerhand ab. Schwarze Schafe wechseln offenbar nicht die Farbe bei Annahme einer anderen Nationalität.

Hoheit garantiert nicht Gesundheit

Elena, erste Tochter des Königspaars, hat sich viel Zeit gelassen mit der Auswahl eines Lebenspartners. Und sie war nie ein Kind von Traurigkeit: Hochadlige und Reiterfreunde waren ihre mehr oder minder intimen Begleiter, bis der Funke zündete. Schon seit 1987 kennt sie den gleichaltrigen (Jahrgang 1963) Jaime de Marichalar y Saenz de Tejada, doch erst im November 1994 sind sich die beiden sicher: Wir wollen gemeinsam unseren Lebensweg gehen; die Verlobung wird bekanntgegeben, und knapp ein halbes Jahr später schreiten sie in der Kathedrale von Sevilla zum Traualtar. Nun fehlt nur noch der Nachwuchs zum

Das spanische Königshaus

Familienglück. Am 17. Juli 1998 stellt er sich ein - mit Felipe Juan, dem Söhnchen mit dem Namen von Vater und Bruder der Mutter.

Am 9. September 2000 folgt das Töchterchen Victoria Federica, die Musterfamilie ist komplett. Muster stimmt auch insofern, als das Familienoberhaupt in keiner Weise den sonst nicht eben seltenen Eskapaden bei königlichen Hoheiten nacheifert. Jaime ist ein pflichtbewusster Banker, der weiß: Auch körperlich muss ein Manager seinen Mann stehen. Er hält sich fit mit Laufen und achtet auf gesunde Ernährung. Ist einmal keine Zeit für Sport im Freien, tritt er die Kurbel seines Trimmrades. So auch am 22. Dezember 2001. Ein wenig außer Atem und verschwitzt steigt er aus den Pedalen, als es ihn plötzlich zum Boden reißt. Schlaganfall

Kronprinz Felipe spricht auf seinem offiziellen Besuch der Tschechischen Republik mit Staatspräsident Vaclav Havel, 2001.

diagnostizieren die Ärzte im Madrider Klinikum Gregorio Marañón. Niemand kann sich erklären, warum es ausgerechnet einen so jungen, schlanken, besonnenen Mann trifft. Ob sich die Lähmungen und Sprachstörungen des Patienten je wieder ganz geben werden, vermag ebenfalls kein Experte zu sagen.

Ungeahnte Parallelen

Bei seinem viertägigen Besuch der Tschechischen Republik, dem ersten in einem Land des ehemaligen Ostblocks, trifft Kronprinz Felipe am 3. Mai 2001 auch mit dem Staatspräsidenten Vaclav Havel zusammen. So verschieden die Länder und so groß die altersmäßige Kluft zwischen den Gesprächspartnern auch sein mag, sie entdecken Gemeinsamkeiten in der Geschichte ihrer Länder. So stellt Havel fest, dass für ihn Spanien eine Vorbildfunktion gehabt habe, weil es eine Diktatur auf friedlichem Wege hat überwinden können. Er sei glücklich darüber, dass dies schließlich auch seinem Volk gelungen sei und danke herzlich für die Unterstützung der Spanier beim Bemühen, Tschechien in die Europäische Union zu führen. Der Prinz seinerseits betont, dass Madrid uneingeschränkt zur Osterweiterung der Gemeinschaft stehe und sich auf die neuen Mitglieder freue.

Der junge baumlange Prinz mit dem ansteckenden Lachen und der kleine, verschmitzt grinsende Präsident – offenbar ein Herz und eine Seele.

Gala-Diner zu Ehren des zu einem Staatsbesuch eingetroffenen mexikanischen Präsidenten Fox im königlichen Palast.	15.10.
Kronprinz Felipe bricht zu einem viertägigen offiziellen Besuch nach Italien auf, wo er mit Staatspräsident Ciampi und Ministerpräsident Berlusconi zusammentreffen wird.	02.10.
Empfang der königlichen Familie zu Ehren der Großherzogin von Luxemburg.	08.05.
Treffen des Thronfolgers Felipe mit Staatspräsident Vaclav Havel anlässlich eines Besuchs in der Tschechischen Republik.	03.05.
Taufe von Pablo Nicolas Urdangarin de Borbón, Sohn des Herzogspaars von Palma de Mallorca, Enkel des Königs.	20.01.

2000	**Jahreschronik**
11. 12.	In der Kathedrale von Barcelona wird eine Messe aus Anlass des 25. Thronjubiläums des Königspaars im Beisein der ganzen königlichen Familie gelesen.
06.12.	Cristina, Herzogin von Palma de Mallorca, schenkt einem Sohn das Leben; er erhält den Namen Pablo Nicolas.
22.11.	Silbernes Thronjubiläum von König Juan Carlos I. und Königin Sofia.
17.10.	König, Königin und Kronprinz empfangen die spanischen Teilnehmer an den Olympischen Spielen von Sydney.
09.09.	Elena, Herzogin von Lugo, bringt ihr zweites Kind Victoria Federica zur Welt.

Weil nicht sein kann, was nicht sein darf

In tadelloser Haltung, aber mit fast übertriebener Sachlichkeit gibt Kronprinz Felipe am 14. Dezember 2001 bekannt, er habe sich „in gegenseitigem Einvernehmen" vom norwegischen Model Eva Sannum getrennt:

„Eva und ich möchten bekannt machen, dass wir unsere Beziehung nach reiflicher Überlegung beendet haben. Wir halten es für besser, wenn wir beide einen je eigenen Lebensweg gehen. Der gern unterstellte Konflikt zwischen Liebe und Pflicht, zwischen Verstand und Herz hat dabei keinerlei Rolle gespielt. Und das möchte ich unterstreichen: Für mich bleibt Eva eine äußerst liebenswerte und wunderbare Frau, und ich hoffe, dass wir in Zukunft unsere Freundschaft ungetrübt aufrecht erhalten können."

Gefragt, ob etwa Bedenken des Hofes an seiner Entscheidung beteiligt gewesen seien, versichert Felipe, dass er sich weder von seiten der Eltern, noch durch die Presse unter Druck gesetzt gefühlt habe. Es gehe ihm bei seiner Erklärung einzig und allein darum, Gerüchten und Spekulationen die Spitze zu nehmen. Aus seiner Umgebung sind dennoch Gerüchte gedrungen, dass man sich in der königlichen Familie schwer mit der Vorstellung getan habe, dass es einmal eine Königin geben könnte, die Dessous auf dem Laufsteg vorgeführt und ihre Figur zur Ware gemacht habe. Alles in allem hört sich die Verlautbarung des Kronprinzen so vernünftig an, dass sie schon wieder Zweifel weckt.

Vierter Enkel zum Silbernen Thronjubiläum

Nur wenige Tage nach dem Fest zum 25. Jahrestag der Wiedererrichtung der Monarchie am 22. November 2000 gibt es erneut Grund zur Freude in der königlichen Familie: Cristina, die jüngere Königstochter, schenkt am Nikolaustag dem Sohn Pablo Nicolas das Leben.

Vater Iñaki Urdangarin, ehemaliger Kapitän der spanischen Handballnationalmannschaft, tritt strahlend vor die Presse und erklärt: „Eigentlich sollten wir den Kleinen ‚Verfassung' nennen, denn er ist ja gegen 23 Uhr an dem Datum zur Welt gekommen, an dem 1978 die demokratische Verfassung angenommen wurde. Ein solcher Name wäre eine stolze Auszeichnung, ist aber leider kein richtiger Name." Seiner Frau, sagt

Kronprinz Felipe und seine Freundin, das norwegische Model Eva Sannum, bei der Hochzeit des norwegischen Kronprinzen im Osloer Schloss, 2001.

Das spanische Königshaus

Urdangarin, gehe es gut, und das Kind sei ebenfalls wohlauf.

König Juan Carlos, dessen vierter Enkel Pablo Nicolas ist, darf im Geburtsdatum ein Zeichen sehen, ist er es doch gewesen, der sein Land durch Machtverzicht in die demokratische Gegenwart geführt hat. Von den autoritären Franco-Elementen keine Spur mehr.

Ein langes, wechselvolles Leben

Der spanische Rundfunk unterbricht am 2. Januar 2000 seine Nachmittagssendungen und gibt bekannt, dass gegen 15 Uhr die Mutter von König Juan Carlos, Ihre Königliche Hoheit Doña María de las Mercedes, Gräfin von Barcelona, in ihrer Residenz La Mareta auf der Kanareninsel Lanzarote mit 89 Jahren verstorben ist. Die Hörer kennen die alte Dame als schwarze Gestalt im Rollstuhl, an den sie seit Jahren wegen eines Knochenleidens gefesselt war. Nach dem Tod ihres Mannes Don Juan im Jahr 1993 hat sie sich zwar zunehmend aus der Öffentlichkeit zurückgezogen, doch bei wichtigen Anlässen ist sie immer wieder mit der königlichen Familie aufgetreten.

Die am 23. Dezember 1910 geborene Mutter des Königs war die dritte Tochter von Carlos de Borbón y Borbón und seiner Frau Louisa von Orleans und wurde im königlichen Palast von Madrid mit Jordanwasser auf den Namen María de las Mercedes Cristina Isabel Luisa Carolina Victoria getauft. 1935 heiratete sie Don Juan, an den Exkönig Alfons XIII. 1941 die Thronrechte abtrat. In dieser Zeit lebte die Familie mit ihren vier Kindern in verschiedenen Ländern im Exil, zuletzt in Portugal. Erst lange nachdem General Franco die Wiederherstellung der Monarchie beschlossen hatte, betrat die Gräfin wieder spanischen Boden.

Kronprinz Felipe und sein Vater, König Juan Carlos, am 22. November 2000 im spanischen Parlamentsgebäude in Spaniens Hauptstadt Madrid, wo an diesem Tag Juan Carlos sein 25-jähriges Thronjubiläum feiert.

König Juan Carlos und Königin Sofia bei der Trauerfeier für seine Mutter Doña María de las Mercedes, die 2000 im Alter von 89 Jahren starb.

Felipe, Prinz von Asturien, übernimmt die Präsidentschaft am Spanischen Tag bei der Expo 2000 in Hannover.	19.07.
Königin Sofia besucht Berlin anlässlich der Eröffnung des 19. Weltkongresses der Sparkassen.	27.06.
Mit zahlreichen gekrönten Häuptern Europas nimmt auch König Juan Carlos an den Feiern zum 60. Geburtstag der dänischen Königin Margrethe II. teil.	16.04.
Tod der Mutter von König Juan Carlos, Doña María des las Mercedes de Borbón, Gräfin von Barcelona (Beisetzung 10.01.).	02.01.
Auch in Spanien beginnt die Euro-Zeit; die spanische Post gibt einen letzten Briefmarkensatz mit Peseten- und Eurowerten und den Porträts des Königs, seiner Frau Sofia und seiner drei Kinder heraus.	01.01.

Kubas Präsident Fidel Castro wendet sich bei der Eröffnung des Iberoamerikagipfels an König Juan Carlos und Königin Sofia, 1999.

1999 Jahreschronik

14.11. Erstmals seit den Kolonialzeiten Ende des 19. Jahrhunderts betritt ein spanischer Monarch kubanischen Boden. Juan Carlos ist der Einladung von Fidel Castro zu einem ibero-amerikanischen Gipfel gefolgt.

25.07. Das Königspaar begleitet den im Alter von 70 Jahren verstorbenen marokkanischen König Hassan II. auf seinem letzten Weg.

28.06. König Juan Carlos bricht zu einer Reise ins Nachbarland Frankreich auf.

1998

24.10. Zum 350. Jahrestag des Westfälischen Friedens kommt Juan Carlos nach Osnabrück.

17.07. Königstochter Elena, Herzogin von Lugo, beschert dem Königspaar mit Felipe Juan Froilán das erste Enkelkind.

25.05. Königin Sofia und König Juan Carlos erhalten in Athen die Ehrenbürgerschaft der Stadt.

Letztes Geleit für den französischen Freund

Die Familien sind eng verwandt: die Thronanwärter aus dem Hause Orléans in Frankreich und die Bourbonen auf dem spanischen Thron. Es versteht sich daher von selbst, dass König Juan Carlos zur Beisetzung des Grafen Henri von Paris fährt, der am 19. Juni 1999 im Alter von 90 Jahren verstorben ist. Anders als dem Freund in Madrid ist es ihm nicht vergönnt gewesen, die Wiedererrichtung der Monarchie in Frankreich zu erleben. In diesem Land ist die Demokratie zu tief verwurzelt und die Monarchie durch die Bonapartisten im 19. Jahrhundert zu sehr in Misskredit gebracht worden, als dass gekrönte Häupter noch erwünscht wären. Zwar hat der alte Graf durchaus gedeihliche Gespräche mit General de Gaulle geführt, der einem Königtum positiv gegenüberstand, freilich erst nach seinem Ableben, versteht sich. Gegen die öffentliche Meinung lässt sich das nicht durchsetzen, auch wenn das spanische Beispiel ermutigend wirkt. Der neue gleichnamige Chef des Hauses Orléans, dem Juan Carlos kondoliert, wird natürlich von den Journalisten auch gleich gefragt, ob er sich eine Rückkehr auf den französischen Thron wünsche. Ruhig und realistisch erwidert er: „Das Verb ‚wünschen' gefällt mir nicht. Wenn die Monarchie in Frankreich wiedereingeführt wird, wäre dies das Ergebnis eines Wun-

Zwei Tage nach der Geburt stellen Prinzessin Cristina und ihr Mann Inaki Urdangarin stolz ihren Sohn Juan erstmals der Öffentlichkeit vor, 1999.

sches der Franzosen. Und dann geht es für mich nicht darum zu wünschen, sondern zu dienen."

Vorbild der Konfliktbewältigung

Am 24. Oktober 1648 läuteten die Glocken in Münster und Osnabrück nach drei Jahrzehnten Krieg den Frieden ein. 350 Jahre später treffen sich dort pünktlich die Staatsoberhäupter der damals beteiligten Länder zu gemeinsamer Feier. Fast so etwas wie eine europäische Vollversammlung wird daraus, denn es begrüßen einander der deutsche Bundespräsident und die Königin von Dänemark, der tschechische Staatspräsident und die Königin der Niederlande, Schwedens Königspaar und der luxemburgische Großherzog. Auch der spanische Monarch ist natürlich erschienen, denn sein Land, damals noch von habsburgischen Königen regiert, war am dreißigjährigen Ringen in Mitteleuropa von Anfang an beteiligt, hatte gegen England und die Niederlande, mit Frankreich und gegen Frankreich, für den Kaiser und gegen die Schweden gefochten. Den schier ewigen Krieg hatte dann ein ebenfalls unendlich zäher Friedenskongress beendet, der fünf Jahre in Anspruch nahm, dessen Ergebnisse sich dafür aber auch als sehr haltbar erwiesen.

Noch bis in die napoleonische Zeit bezog man sich bei internationalen Abkommen gern auf die Ergebnisse von Münster und Osnabrück, den so genannten Westfälischen Frieden. Im 19. Jahrhundert kam allerdings Kritik hier zu Lande daran auf, weil der Frieden Deutschland angeblich geschwächt und zum Tummelplatz fremder Interessen gemacht habe. Heute denkt man anders. Im Zeichen der europäischen Einigung wird das westfälische Friedenswerk als „Vorbild internationaler Konfliktbewältigung" gewürdigt. Gerade die hier praktizierte Einbeziehung auswärtiger Mächte in ein System kollektiver Sicherheit verleiht dem West-

Juan Carlos und der polnische Ministerpräsident Kwasniewski mit dessen Frau Jolanta in Münster bei den Feiern zum 350. Jahrestages des Westfälischen Friedens, 1998.

Geburtstagsbesuch des Königspaars zum 60. bei der niederländischen Kollegin Beatrix.	31.01.
1997	
Im letzten Moment kann ein Attentat von ETA-Terroristen auf Juan Carlos in Bilbao vereitelt werden; der Polizist, der den für die Eröffnung des Guggenheim-Museums scharf-gemachten Sprengsatz entdeckt, kommt ums Leben.	14.10.
Königstochter Cristina heiratet in Barcelona den Handballstar Iñaki Urdangarin.	04.10.
Beginn eines viertägigen Besuchs von König Juan Carlos in Deutschland, wo er nach Berlin, Dresden und Bonn kommen wird.	15.07.
1996	
In Lausanner Palais de Beaulieu erhält Juan Carlos den Jean-Monnet-Preis der Goethe-Stiftung für seinen Einsatz für die europäische Einigung und Spaniens Integration in die Gemeinschaft.	06.11
1995	
Das Königspaar trifft zu einem Staatsbesuch in Österreich ein.	10.07.
Die 31-jährige Prinzessin Elena heiratet in der Kathedrale von Sevilla den gleichaltrigen Bankkaufmann Jaime de Marichalar; erste königliche Hochzeit in Spanien seit 1906.	24.07.
Der Hof gratuliert Migual Indurain zum fünften Gesamtsieg in Folge bei der Tour de France.	23.07.
Königin Sofia wird in Washington mit der Ehrendoktorwürde der Georgetown-Universität ausgezeichnet.	29.05.

Das frisch vermählte Paar, Infantin Cristina und Iñaki Urdangarin, winkt nach der Trauung in der Kathedrale von Barcelona den zahlreichen Schaulustigen zu, 1997.

1993 Jahreschronik

08.11. Als erster europäischer Monarch trifft Juan Carlos zu einem Staatsbesuch in Israel ein.

07.08. Zur Beisetzung des im Alter von 63 Jahren beim spanischen Granada gestorbenen belgischen Königs Baudouin I. reisen König und Königin nach Brüssel.

01.04. Der Vater von König Juan Carlos, Don Juan Graf von Barcelona, erliegt 80-jährig einem Krebsleiden.

karätigen Festgästen ihr festes „Ja" auf die Frage des Priesters, ob sie einander treu sein wollen „in guten wie in schlechten Tagen". Angesichts des strahlenden Paares kann sich zwar niemand vorstellen, dass es da auch einmal „schlechte" Tage geben könne, doch selbst bei allerhöchsten Glückskindern kann man nicht wissen. Zum großen Glück gehört auch, dass hier ein Bund besiegelt wird, der für das ganze Land symbolische Bedeutung hat: Die Königstochter heiratet einen Basken, der noch dazu in Katalonien lebt. Das wirkt wie die Beschwörung der Einheit der Nation. Die Separatisten und Terroristen werden es künftig in Spanien noch schwerer haben.

Mehr als ein Bund fürs Leben

Sie haben einander bei den Olympischen Spielen in Atlanta 1996 kennengelernt, die Verlobung hat das Königshaus am 1. Mai 1997 bekanntgegeben und nun läuten am 4. Oktober des gleichen Jahres für sie die Hochzeitsglocken: Vorbei an vielen hunderttausend Zuschauern fahren Prinzessin Cristina (32) und ihr Auserwählter, der drei Jahre jüngere beliebte Handballer Iñaki Urdangarin, in Barcelona zur Kathedrale. Dort erklingt vor 1500 hoch-

fälischen Frieden ungeahnte Modernität und Bedeutung für Europa. Die versammelten hohen Herrschaften belegen das.

Stolzer Spanier hoch zu Stahlross

Ein Gruß von König zu König: Juan Carlos übermittelt am 23. Juli 1995 seine Glückwünsche an den 31-jährigen Tour-Herrscher Miguel Indurain, der zum fünften Mal ohne Unterbrechung das schwerste Straßen-Etappenrennen der Welt gewonnen hat. Das ist noch keinem der großen Stars wie Eddy Merckx oder Bernard Hinault gelungen, die zwar auch je fünf Siege aufzuweisen haben, aber immer mal ein Jahr aussetzten. Außerdem ist der Baske mit dem großen Kämpferherzen in einer Weise der Konkurrenz überlegen, wie man es bisher kaum je gesehen hat. Er kommt mit gut viereinhalb Minuten vor dem Zweiten in Paris auf den Champs Élysées ins Ziel, nachdem er beim Zeitfahren und im Gebirge die Gegner förmlich deklassiert hat. König Juan Carlos drückt die Bewunderung der ganzen Nation für den Bauernsohn aus und die Hoffnung, dass der Champion demnächst auch daheim triumphieren kann. Diese Hoffnung teilt Indurain, denn ein Sieg bei der Vuelta, der Spanienrundfahrt, fehlt noch in seiner Sammlung. Sein Beispiel hat in Spanien zu einem wahren Radsportboom geführt und auch in anderen Ländern die Begeisterung für die Helden der Landstraße in ungekannte Höhen steigen lassen.

Widersprüchliche Signale

Das Wahrzeichen der Weltausstellung in Sevilla ist eine über zwanzig Meter hohe Kugelkonstruktion, die das Ökosystem Erde symbolisieren soll. Nachdem König Juan Carlos die Expo am 20. April 1992 eröffnet hat, sieht er bei seinem Gang über das von 110 Teilnehmerstaaten gestaltete Gelände in vielen Pavillons, auch im deutschen, Mahnungen zu schonendem Umgang mit der Umwelt. Zugleich aber begegnen ihm verkehrstechnische Neuheiten, die Landschaftsverbrauch und Abgasbelastung förmlich programmieren.

Widersprüchliches sagen auch die Zahlen über den Nutzen der Riesenschau für die Region Andalusien. Ihr ist ein Modernisierungsprogramm verordnet worden, das sieben neue Brücken über den Guadalquivir, eine Hochgeschwindigkeitsstrecke der Bahn von Madrid nach Sevilla sowie 1500 Kilometer neue Autobahnen umfasst; ohne schwere ökologische Sünden ist so etwas nicht umzusetzen.

König Juan Carlos und Königin Sofia bei der Eröffnungsfeier der Weltausstellung Expo 92, die in Andalusiens Hauptstadt Sevilla ihre Pforten öffnete.

In einer Kutsche fahren Infantin Elena und ihr Bräutigam Jaime de Marichalar zu ihrer Trauung in der Kathedrale von Sevilla, 1995.

Jahreschronik	1992
Auf einem ibero-amerikanischen Gipfel in Madrid treffen König Juan Carlos und Kubas Staatschef Fidel Castro zusammen.	24.07.
Eröffnung der bislang größten Weltausstellung durch den spanischen König in Sevilla.	20.04.
	1991
Zusammen mit den Schirmherren US-Präsident Bush und Sowjet-Präsident Gorbatschow eröffnet Juan Carlos in Madrid eine Nahostkonferenz.	30.10.
Prinzessin Cristina besucht das UNESCO-Institut für Pädagogik in Hamburg.	15.04.
Teilnahme des Königspaars an der Beisetzung des im Alter von 87 Jahren verstorbenen norwegischen Königs Olav V.	30.01.

1986	Jahreschronik
23.08.	Königin Sofia und ihr Mann gehören zu den Festgästen bei der Trauung von Sarah Ferguson und Prinz Andrew in London.
24.02.	Bundespräsident von Weizsäcker empfängt in Bonn König Juan Carlos und Königin Sofia, die zu einem fünftägigen Deutschland-Besuch eintreffen.
30.01.	An seinem 18. Geburtstag wird Kronprinz Felipe vor dem Parlament auf die spanische Verfassung vereidigt.
1985	
02.06	In letzter Minute wird vom Geheimdienst ein Bombenattentat auf die königliche Familie am Tag der Streitkräfte in La Coruña vereitelt.
1982	
27.08.	Auf Antrag von Ministerpräsident Calvo Sotelo löst der König das Parlament auf und schreibt Neuwahlen aus.
03.06.	Die in den Putsch vom Vorjahr verwickelten Offiziere werden vom Obersten Militärgerichtshof zu 30 Jahren Haft verurteilt.

Allerhöchster Besuch bei Volkswagen

Im Rahmen ihrer Reise durch die Bundesrepublik Deutschland besuchen der spanische König und seine Frau am 27. Februar 1986 auch das VW-Werk in Wolfsburg. Ein klein wenig gestaltet sich das als „Heimspiel", nämlich beim Empfang für die zahlreichen spanischen Gastarbeiter der Autoschmiede. Und noch ein anderer Grund führt das Königspaar ins Niedersächsische: Vor wenigen Tagen hat der VW-Aufsichtsrat dem Plan zugestimmt, dass VW die Mehrheit am spanischen Automobilhersteller Seat erwerben will. Vorgesehen ist die Übernahme von 75 Prozent des Kapitals noch im Laufe des Jahres 1986. Hinter dem Deal steckt der Wunsch von VW nach einem Kleinwagen, den die Firma so nicht in ihrer Angebotspalette hat. Auch möchte man den spanischen Markt besser erschließen. Der König verspricht beim Treffen mit der Geschäftsführung, dass er sich für das Projekt einsetzen werde, das auch für Spanien von langfristigem Nutzen sein könne durch Knowhow-Transfer und Kooperation.

Mit vorgehaltener Waffe

Man hat es geahnt: So sang- und klanglos würden die Profiteure der Franco-Diktatur nicht von der Bühne gehen. Anfangs hat noch die Tatsache stabilisierend gewirkt, dass der General höchstselbst die Monarchie restauriert hat. Doch mehr und mehr erweist sich diese als ein Verrat an der klerikalfaschistischen Tradition des Landes und entwickelt sich zu einem Hort des immer bekämpften Liberalismus. Ewiggestrige in Polizei und Militär wollen dem nicht länger tatenlos zusehen. Das weiß auch der Geheimdienst, doch er ist im Unklaren darüber, was die Gegner des politischen Kurses von König Juan Carlos genau im Schilde führen.

Die Unklarheit ist am 23. Februar 1981 mit einem Schlag beseitigt: Im Parlament wird gerade die Wahl eines Nachfolgers von Ministerpräsident Suárez González beraten, da stürmen 200 Mann der noch immer gefürchteten Guardia Civil den Plenarsaal. Ihr Anführer Oberstleutnant Tejero Molina erklimmt das Rednerpult und erklärt die Abgeordneten mit vor-

Wenige Stunden nach der Erstürmung des spanischen Parlaments durch Putschisten appelliert König Juan Carlos in einer Fernsehansprache an die Bevölkerung, Ruhe und Vertrauen zu bewahren, 1981.

König Juan Carlos begrüßt den spanischen Ministerpräsidenten Adolfo Suárez nach dem erfolgreichen Ende der Geiselnahme im Parlament durch Leutnant Tejero, 1981.

gehaltener Pistole zu Gefangenen, also zu Geiseln für die Forderungen der Putschisten. Zu ihnen gehört auch Generalleutnant Jaime del Bosch, der zeitgleich in Valencia den Ausnahmezustand ausruft und die Übergabe der Macht an das Militär fordert.

Das ist die Stunde des Königs, eines intimen Kenners der Kommandostrukturen aller drei Waffengattungen. Die Telefone glühen. Überall gehen Warnungen des Hofes ein, sich den Putschisten anzuschließen. Die alten persönlichen Bindungen an den Kameraden Juan Carlos wirken: Die überwiegende Mehrheit der Befehlshaber verweigert sich den Forderungen der Revoluzzer. Tejero und Bosch geraten in eine prekäre Lage, die vollends unhaltbar wird, als das Fernsehen eine Rede des Königs ausstrahlt, in der es unmissverständlich heißt: „Die Krone duldet keine Handlungen, die die demokratische Fortentwicklung der Verfassung stören." Das ist das endgültige Aus; die Putschisten kapitulieren und werden verhaftet.

Parlamentarische Monarchie

Obwohl bereit, Machtbefugnisse abzugeben, gelingt es König Juan Carlos nur mit Geduld, einen Demokratisierungsprozess in Gang zu setzen. Zu verkrustet sind die politischen Strukturen durch die lange Zeit der Diktatur. Sein erster Ministerpräsident Arias Navarro legt ihm 1976 einen Verfassungsentwurf vor, der aber nicht die nötige Zweidrittelmehrheit in den Cortes findet. Daraufhin entlässt der König den Regierungschef und beauftragt Adolfo Suárez González. Ein Glücksgriff, wie sich zeigt: Schon bald kann der neue Mann einen weiteren Entwurf anbieten, der am 31. Oktober 1978 nach langwierigen Vorarbeiten in verschiedenen Kommissionen beiden Häusern des Parlaments, Senat und

König Juan Carlos unterzeichnet im Parlament in Madrid die neue demokratische Verfassung Spaniens, die am 29. Dezember 1978 in Kraft tritt. Damit wird Spanien zur parlamentarischen Demokratie.

König Juan Carlos und Königin Sofia nach der Krönungsmesse vor der Kirche von San Jeronimo el Real in Madrid, 1975.

Während einer dreitägigen Deutschlandreise nimmt Juan Carlos I. in Aachen den Internationalen Karlspreis entgegen.	20.05.
	1981
Nach mehrstündiger Besetzung des Parlaments durch Putschisten um den Oberstleutnant Tejero scheitert die Revolte am entschlossenen Widerstand des Königs.	24.02.
In Madrid stirbt 63-jährig Königinmutter Friederike Luise von Griechenland.	06.02.
	1978
Mit breiter Mehrheit wird eine neue demokratische Verfassung verabschiedet.	06.12.
	1977
Anderthalb Jahre nach der Thronbesteigung kommt Juan Carlos I. zu einem Besuch	19.04.

1975

20.11. Tod des spanischen Diktators Franco; zwei Tage später Machtübernahme durch König Juan Carlos I.

1969

22.07. General Franco ernennt Juan Carlos formell zum „Prinzen von Spanien" und vereidigt ihn als Thronanwärter.

15.04. Im Alter von 81 Jahren stirbt Viktoria Eugénie Prinzessin von Battenberg, die Großmutter von Juan Carlos.

1968

30.01. In Madrid bringt Sofia de Borbón einen Sohn zur Welt, der die Namen Felipe Juan Pablo Alfonso erhält.

1965

13.06. Zweite Tochter für Juan Carlos und Sofia: In Madrid kommt Cristina Federica Victoria Antonia zur Welt.

1964

06.03. In Tatoi bei Athen stirbt König Paul I. von Griechenland, Vater von Sofia de Borbón.

in die Bundesrepublik; Bonn, Bremen und Stuttgart stehen auf dem Programm.

Kongress, zur endgültigen Abstimmung vorgelegt wird. Die überwältigende Mehrheit bekennt sich zu den darin niedergelegten demokratischen Prinzipien und stimmt so: Senat 226 Ja, 5 Nein, 8 Enthaltungen; Kongress 325 Ja, 6 Nein, 14 Enthaltungen. Am 6. Dezember 1978 stimmt auch das Volk ab: Bei einer Wahlbeteiligung von 86 Prozent votieren 88 Prozent mit Ja, 8 Prozent mit Nein und 4 Prozent enthalten sich der Stimme. Damit ist die 169 Artikel und 4 Zusatzbestimmungen umfassende Verfassung angenommen und Spanien nur drei Jahre nach Francos Ende ein demokratischer Rechtsstaat in Form einer parlamentarischen Monarchie. Neuwahlen im März 1979 bestätigen die Regierung Suárez.

König Juan Carlos und Königin Sofia mit ihren Kindern Elena, Cristina und Felipe 1972 im Zarzuela-Palast.

Prinz Juan Carlos und General Franco anlässlich der Feierlichkeiten zum Gedenken an das Ende des spanischen Bürgerkriegs am 31. Mai 1967.

Aufbruch ins Ungewisse

Der Diktator ist tot, es lebe der König – nicht nur ein Wechsel an der Staatsspitze steht im November 1975 in Spanien an. Es kündigt sich vielmehr auch ein tiefgreifender politischer Wandel an. 1969 vom General Franco offiziell zum Nachfolger ernannt, hat Prinz Juan Carlos von Bourbon schon seit Ende Oktober die Amtsgeschäfte für den schwer kranken Staatschef übernommen. Jetzt wird er am 22. November zum König ausgerufen und fünf Tage danach vereidigt. Er verspricht in seiner Thronrede dem Volk mehr Mitspracherechte, legt sich aber noch nicht auf einen Fahrplan fest. Zu hoch sind die Hürden, die schon dadurch bestehen, dass in fast vier Jahrzehnten der Diktatur in alle Schlüsselpositionen Franco-Anhänger und Mitglieder der Staatspartei Falange gerückt sind. In den Cortes, dem Parlament, dominieren sie ebenso unangefochten wie in der Führung der Streitkräfte. Polizei und Justiz sind in ihren Händen. Und auch der Thronrat, der berechtigt ist, dem König bin-

Das spanische Königshaus

dende Ratschläge zu erteilen, wird von ihnen kontrolliert. Vor dem 37 Jahre jungen Monarchen liegen herkulische Aufgaben, wobei er allein darauf setzen kann, dass der Königs-Nimbus auf längere Sicht seine Wirkung entfaltet. Nur dann wird es gelingen, Spanien nach Europa und in die politische Moderne zu führen.

Auf der „Eros" in die Flitterwochen

König Paul I. von Griechenland und seine Frau Friederike Luise, eine geborene Prinzessin aus dem Haus Hannover, sind überglücklich: Sie geben im Spätsommer 1961 die Verlobung ihrer Tochter Sophie mit dem künftigen spanischen König Juan Carlos bekannt und laden für den 14. Mai 1962 nach Athen zur Hochzeit der beiden fast gleichjungen Brautleute (Jahrgang 1938) ein. Aus allen Weltgegenden strömen die blaublütigen Besucher in die griechische Hauptstadt, die eines der letzten rauschenden Feste der Monarchie erlebt. Die Braut schwebt in cremefarbener Robe, vier Meter langem Spitzenschleier und sechs Meter langer Schleppe durchs Mittelschiff der St. Dionysius Kirche unter den bewundernden Blicken zahlloser Könige und Fürsten und gibt mit ebenso fester Stimme ihr Ja-Wort wie der Bräutigam, schon jetzt jeder Zoll ein König.

Millionen Griechen säumen die Straßen, die Häuser sind mit Fahnen

Sofia schenkt ihrer ersten Tochter Elena Maria Isabella Dominica in Madrid das Leben.	**1963** 20.12.
Unter großer Anteilnahme heiraten in Athen Prinzessin Sophie von Griechenland und der knapp ein Jahr ältere Juan Carlos de Borbón.	**1962** 12.05.
Erstmals tritt der von Franco als künftiger König vorgesehene Juan Carlos de Borbón öffentlich auf beim 20. Jahrestag der Beendigung des spanischen Bürgerkriegs.	**1959** 03.05.

Während der Trauungszeremonie hält König Paul I. von Griechenland die Kronen über die Häupter von Kronprinz Juan Carlos und Prinzessin Sofia, 1962 in Athen.

Juan Carlos im Januar 1955.

Das Haus Bourbon unter Schock

Es ist nicht das erste Mal, dass seine Söhne mit einem Revolver umgehen: Don Juan, Chef des Hauses Bourbon, sieht aber am 29. März 1956, dass es da Probleme gibt, offenbar weil die Munition die falsche ist. Er nimmt den Halbwüchsigen die Waffe ab und schließt sie ein. Doch die Jungen wollen unbedingt die geplanten Schießübungen machen und betteln bei der Mutter, die ihn tragischerweise den Schlüssel für den Waffenschrank dann doch aushändigt. Juan Carlos als der Ältere versucht nun erneut, ein zu langes, klemmendes Projektil aus dem Lauf zu entfernen, als sich ein Schuss löst und den kleinen Bruder mitten in die Stirn trifft. Zwar stürzt der Vater nach dem Knall sofort ins Zimmer und bemüht sich, den Blutstrom des Sohnes zu stillen, doch er kann nur noch das sterbende Kind an sich drücken, das in wenigen Minuten tot ist. Offizielle Verlautbarungen lassen offen, wer beim Schuss die Waffe in der Hand gehabt hat, so dass auch versehentliche Selbsttötung in Frage kommt. Erst sehr viel später wird bekannt, dass der ältere Bruder die Katastrophe ausgelöst hat.

Jahreschronik

1956

29.03. Alfonso, 14-jähriger Bruder von Juan Carlos, wird getötet, als beide mit einer Pistole des Vaters hantieren.

1941

28.02. Der ehemalige spanische König Alfons XIII. stirbt in Rom im Alter von 54 Jahren.

15.01. Der ins italienische Exil gegangene König Alfons XIII. verzichtet zugunsten seines Sohnes Don Juan auf die Thronrechte.

1938

02.11. Im griechischen Psychiko (heute Teil Athens) kommt Sophie, Tochter des späteren Königs Paul I. und seiner Frau Friederike Luise, zur Welt.

05.01. Maria des las Mercedes de Borbón bekommt einen Sohn, der nach dem Vater den Vornamen Juan erhält und mit zweitem Vornamen Carlos heißt.

und Fähnchen, Girlanden und Blumen geschmückt. Das junge Glück macht für einen Moment alle zu einer großen Familie. Nach den offiziellen Feierlichkeiten melden sich die Jungvermählten zu einem einwöchigen Segeltörn ab, der sie auf der Yacht „Eros", einem Geschenk von Monacos Fürsten Rainier III., in die Inselwelt der Ägäis entführen wird. Dann erst geht es mit einem Abstecher zu Papst Johannes XXIII. in Rom nach Madrid, wo sich das kommende Königspaar dem Volk präsentiert. An ihrem neuen Zuhause, dem Zarzuela Palast, wird noch gewerkelt, doch das macht nichts: Ehe der Alltag beginnt, wird erst noch eine mehrmonatige Weltreise unternommen.

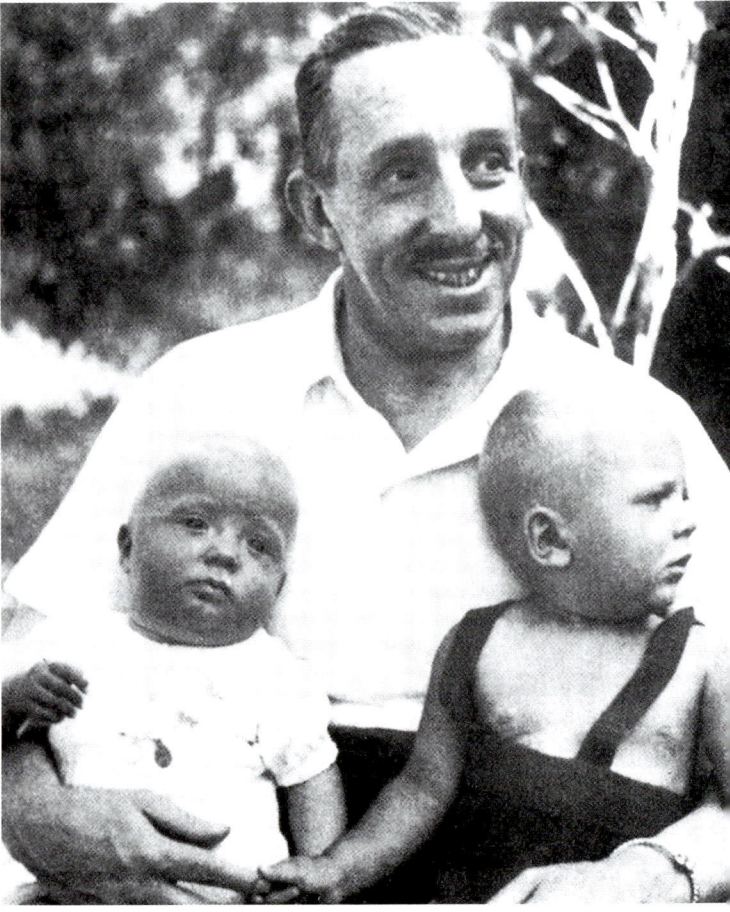

Der spanische König Alfonso XIII. mit seinen Enkeln Prinz Juan Carlos, Graf von Barcelona, (links) und Prinz Alfonso von Bourbon, 1938.

In allen Ehren rausgeworfen

Nur vorübergehend hat die Militärdiktatur von Primo de Rivera das politische System in Spanien zu stabilisieren vermocht. Bald schon verbreitet sich derartige Unzufriedenheit, dass der König am 28. Januar 1930 gezwungen ist, seinen Spitzenmann zu opfern und ihm die Entlassungsurkunde zu überreichen. Primo de Rivera stirbt sechs Wochen später.

Ruhe aber kehrt dennoch nicht ein, im Gegenteil: Jetzt, da der Druck von oben nachgelassen hat, wittern republikanische bis anarchische Gruppierungen Morgenluft. Das Volk wird nun auch mit der Monarchie ungeduldig. Als die Republikaner am 12. April 1931 bei Gemeindewahlen einen haushohen Sieg erringen, wird absehbar, dass die Tage des Königtums gezählt sind. Die siegreichen Parteien sehen in der Abstimmung ein Referendum gegen die Monarchie und verlangen die Abdankung des Königs. Alfons XIII. kann in Verhandlungen nur noch erreichen, dass er nach Niederlegung der Krone das Land mit allen Ehren verlassen darf und nicht mittellos ins Exil muss. Am 15. April schon kehrt er der Heimat den Rücken und reist mit seiner Familie zunächst von Cartagena nach Marseille und von dort weiter nach Paris. Als Genugtuung bleibt ihm nur, dass nach seinem Fortgang das politische Chaos keineswegs endet, sondern schließlich gar in einen blutigen Bürgerkrieg mündet.

Blutbesudeltes Brautkleid

Wo viel Hoheit, da auch viel Geraune. Und so gibt es denn auch eine Geschichte um das Haus Bourbon, die nur schön gruselig wäre, wenn sie nicht mit einem dramatischen Ereignis verknüpft wäre: Am 31. Mai 1906 kommen der 20-jährige Monarch Alfons XIII. und seine ihm soeben angetraute 18-jährige Braut Viktoria Eugénie („Ena") aus der Kirche, als sich ihnen eine schwarz gekleidete Bettlerin in den Weg stellt und um ein Almosen bittet. Mit Peitschenhieben vertreiben sie die Sicherheitskräfte. Die getroffene hebt die mit Striemen bedeckten Arme zum Himmel und schreit einen Fluch heraus, der die Frischvermählten und ihre Nachkommen treffen möge.

Die Szene ist zu melodramatisch, als dass sie sich genau so zugetragen haben könnte. Vermutlich hat man sich einen Zwischenfall deswegen so finster ausgemalt, weil direkt danach besagter Fluch tatsächlich beinahe gewirkt hätte: Ein Anarchist wirft aus einem Fenster in der Calle Mayor eine in einem Blumengebinde verborgene Bombe, die hinter der Hochzeitskutsche detoniert, Pferde zerreißt und Begleitpersonal tötet. Das Königspaar bleibt unverletzt, doch Scherben haben das Brautkleid zerschnitten, Blut hat Schleier und Schleppe besudelt. Immer wenn später ein Unglück die königliche Familie heimsuchen sollte, werden Chronisten erschauernd an die „schwarze Frau" erinnern.

König Alfons XIII. und seine Braut Viktoria Eugénie Prinzessin von Battenberg entgehen am 31. Mai 1096 in Madrid am Tag ihrer Hochzeit nur knapp einem Attentat.

Jahreschronik

1931 15.04. König Alfons XIII. verlässt per Schiff Cartagena und geht ins französische Exil; damit endet vorerst die spanische Monarchie.

1923 13.09. Im Einvernehmen mit König Alfons XIII. errichtet der Generalkapitän von Barcelona, Primo de Rivera, eine Militärdiktatur; die Cortes werden aufgelöst.

1913 20.06. Königin „Ena" bringt in Madrid den Sohn Juan zur Welt, Vater des heutigen Königs.

1906 31.05. Die Hochzeit von König Alfons XIII. und Prinzessin Viktoria Eugénie („Ena") wird von einem Anschlag überschattet.

1904 09.04. Tod von Exkönigin Isabella in ihrer Pariser Wohnung.

1902 17.05. Nach seiner Volljährigkeitserklärung übernimmt König Alfons XIII. die Amtsgeschäfte.

Jahreschronik

1898

10.02. Der Frieden von Paris beendet den Spanisch-Amerikanischen Krieg: Spanien verliert Kuba, Puerto Rico, die Philippinen und Guam, ein Trauma der 98-er Generation, zu der sich lebenslang auch König Alfons XIII. zählt.

15.12. Ein Anschlag auf das US-Linienschiff „Maine" im Hafen von Havanna (250 Tote) steigert die spanisch-amerikanischen Spannung zur Kriegshitze.

1897

08.08. Ermordung Cánovas del Castillo, des Ersten Ministers des unmündigen Königs Alfons XIII.

1886

17.05. Ein König kommt als Halbwaise zur Welt: Alfons XIII.

1885

25.11. Im Madrider El-Pardo-Palast stirbt im Alter von nur 28 Jahren König Alfons XII.

1879

29.11. Eheschließung von Alfons XII. mit Maria Christina von Habsburg, einer Nichte von Kaiser Franz Joseph.

1876

26.02. Die Kapitulation der letzten Einheiten von Karlisten in Pamplona beendet den dritten Thronfolgekrieg.

1874

29.12. Ein Großteil der spanischen Armeeführung ruft Alfons XII. zum König aus.

1868

15.09. Ein Militärputsch beseitigt die Monarchie in Spanien und zwingt Königin Isabella ins Exil.

Blick für die Zeichen der Zeit

Er ist immer einer Konservativer und ein Monarchist gewesen, und doch ist erst ihm eine durchgreifende Modernisierung Spaniens zu danken: Antonio Cánovas del Castillo, ein Literat und politischer Kopf. Er wird dem Land fehlen. Am 8. August 1897 ist er 69-jährig einem feigen Meuchelmord zum Opfer gefallen, vermutlich weil der Täter, ein italienischer Anarchist, in ihm nicht ganz zu Unrecht eine Säule des Konservatismus in Europa gesehen hat. Fehlen wird Cánovas aber mehr noch dem minderjährigen König Alfons XIII. und dessen Mutter, der Regentin Maria Christina. Er ist ihre Stütze gewesen als gewiefter Jongleur mit den Mehrheiten im Parlament, dem er seit über vierzig Jahren angehört hat.

Er hat überhaupt erst durch die Förderung des Vorgängers Alfons XII. dem Hause Bourbon wieder den Thron zurückerobert und ihn in mehreren Ministerpräsidentschaften gesichert. Obwohl er recht autoritär regiert hat, wäre es ihm nie in den Sinn gekommen, am allgemeinen Wahlrecht zu rütteln, das er als eine Forderung des liberalen Zeitgeistes akzeptierte. Seine Flexibilität hat er zuletzt in der Kuba-Frage bewiesen: Zunächst hat er rigide Wünsche nach Autonomie der Kolonie zurückgewiesen, sich aber sogleich eines Besseren besonnen, als sich ein Eingreifen der Vereinigten Staaten abgezeichnet hat. Ob seine Nachfolger so elastisch zu regieren bereit und in der Lage sein werden – davon hängt der koloniale Frieden in der Karibik ab.

Antonio Cánovas del Castillo, Politiker und Journalist, sorgte wesentlich für den Erhalt des Königsthrons für das Haus Bourbon. Er fiel 1897 einem Mord zum Opfer.

Opfer der eigenen Politik

Mit 13 Jahren wird Königin Isabella für mündig erklärt, viel zu früh, als dass sie eigene politische Vorstellungen hat entwickeln können. Sie betreibt eine Schaukelpartie zwischen Liberalen und Konservativen, setzt aber schließlich ganz auf die konservative Karte. Sie lehnt sich an die Armeeführung an, die sie als Garanten für Stabilität des Landes und ihrer Herrschaft ansieht. So lange sich in der Generalität verschiedene Strömungen die Waage halten, geht das gut. Doch als der allgemeine Verdruss über die Amtsführung der Königin, ihr sprunghaftes Liebesleben und ihre verkorkste Ehe mit Francesco d'Assisi von Bourbon überhand nimmt, finden die Rivalen zusammen und stürzen am 15. September 1868 die Monarchie durch einen Militärputsch. Isabella flieht nach Frankreich.

Der 1857 geborene Sohn Alfonso begleitet sie und teilt das bittere Brot des Exils, bis ihn einer der einflussreichsten Politiker Spaniens entdeckt: Antono Cánovas del Castillo, ein konservativer Mann, der in der Monarchie immer noch ein stabilisierendes Element sieht. Er sorgt

Das spanische Königshaus

für eine gründliche schulische und militärische Ausbildung seines Schützlings und ist maßgeblich an dessen Manifest beteiligt, das der junge Mann 1874 aus der Militärakademie Sandhurst an das spanische Volk richtet. Es überzeugt auch die Generäle, und so sind es erneut sie, die in den letzten Tagen des gleichen Jahres für die Erneuerung der Monarchie unter Alfons XII. eintreten. Mutter Isabella muss ihre Hoffnung auf eine Rückkehr auf den Thron endgültig begraben.

seine schwangere vierte Frau Maria Christina von Bourbon-Neapel, also aus einem Zweig der eigenen Dynastie, „nur" ein Mädchen gebiert. Da die drei vorangegangen Ehen des Königs kinderlos geblieben sind, kann der 46-jährige Monarch auch nicht unbedingt noch mit weiterem Nachwuchs rechnen. Sicher ist sicher: Er hebt kurzerhand am 29. März 1830 die bisher übliche Thronfolgeregelung in ausschließlich männlicher Linie auf und ordnet per Dekret an, dass fortan auch wieder weibliche Königskinder die

vorgesehen die Regentschaft für das Kind und verlangt von den Großen des Reiches den Treueid auf die minderjährige Königin. Den verweigert erbittert der jüngere Königsbruder Karl Maria Isidor (1788–1855) und beansprucht seinerseits die Krone. Maria Christina erklärt ihn daher am 16. Oktober 1833 zum Rebellen.

Karl geht vorübergehend ins englische Exil, kehrt aber schon im Sommer 1834 heimlich in die Heimat zurück und sammelt Anhänger, die das Land in

Isabella II., hier in einer Darstellung beim Kirchenbesuch mit ihrem Mann Franz, wird als Dreijährige Nachfolgerin des Königs Ferdinand VII. Mit 13 Jahren wird sie, viel zu jung, für mündig erklärt.

Die Erbitterung des jüngeren Bruders

Die Geburt der heute regierenden Linie der Bourbonen in Spanien steht unter keinem guten Stern. Die Lage nämlich ist 1830 so: König Ferdinand VII., ein wenig beliebter Despot, muss befürchten, dass

Krone erben können. So war das schon vor den Bourbonen, und so soll es nun nach einem Jahrhundert wieder sein.

Und so kommt es auch: Im Herbst schenkt die Königin der Tochter Isabella das Leben, und drei Jahre darauf segnet der König das Zeitliche. Die Mutter übernimmt wie

blutige fünfjährige Kämpfe verwickeln, die so genannten Karlistenkriege. Sie werden in den nächsten Jahrzehnten von den Erben Karls immer wieder neu entfacht. Und obwohl sie militärisch 1876 mit der Niederlage der Karlisten enden, schwelt der Konflikt noch lange weiter.

Jahreschronik

1857
28.11. Königin Isabella schenkt in Madrid einem Sohn das Leben, dem späteren König Alfons XII.

1833
29.09. In Madrid stirbt knapp 49-jährig König Ferdinand VII., Nachfolgerin wird die dreijährige Tochter Isabella.

1830
10.10. Als einziges Kind König Ferdinands VII. kommt Isabella in Madrid zur Welt.

29.03. In Sorge um sein Erbe ermöglicht Ferdinand VII. durch die so genannte Pragmatische Sanktion auch die bisher ausgeschlossene weibliche Thronfolge.

1814
Im „Pariser Frieden" wird Frankreich in seine Grenzen von 1792 zurückverwiesen. Politische Neuordnung und Beratungen der Friedensregelung auf dem „Wiener Kongress". König Ferdinand VII. kehrt auf den Thron zurück und beseitigt die liberale Verfassung.

1810
Freiheitsbestrebungen in den südamerikanischen Kolonien führen in der Folge zur Unabhängigkeit.

1808
Um den französischen Einfluss auf Spanien zu sichern, lässt Napoleon Truppen auf Madrid marschieren und zwingt Karl IV. und seinen Sohn Ferdinand VII. zur Abdankung. König von Spanien wird Napoleons Bruder Joseph Bonaparte.

1759
König Karl III. setzt die Friedensbemühungen und Reformpolitik König Ferdinands VI. fort. Er fördert die politische, wissenschaftliche und wirtschaftliche Erneuerung Spaniens.

Blick in die Geschichte

Jahreschronik

1713 Der Erbfolgekrieg endet mit dem „Frieden von Utrecht". Philipp V. wird König über Spanien und die überseeischen Kolonien.

1700 König Karl II. von Spanien setzt mangels männlichem Nachfolger in seinem Testament Philipp von Anjou, Enkel König Ludwigs XIV. von Frankreich, als Thronerbe ein. Es kommt zum „Spanischen Erbfolgekrieg".

1621 Philipp IV. wird König von Spanien. Die Regierungsgeschäfte übernimmt der Minister Gaspar e Guzmán, Graf von Olivárez.

1598 Mit dem Thron übernimmt Philipp III. 100 Millionen Dukaten Staatsschulden. Der französische König Heinrich IV. gibt nach seinem Übertritt zum Katholizismus im „Edikt von Nantes" den französischen Protestanten Religionsfreiheit.

1588 Niederlage der spanischen Armada im Kampf gegen die englische Flotte.

1571 Nach dem Sieg über die Türken in der Schlacht bei Lepanto geht die Vorherrschaft im Mittelmeer an Spanien über.

„In Gottes Namen, dann tötet sie!"

Eine Hochzeit stand am Anfang des Aufstiegs der Bourbonen in Frankreich – eine „Bluthochzeit". Am 22. August 1572 wurde Margarete (Margot) von Valois aus dem regierenden Königshaus mit Heinrich von Navarra getraut, einem Bourbonen aus der Linie Condé. Der Bräutigam war Hugenotte, also ein Protestant. Zur Zeit König Karls IX. jedoch ringen Katholiken und Protestanten um die Macht. König Karl IX., neigte den Hugenotten zu, deren Anführer Admiral Coligny er zärtlich „Vater" nannte. Das alarmierte die aus Italien stammende streng katholische Katharina, und sie organisierte am Tag nach der Hochzeit einen Anschlag auf Coligny. Dieses misslang und daraufhin wurden Bewaffnete zusammengezogen und dahingehend instruiert, dass sie nach Mitternacht zum 24. August (Tag des Heiligen Bartholomäus) beim Läuten der Sturmglocken gegen die Hugenotten losschlagen sollten. Karl IX. sträubte sich allerdings, den Befehl zu geben. Die Mutter hielt ihm vor: „Was ist besser: diese brandigen Glieder abzuhauen oder den ganzen Leib der Kirche, die Braut unseres Herrn, zu töten?" Der schwache Sohn knickte ein und schrie: „In Gottes Namen, dann tötet sie. Tötet sie alle, so dass keiner zurückkommen und mir Vorwürfe machen kann."

In der Hauptstadt sollen daraufhin in der so genannten Bartholomäusnacht 2000 bis 3000 Evangelische, darunter auch Coligny, hingemordet worden sein. Der Blutrausch griff aufs ganze Land über und forderte vermutlich über 20 000 Opfer. Der Bräutigam Heinrich war allerdings verschont geblieben; man hatte ihn vorsichtshalber vor der Aktion gefangen gesetzt. Er wurde in der Folgzeit zum Anführer der Hugenotten, die von dem Blutbad zu Rachefeldzügen angestachelt wurden. Ihnen sah sich Karl IX. gegenüber, der aber schon 1574 starb, und sein Bruder Heinrich III., der ihm 23-jährig folgte. Bald aber erwuchs dem König eine weit größere Gefahr in den katholischen Herzögen von Guise, die ihn entmachten wollten. Heinrich arrangierte sich daraufhin mit dem Schwager Heinrich von Navarra und den Hugenotten, lockte die Putschisten in einen Hinterhalt und ließ sie 1588 ermorden. Wenig später fiel er selbst 1589 einem Mordanschlag zum Opfer.

Der Weg für Heinrich von Navarra war frei, oder doch fast. Zwar war er als Ehemann der letzten Valois der selbstverständliche Erbe, doch als Protestant würde ihn kein Geistlicher salben und krönen, den auch das Volk akzeptierte. Erst als Heinrich mit dem – geseufzten? trutzigen? listigen? – Spruch: „Paris ist eine Messe wert!" 1593 zum Katholizismus übertrat, stand seinem Einzug in der Hauptstadt nichts mehr entgegen. Mit dem „guten König", wie er später wegen seiner sozialen Reformen und seiner toleranten Religionspolitik genannt wurde, bestieg der erste Bourbone den französischen Thron. Ein gutes Jahrhundert später eroberte der Nachfahre Philipp V. auch den spanischen.

In der sogenannten Bartholomäusnacht wurden am 24. August 1572 in Paris tausende Protestanten niedergemetzelt, darunter auch ihr Anführer Admiral Coligny.

Der Friede von Utrecht

Um die spanische Erbfolge entbrannte 1700 ein Streit zwischen den Habsburgern und Frankreich, in den auch England und die Reichsfürsten eingriffen. Nach zwölfjährigem Kampf mussten beide Parteien zurückstecken. In Utrecht wurden am 11. April 1713 entsprechende Friedensverträge unterzeichnet, die eine stabilere Ordnung schaffen sollten. Darin heißt es: „Da der Krieg, den der gegenwärtige Friede beenden soll, in der Hauptsache deshalb entstanden ist, weil die Sicherheit und Freiheit Europa keinesfalls die Vereinigung der Kronen Frankreich und Spanien auf einem Haupte zuließen, und da man auf Ansuchen Ihrer Britannischen Majestät, mit Zustimmung Seiner Allerchristlichsten und Seiner Katholischen Majestät dank der göttlichen Vorsehung schließlich dahin gelangt ist, diesem Übel für alle Zeiten durch formelle und feierliche Verzichterklärungen vorzubeugen ..., da also nunmehr hinreichend dafür gesorgt ist, dass die Kronen Frankreich und Spanien getrennt und geschieden bleiben ...", verpflichten sich der Allerchristlichste König und die Königin von Großbritannien feierlich durch ihr königliches Wort, dass weder sie noch ihre Erben und Nachfolger jemals etwas tun oder zulasen werden, was die Wirksamkeit dieser Verzichterklärungen und sonstigen Abmachungen hindern könnte ... Außerdem ist der Allerchristlichste König damit einverstanden und versichert bindend, dass er nicht die Absicht hat, in Spanien oder Spanisch-Amerika irgendeine Änderung zugunsten seiner Untertanen durchzusetzen oder zu akzeptieren, weder hinsichtlich des Handels noch der Schifffart."

Heinrich IV. aus dem spanischen Navarra war von 1589 bis 1610 König von Frankreich und der erste Bourbone auf diesem Thron.

Kapetinger

Die Bourbonen in Frankreich und Spanien sind Seitenlinien des Geschlechts der Kapetinger. Das begründete König Hugo 987, der gern einen Umgang („Capet") trug, daher der Beiname. Er und seine Familie hatten sich seit dem 9. Jahrhundert eine Machtbasis in der bretonischen Mark aufgebaut und sich Verdienste bei der Abwehr der Normannen erworben. Schließlich gelang es ihnen, die letzten Nachkommen des Geschlechts der Karolinger zu verdrängen und deren Reichsgut an sich zu bringen. Es wurde die Grundlage der Macht der Kapetinger, die sich aber auch kirchlichen Segen zu sichern wussten. Unter den Königen aus ihrem Geschlecht schlug Frankreich einen eigenen Weg ein und trennte sich endgültig vom ostfränkischen Reich, dem späteren Deutschland. Im Mannesstamm, wie es bei den Genealogen heißt, regieren die Kapetinger bis ins 14. Jahrhundert, es folgte die Seitenlinie der Valois und dann die der Bourbonen. Sie herrschte sich bis zur Französischen Revolution, die den letzten König zwang sich „Bürger Capet" zu nennen und damit an die Hauptlinie erinnerte. Auch der spanischen Bourbonen stammen letztlich von jenem Hugo ab, dessen Umhang Weltgeschichte gemacht hat.

1556	Karls Sohn Philipp II. regiert als König über Spanien samt den Kolonien und den Niederlanden mit Burgund sowie Neapel und Mailand. Unter Philipp II. erreicht Spanien mit seiner größten räumlichen Ausdehnung auch den Höhepunkt seiner Macht.
1519	Wahl Karls zum Kaiser Karl V.
1516	Nach dem Tod Ferdinands II. wird sein Enkel als Karl I. erster König von Spanien.
1469	Nach zehnjährigen Kämpfen fällt Granada, das letzte arabische Reich auf der Iberischen Halbinsel; die Reconquista ist vollendet.
1469	Die Eheschließung von Isabella von Kastilien und Ferdinand II. von Aragón schafft ein spanisches Großreich.
1292	Zurückdrängung des moslemischen Einflusses an der Straße von Gibraltar durch Einnahme der Festung Tarifa unter Sancho IV. von Kastilien.
1235	Ferdinand III. der Heilige von Kastilien besetzt Córdoba und das umliegende Gebiet.
1212	Die vereinten Heere von Kastilien, Aragón und Navarra schlagen bei Navas de Tolosa die Almohaden, deren Reich damit zerbricht.
1118	Unter Alfons I. dem Krieger dringt das Königreich Aragón nach Zaragoza vor.
1094	Einnahme des maurischen Reiches von Valencia durch Rodrigo Díaz de Vivar, den spanischen Nationalhelden El Cid.
1085	Nachfolger Alfons VI. erobert Toledo und befestigt die Tajo-Linie.
1037	Ferdinand der Große von Kastilien (regierte bis 1065) gewinnt León.

Niederlande

Das

02-02-02 – in Holland Jubelei. So lässt sich nach dem Muster des Schülerverses der Hochzeitstag des niederländischen Kronprinzen Willem-Alexander und seiner aus Argentinien stammenden Frau Máxima merken. Und merk-würdig ist er, denn er hat dem Königshaus Oranien-Nassau zu einem ungeahnten Popularitätsschub verholfen. Den kann es gut brauchen, weil in regelmäßigem Abstand die Frage im Volk und in der Politik umgeht, wozu denn im 21. Jahrhundert noch eine Monarchin an der Staatsspitze gut sei. Eine Antwort hat das rauschende Fest gegeben, das bei Kaiserwetter im kalten Februar die Menschen auf den Straßen von Amsterdam und an den Bildschirmen im Lande vereint hat. Ein großes Erlebnis nicht nur für die Akteure, sondern auch für die Zuschauer.

Solche Highlights sind um so wichtiger, als es auch immer wieder einmal Trübungen gibt. Da handelt es sich manchmal um Schatten der Vergangenheit, aber auch um Eifersüchteleien in der königlichen Familie oder um heikle Liebesgeschichten wie die des Prinzen Johan Friso und seiner Braut Mabel, die sogar zum Verzicht des Prinzen auf seine Position zwei in den Thronfolge geführt hat. Nein, Königin Beatrix hat es nicht immer leicht, nachdem sie im Jahr 2002 ihren wichtigsten Ratgeber verloren hat: Ehemann Claus von Amsberg.

Das Königsschloss Huis Ten Bosch am Stadtrand von Den Haag, hier die Gartenansicht, ist der Wohnsitz der königlichen Familie. Ihren Amtssitz hat Königin Beatrix in das Schloss Noordeinde in Den Haag verlegt.

Haus Oranien-Nassau

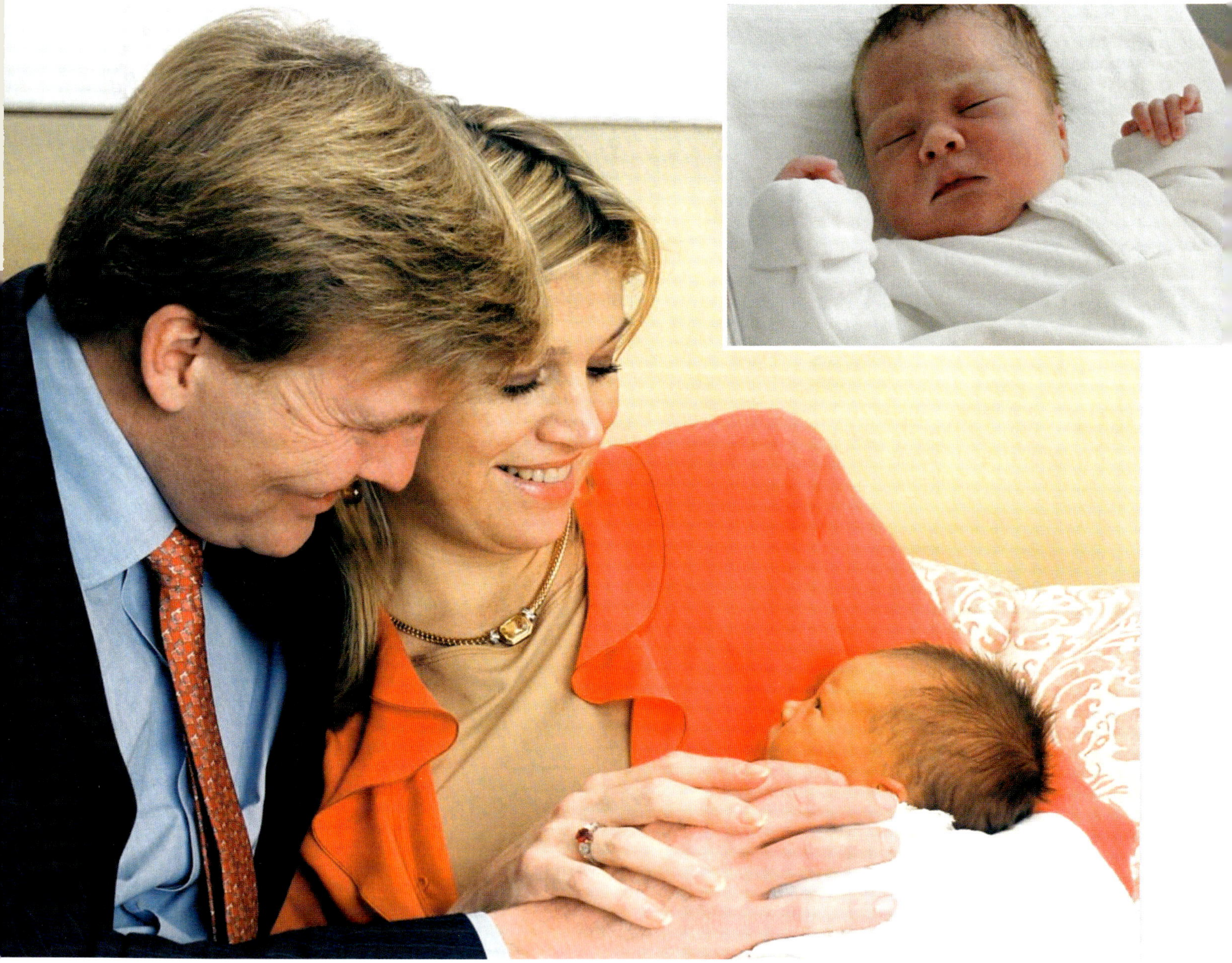

Die stolzen, glücklichen Eltern Prinz Willem-Alexander und Prinzessin Máxima präsentieren ihr Töchterchen Catharina-Amalia, die am 7. Dezember 2003 geboren wurde, den Fotografen.

Das niederländische Königshaus heute

Die engere königliche Familie besteht aus der verwitweten Königin, ihren Söhnen Willem-Alexander, Johan Friso und Constantijn sowie deren Familien. Auch Königinmutter Juliana und ihr Mann Prinz Bernhard, beide weit über 90 Jahre alt, gehören zur engsten Familie. Juliana hat sich seit 1994 völlig aus der Öffentlichkeit zurückgezogen, Bernhard aber ist gesundheitlich nach vielen Problemen wieder oben auf, reist noch viel, hat auch an der eingangs erwähnten Hochzeit des Thronfolgers teilgenommen und sich mit in der Beliebtheit des Brautpaares gesonnt. Er selbst genießt Respekt, wird aber wegen seiner jugendlichen Nähe zum Nationalsozialismus und wegen einer Affäre um Schmiergelder des amerikanischen Flugzeugbauers Lockheed in den 1970-er Jahren auch kritisch gesehen.

Das niederländische Königshaus

Nicht zuletzt seine deutsche Herkunft, er ist ein Prinz zur Lippe-Biesterfeld, hätte die Tochter Beatrix um ein Haar um ihr Lebensglück gebracht. Von Deutschen mochte man nämlich nach der Besetzung des Landes durch die Wehrmacht 1940–45 lange nichts wissen. Doch ausgerechnet den deutschen Diplomaten Claus von Amsberg hatte sich die Prinzessin als Ehemann in den Kopf gesetzt. Es kostete manchen Kampf gegen Vorurteile auch in der Regierung und im Parlament, ehe sie die Genehmigung bekam, mit ihm den Bund fürs Leben einzugehen. Das hätte sie ohne Erlaubnis nur unter Verzicht auf die Thronfolge tun können.

Kronprinz Willem-Alexander und seine Frau Máxima bei ihrem Besuch in Rio de Janeiro auf dem Gipfel des Corcovado, 2003.

Kronprinzessin Máxima hat schnell die Herzen der Niederländer gewonnen. Wo sie auch auftaucht, wird sie begeistert begrüßt.

Kronprinz Willem-Alexander und seine Frau Máxima werden am 30. April 2003 beim Königinnentag in Wijhe begeistert von den Menschen begrüßt. Máxima und der Kronprinz sind die beliebtesten Mitglieder des Königshauses.

Das niederländische Königshaus

Das Volk blieb nach der Hochzeit im März 1966, also nur 20 Jahre nach Ende des Zweiten Weltkriegs, noch lange reserviert gegenüber Prinz Claus. Die Freude über die Geburt des Thronfolgers und seiner beiden Brüder versöhnte dann ein wenig. Die Herzen seiner Niederländer aber gewann Claus von Amsberg vor allem durch seine Bescheidenheit, durch hohes Pflichtbewusstsein und durch seine Leidensgeschichte: Immer wieder musste er sich wegen Depressionen in Behandlung begeben und erkrankte schließlich an

Prinz Johan Friso und seine Verlobte Mabel Wisse Smit treffen mit Königin Beatrix am 30. Juni 2003 zur offiziellen Verkündung ihrer Verlobung im königlichen Palast Huis Ten Bosch in den Haag ein.

Königin Beatrix nimmt ihre öffentlichen Verpflichtungen sehr ernst. Hier bei ihrem Besuch in der Provinz Friesland im August 2003.

Kronprinz Willem-Alexander und seine schwangere Frau Máxima winken am 17. September 2003 nach der traditionellen Thronrede von Königin Beatrix vom Balkon des Palastes in Den Haag.

Das Kronprinzenpaar bei seiner Ankunft vor dem parlamentarischen Zentrum von Den Haag.

Das niederländische Königshaus

Krebs. Die Trauer bei seinem Tod im Oktober 2002 teilten selbst Menschen, die der Monarchie wenig abgewinnen können.

Für die Hauptleidtragende, Königin Beatrix, war er ein Signal zur allmählichen Übergabe des Stabs an die nachfolgende Generation. Es wird allerdings noch einige Zeit brauchen, bis sich die junge Familie von Kronprinz Willem-Alexander etabliert hat. Jetzt schon zeichnet sich aber ab, dass Beatrix in der Aufmerksamkeit der Öffentlichkeit zunehmend in die zweite Reihe rückt. Allerlei familiäre Turbulenzen jedoch will sie wohl noch bewältigen, um dem Sohn Startschwierigkeiten zu ersparen: Da sind einmal die Gerüchte um die künftige Schwiegertochter Mabel, Verlobte von Johan Friso, die Verbindungen zum kriminellen Milieu gehabt haben soll. Und zum anderen geht es um angebliche oder tatsächliche Bespitzelung der Nichte Margarita de Bourbon-Parma; da gibt es noch Erklärungsbedarf.

Nach der Taufe von Töchterchen Eloise posieren Prinz Constantijn, Prinzessin Laurentien mit ihren Eltern, die Taufpaten sowie Prinz Bernhard und Königin Beatrix am 15. Dezember 2002 für die Fotografen.

Die Prinzen Willem-Alexander, Johan Friso und Constantijn am Sarg ihres verstorbenen Vaters, Prinz Claus, der von der Königlichen Garde getragen wird, 2002.

Apropos: Die betroffene Prinzessin ist die Tochter von Irene, der ein Jahr jüngeren Schwester der Königin. Zum weiteren Familienkreis zählen zudem noch zwei Schwestern, nämlich Margriet, geboren 1943, und Christina, Jahrgang 1947. Die älteste und die jüngste Schwester sind geschieden, sie heißen nun nach dem Vater wieder Lippe-Biesterfeld. Margriet, verheiratet mit dem Politiker Pieter van Vollenhoven, hat ihren Platz in der Thronfolge gewahrt und ist während der Unmündigkeit von Willem-Alexander so etwas wie eine Reserve-Kronprinzessin gewesen.

Behutsam hält Prinz Claus seine Enkeltochter Eloise auf dem Arm, umrahmt von Prinzessin Laurentien, Prinz Constantijn und Königin Beatrix. Das erste Enkelkind des Königspaars war am 8. Juni 2002 zur Welt gekommen.

Das niederländische Königshaus

Nach der Trauung gibt Prinz Willem-Alexander seiner bezaubernden Frau einen Kuss.

Das strahlende Paar Kronprinz Willem-Alexander und seine Braut Máxima auf dem Weg zur kirchlichen Trauung in die Nieuwe Kerk in Amsterdam am 2. Februar 2002.

Das niederländische Königshaus

Lange republikanische Tradition

Das Gebiet der heutigen Niederlande gehörte lange zu Burgund und fiel vor 500 Jahren an das Habsburgerreich; in der ersten Hälfte des 16. Jahrhunderts setzte sich dort der Protestantismus durch. 1556 erbte es der spanische König Philipp II., der eine harte Rekatholisierungspolitik durchzusetzen suchte. Dagegen erhoben sich die Niederländer unter Wilhelm von Oranien. Er trug diesen Namen als Erbe des in Südfrankreich gelegenen Fürstentums Oranien, und da er zugleich das hessische Gebiet Nassau erbte, nannte er sich „Prinz von Oranien, Graf von Nassau". Als großer Landbesitzer in den Niederlanden wurde er 1559 Statthalter der Provinzen Holland, Seeland und Utrecht und übernahm in dieser Rolle die Führung des niederländischen Aufstands. Die nördlichen Gebiete konnten sich von Spanien lösen, die südlichen, das heutige Belgien, eroberten spanische Truppen zurück.

Dank der Lage am Meere prosperierte das als Republik aus mehreren Provinzen zusammengeschlossene Land im 17./18. Jahrhundert gewaltig. Es war zwar keine Monarchie, doch bei bewaffneten Konflikten, deren es mehrere gab, besannen sich die Niederländer stets der Oranier, die ihnen die Freiheit gebracht hatten. 1795 aber half das auch nichts mehr, denn französische Revolutionstruppen überrannten das Land, das Napoleon I. dann seinem Bruder Ludwig als König übergab. Das monarchische Zwischenspiel bis zum Sturz des Kaisers der Franzosen führte zum Beschluss des Wiener Kongresses, 1814 aus den unabhängigen Nord- und den früheren spanischen Südprovinzen ein Vereinigtes Königreich der Niederlande unter Wilhelm I. von Oranien-Nassau zu bilden. Der Verband hielt zwar nicht, 1830 spaltete sich Belgien ab, doch die Niederlande blieben Königreich, das allerdings eine parlamentarische Verfassung erhielt, die bei ständig weiterer Demokratisierung bis heute gilt.

Der erste König führte auch die sonst bei Monarchen eher unübliche Sitte ein, in gewissem Alter freiwillig die Krone weiterzureichen. Wilhelm I. danke mit 68 Jahren ab, Sohn und Enkel

Auf ihrem dreitägigen Staatsbesuch in Russland im Juni 2001 wird Königin Beatrix von ihrem Sohn, Kronprinz Willem Alexander, begleitet. Hier unterhalten sich die beiden beim Besuch des Puschkin-Museums in Moskau.

Königin Beatrix verabschiedet sich vor dem Allgemeinen Krankenhaus Barmbek in Hamburg von Professor Roland Tauber und Professor Bernd Schockenhoff. Ihr Ehemann Prinz Claus musste am 28. Mai 2001 eine Niere entfernt werden.

Prinz Constantijn und seine Braut Laurentien sowie Königin Beatrix stellen sich am 19. Mai 2001 mit den Gästen vor ihrer Trauung den Fotografen.

regierten bis zum Tod 1849 und 1890. Dann fehlte ein männlicher Erbe, und die zehnjährige Tochter Wilhelms III., Wilhelmina, wurde Königin, zunächst unter der Regentschaft der Mutter Emma, seit 1898 aus eigenem Recht. Aus dem Ersten Weltkrieg konnten sie und ihre Regierung das Land heraus halten; im Zweiten Weltkrieg half die Neutralität nichts, denn deutsche Truppen überfielen das Land und warfen es in einem wenige Tage währenden und doch opferreichen Krieg nieder. Die königliche Familie ging ins Exil. Nach der Befreiung feierte Wilhelmina noch ihr Goldenes Thronjubiläum, ehe sie 1948 der Tochter Juliana die Krone übergab. Die Ex-Königin starb 1962.

Der Wechsel erfolgte in schwieriger Zeit sowohl politisch wie privat. Der deutsche Mann an der Seite Königin Julianas, Prinz Bernhard, den sie 1937 geheiratet hatte, war die eine Belastung, die 1947 fast blind geborene vierte Tochter Christina die weit schwerere. Juliana ging ganz in der Sorge um das Kind auf. Überlegungen, ihr den Thron-

Das niederländische Königshaus

verzicht nahezulegen, nahmen bereits sehr konkrete Formen an, zumal sich die Königin mit Quacksalbern und Wunderheilern umgab, die auch politischen Einfluss zu nehmen suchten. Gerade noch rechtzeitig erkannte Juliana, welchen Schaden die Monarchie zu nehmen drohte, und griff jetzt aktiv ein und gegen die Einflüsterer durch. Als sie 1980 ihrerseits abdankte und ihrer Tochter Beatrix Platz machte, hatte sich das Königshaus trotz mancher Eskapaden des Prinzen Bernhard und trotz des Lockheed-Skandals sichtlich stabilisiert.

Königin Beatrix und Prinz Claus besuchen im Juni die Weltausstellung Expo 2000 in Hannover.

Laurentien Brinkhorst streift ihrem Bräutigam Prinz Constantijn während der Trauung am 19. Mai 2001 in der Grote Kerk in Den Haag den Ring über.

107

Chronik der wichtigsten Ereignisse

2003	Jahreschronik
07.12.	Máxima, Frau des Kronprinzen, bringt ihr erstes Kind, Tochter Amalia, zur Welt.
27.10.	Das Königshaus gibt bekannt, dass das für Januar erwartete Kind des Thronfolgers wegen Komplikationen wohl schon früher zur Welt kommen wird.
23.10.	Eine Neuerscheinung behauptet, Prinz Bernhard (92) habe sich 1942 Hitler als Statthalter der Niederlande angeboten.
10.10.	Prinz Johan Friso scheidet auf eigenen Wunsch aus der Thronfolge aus, auf der er bisher an Nr. 2 gestanden hat.
15.07.	Fotografier- und Überflugverbotvorbot für Villa „De Eikenhorst", Wohnsitz des Kronprinzenpaars in Wassenaar bei Den Haag.
22.06.	Prinz Bernhard beziffert der Zeitschrift „Forbes" gegenüber das Vermögen der königlichen Familie auf 250

„Das schönste Baby der ganzen Welt"

Die Glückwünsche kommen waschkörbeweise aus dem ganzen Land, nachdem die Meldung verbreitet worden ist: Das Kronprinzenpaar hat am 7. Dezember 2003 ein Töchterchen bekommen, 3310 Gramm Lebendgewicht. Erst nach zwei Tagen steht auch der Name fest: Catharina-Amalia Beatrix Carmen Victoria, Rufname Amalia. Die Namen drei und vier sind Huldigungen an die beiden Großmütter. Mit ihnen freut sich das ganze Land, dessen öffentliche Gebäude beflaggt sind. 101 Salutschüsse in Den Haag haben die neue Erdenbürgerin begrüßt und tausend Küsse von Mama und Papa: „Als stolze Eltern denken Máxima und ich, dass sie das schönste Baby auf der ganzen Welt ist", schwärmt Kronprinz Willem-Alexander, der bei der Geburt dabei gewesen ist. „Sie lacht viel, hat volles Haar und sieht sehr zufrieden aus."

Natürlich wird als erste Besucherin in der Klinik Königin Beatrix vorgelassen. Für sie ist das freudige Ereignis eine Erholung von manchen Unerfreulichkeiten der letzten Monate, die den Monarchiegegnern Auftrieb gegeben haben. Nachwuchs sorgt da perfekt für Ablenkung, denn angesichts des niedlichen Babys wirkt Genörgel völlig deplaziert. Außerdem steht der Königin Großmütterlichkeit bestens zu Gesicht, und viele können sich vorstellen, dass sie nun bald ganz in diese Rolle schlüpft und den Thron für den Sohn räumt. In den Niederlanden ist es ja gute Tradition, dass die Monarchen nicht erst mit dem Ableben abdanken. Der Nachfolger hat als Bräutigam, Ehemann und nun auch als Vater sichtlich an Statur gewonnen, so dass ein Wechsel durchaus stabilisierend wirken könnte. Die jüngere Generation dürfte sich von den frischgebackenen Eltern Willem-Alexander und Máxima jedenfalls weit besser repräsentiert fühlen als von der Königin im Pensionsalter.

Königin Beatrix mit ihrer Enkelin, Erbprinzessin Catharina-Amalia, am 19. Dezember 2003.

Schatten der Vergangenheit

Großes Renommée hat sich Prinzgemahl Bernhard im Krieg erworben, als er den Widerstand der Niederländer gegen die deutschen Besatzer förderte und ermutigte. Daran vermochte auch die Tatsache nichts zu ändern,

Die Gerüchte über Prinz Bernhards Vergangenheit im Zweiten Weltkrieg lassen nicht nach.

dass Bernhard in jungen Jahren einer SS- und einer SA-Formation angehört hatte. Er war ja nach der Eheschließung mit Juliana 1937 ganz zum Holländer geworden und hatte das bittere Exil geteilt. Die Gerüchteköche aber haben nie locker gelassen, sie wollen nicht glauben, dass sich der Prinz völlig von seinen deutschen Wurzeln gelöst hat und keinerlei Sympathien für die Nazis gehegt hat. Irgendwann tauchte dann das Gemunkel auf, der Prinz habe, natürlich nur um Schlimmeres von seinen neuen Landsleuten abzuwenden, Hitler vorgeschlagen, er könne die Niederlande für ihn als Statthalter während des Krieges verwalten.

Gebeutelt auch von anderen Affären bleibt bei solchen Anwürfen an solchen Personen immer etwas hängen. Und so wundert es nicht, dass findige Rechercheure Genaueres ermittelt haben wollen. Einer davon ist der Historiker Gerald Aalders, der im Oktober 2003 ein Buch über die niederländische Doppelagentin Leonie Brandt-Pütz veröffentlicht. Darin behandelt ein Kapitel das Prinzenangebot an Hitler. Aalders will erfahren haben, dass Bernhard den ominösen Brief an den „Führer" am 24. April 1942 in Washington geschrieben habe, als er Gast von US-Präsident Roosevelt war. Bernhard bestreitet solche Behauptungen als „kränkend und unrichtig", und so lange der besagte Brief nicht vorliegt – auch Aalert kennt ihn nicht, will aber glaubwürdige Zeugen dafür haben –, so lange gilt auch für den greisen Prinzen die Unschuldsvermutung.

Keine flüchtige Segelbekanntschaft

Wenn ein Prinz mit neuer Begleitung aufkreuzt, dann schlägt die Stunde der Spürhunde aus der Boulevardpresse. So darf sich Johan Friso (35), zweitältester Sohn der Königin, nicht wundern, wenn die findigen Herrschaften das Vorleben seiner Verlobten Mabel Wisse Smit (35) unter die Lupe nehmen. Die Tochter eines Bankiers, ermitteln sie, habe des öfteren auf einer Yacht des 1991 ermordeten Amsterdamer Unterweltkönigs Klaas Bruinsma genächtigt und offenbar ein Verhältnis mit dieser sinistren Figur unterhalten. Das leugnet die Braut des Prinzen und spricht von einer oberflächlichen Segelbekanntschaft. Eine Freundin springt ihr bei und behauptet, es liege da eine Verwechslung vor: Nicht Mabel, sondern sie sei damals die Geliebte des Gangsters gewesen. Die Regierung muss dennoch genau prüfen, denn von ihrer Genehmigung hängt es ab, ob der Prinz als solcher noch tragbar ist bei einer Eheschließung mit Mabel. Während die Presse bereits von einem „Mabelgate" des Königshauses spricht, dämmert auch der Regierung, dass die geplante Hochzeit unerwünscht ist, denn da war eindeutig mehr als eine Segelbekanntschaft. Am 10. Oktober 2003 zieht Johan Friso daher die Konsequenzen, bekennt sich zu seiner Liebe und verzichtet auf seinen Rang zwei in der Thronfolge. Das Paar äußert zugleich Bedauern über sein „naives und unvernünftiges Verhalten".

Glücklich schauen sich Prinz Johan Friso und seine Verlobte Mabel Wisse Smit am Tag der Bekanntmachung ihrer Verlobung und baldigen Hochzeit an. Für seine große Liebe verzichtet der Prinz auf Rang zwei in der Thronfolge.

Mio. Dollar, ein Zehntel dessen, was gemeinhin genannt wird.	
Der Hof gibt bekannt, das Prinzessin Máxima nach gut einjähriger Ehe schwanger ist.	18.06.
Auf einer Reise nach Chile äußert sich Königin Beatrix „sehr besorgt" über den Konflikt mit ihrer Nichte Margarita von Bourbon-Parma.	22.04.
Margarita, Tochter von Königin-Schwester Irene von Lippe-Biesterfeld, erhebt schwere Vorwürfe gegen Beatrix und andere Mitglieder des Königshauses.	15.02.
Prinz Bernhard übernimmt die Strafe von 300 Euro für einen seiner Ansicht nach zu unrecht verurteilten Verkäufer.	Jan.
	2002
Königin Beatrix nimmt das Rücktrittsgesuch des Ministerpräsidenten Balkenende entgegen, der nach nur 87	16.10.

15.10.	Beisetzung von Prinz Claus in der Familiengruft der Nieuwen Kerk in Delft.
06.10.	76-jährig stirbt Prinz Claus in der Amsterdamer Universitätsklinik an der Parkinsonschen Krankheit und einer akuten Lungenentzündung. Sein Leichnam wird im Königspalast Noordeinde in Den Haag aufgebahrt.
09.08.	Ein Herzschrittmacher soll die Rhythmusstörungen von Prinz Claus bessern; langer Aufenthalt auf der Intensivstation.
29.07.	Königin Beatrix muss sich wegen Knieproblemen einer Meniskusoperation unterziehen.
15.05.	Die Liste unter dem Namen des ermordeten Rechtspopulisten Pim Fortuyn gewinnt auf Anhieb 17,2 Prozent der Wählerstimmen; Königin Beatrix beauftragt nach diesem Rechtsruck den Christdemokraten Balkenende mit der Regierungsbildung.

Tagen wegen parteiinterner Machtkämpfe aufgeben muss.

Von der Patentante verfolgt

Der Bräutigam war von vornherein nicht genehm: Margarita, Patenkind von Königin Beatrix und Tochter von deren Schwester Irene, hatte sich den Nichtadeligen Edwin de Roy van Zuidewijn, einen Unternehmensberater, in den Kopf gesetzt. Direkt ablehnen mochte man den Herrn bei Hofe nicht gleich, sondern suchte erst noch nach Material gegen ihn. Jedenfalls behauptet das die Nichte, die am 15. Februar 2003 mehreren Blättern Interviews gewährt. Darin bezichtigt sie die allerhöchste Tante, sie habe die Bespitzelung ihres Mannes und auch ihrer selbst durch den staatlichen Geheimdienst angeordnet und „versucht, das, was mich glücklich macht, zu zerstören". Auf mysteriöse Weise seien dabei Steuerunterlagen ihres Mannes verloren gegangen und lukrative Aufträge für sein Unternehmen seien plötzlich aus unerfindlichen Gründen storniert worden, so dass unabsehbarer Schaden entstanden sei.

Und weil die Prinzessin schon mal beim Abrechnen ist, teilt sie noch ein paar Seitenhiebe persönlicher Art aus: Ihre Tante Trix, wie sie die Königin nennt, neige allzu sehr dem reichlichen Weinkonsum zu, die Schwiegertöchter hätten miserable Tischmanieren, die Royals machten sich nach Fernseh-Auftritten über das dumme Volk mit obszönen Gesten lustig, Patriarch Prinz Bernhard verschweige mehrere uneheliche Kinder. Und so weiter und so fort. Das sei aber erst ein Zehntel

Der mit Trauerkränzen geschmückte Sarg mit den sterblichen Überresten von Prinz Claus, der am 6. Oktober 2002 verstarb.

Königin Beatrix hat mit Vorwürfen ihrer Nichte zu kämpfen, sie hätte deren Mann bespitzelt, 2003.

dessen, worüber sie auspacken werde, wenn keine Entschuldigung komme. Wirklich schwer wiegend ist im Grunde nur der Bespitzelungsvorwurf, den die Regierung einräumen muss. Man überlegt nun, ob die Rechte des Büros der Königin beschnitten werden müssen.

Empört über die Justiz

Amsterdam brütet in schwüler Augustwärme. Die Verkäufer im Supermarkt lassen sich beinahe anstecken. Doch auf einmal ist einer hellwach, als er nämlich sieht, wie sich ein „Kunde" Waren unter den Pullover steckt, die er ganz offensichtlich nicht bezahlt hat und ebenso offensichtlich nicht zu bezahlen gedenkt. Mit dem Schrei „Stehen bleiben!" stürzt sich der Verkäufer auf den „Einkäufer", der sich nochmal losmachen kann und zu fliehen versucht. Der junge Angestellte aber ist letztlich schneller. Er schnappt den Tunichtgut und wirft ihn zu Boden. Eine Blutlache bildet sich, denn beim Gerangel hat der Dieb sich das Nasenbein gebrochen. Selbst schuld, mögen sich die meisten sagen. Nicht aber die Polizei, die ein Verfahren gegen den Verkäufer in Gang bringt. Prinz Bernhard (92) liest davon in der Zeitung und ist empört. Wenn, teilt er in einem Leserbrief mit, die Justiz den mutigen Verkäufer belange, werde er jede Geldstrafe für diesen bezahlen. Die Justiz waltet ihres Amtes und verurteilt den in ihren Augen übereifrigen Diebesverfolger zu 300 Gulden Strafe. Der Prinz zahlt, und er darf sich der Zustimmung der Mehrheit seiner Niederländer zu dieser unausgesprochenen Richterschelte sicher sein.

Abschied von einem Freund

Er kam aus der Fremde, und die meisten Niederländer wünschten ihn anfangs von Herzen dorthin zurück: Claus von Amsberg, den Kronprinzessin Beaatrix 1966 heiraten wollte, war für die meisten ihrer künftigen Untertanen in erster Linie Deutscher und damit eine ständige Erinnerung an die erst zwei Jahrzehnte zurückliegende Besatzung durch die Nazi-Truppen, ein nationales Trauma. Doch alles half nichts: Beatrix hatte sich bei Gelegenheit eines Polterabends bei hochadligen Bekannten in den smarten und charmanten deutschen Diplomaten verguckt und ließ ihn sich von niemandem mehr ausreden.

Am 10. März 1966 läuteten die Hochzeitsglocken, und für den knapp 40-jährigen Amsberg begann der Alltag an der Seite oder genauer: hinter seiner Frau als Prinz Claus der Niederlande. Mit Takt und Geschick wusste er sich als ausgleichendes Element und integrer Familienvater in die Herzen der Niederländer zu lächeln wie einst in das von Beatrix, die 1980 von Mutter Juliana die Königskrone übernahm. Prinz Claus lernte perfekt Niederländisch, versah klaglos seine Repräsentationspflichten als Mann der Königin und übernahm Sonderaufgaben für die Regierung. Als er an Depressionen erkrankte, wuchsen die Sympathien für ihn noch, und die Tränen, die jetzt angesichts seines Todes am 6. Oktober 2002 fließen, gelten keinem Fremden mehr, sondern einem Freund.

Freudentag in Amsterdam

Endlich einmal kein deutscher Ehepartner, dachten viele Holländer, als ruchbar wurde, dass Kronprinz Willem-Alexander eine feste Freundin habe.

Kronprinz Willem-Alexander und seine frisch angetraute Braut Máxima verlassen am 2. Februar 2002 nach der standesamtlichen Trauung die alte Börse von Amsterdam.

06.05.	Auch das Königshaus reagiert mit Entsetzen auf die Ermordung des rechtslastigen Politikers Pim Fortuyn. Erster politischer Mord seit vier Jahrhunderten.
11.03.	Prinz Claus wird ins Allgemeine Krankenhaus Barmbek in Hamburg aufgenommen und wegen seiner Lungen- und Herzprobleme behandelt.
Feb.	Besuch des frisch vermählten Kronprinzenpaars bei den Olympischen Winterspielen in Salt Lake City (USA).
02.02.	Eheschließung von Kronprinz Willem-Alexander mit Máxima Zorreguieta in der Nieuwe Kerk von Amsterdam.
2001	
Dez.	Im Krankenhaus Barmbek (Hamburg) wird bei Prinz Claus eine Operation zur Korrektur seiner altersbedingten Weitsichtigkeit vorgenommen.

28.05.	Wegen einer Tumorerkrankung muss die linke Niere von Prinz Claus entfernt werden.
19.05.	Die Grote Kerk von Den Haag ist Schauplatz der Trauung von Prinz Constantijn und Laurentien Brinkhorst.
10.04.	Königin Beatrix unterzeichnet ein mit großer Mehrheit im Parlament angenommenes Gesetz zur Liberalisierung der aktiven Sterbehilfe.
30.03.	Der Hof gibt offiziell die Verlobung von Kronprinz Willem-Alexander und Máxima Zorreguieta bekannt.
2000	
28.10.	Prinz Claus erhält im Krankenhaus Barmbek (Hamburg) einen künstlichen Darmausgang.
07.10.	In Luxemburg nimmt Königin Beatrix an den Feierlichkeiten zur Inthronisation von Großherzog Henri teil.

Dann der Schock: Das auserwählte Fräulein Máxima Zorreguieta entpuppte sich als Tochter eines Mannes, der dem brutalen argentinischen Militärregime Anfang der 1980er Jahre als Landwirtschaftsminister gedient hatte. Also doch wieder eine „faschistische" Liaison? So sahen es jedenfalls einflussreiche Politiker und so sah es ein großer Teil der linksliberalen Presse. Das Wort von einer Verfassungskrise machte die Runde und Forderungen nach einem Thronverzicht des Bräutigams wurden laut. Der seinerseits machte seine Entschlossenheit deutlich, die Dame seines Herzens zu heiraten, auch wenn es ihn die Krone kosten könnte.

Das war, ehe die Holländer sich näher mit dieser Dame beschäftigt hatten und nicht viel mehr wussten, als dass es nicht nur den Herkunftsmakel gab: Máxima hatte sich offenbar auch als „Feestbeestje" (Partygirl) einen Namen gemacht. Doch irgendwo musste sie der Prinz ja kennen gelernt haben. Und die Stimmung schlug sofort um, als sich die künftige Königin öffentlich zu ihrem Image bekannte: „Ja, ich tanze und werde weiter tanzen."

Dieser und viele andere Sätze in einem Fernsehinterview haben die Braut zu einer „zweiten Lady Di" geadelt, und sie machen den 2. Februar 2002 zum Freudentag in Amsterdam. In der Nieuwe Kerk wohnen zahllose gekrönte Häupter, Stars und Sternchen und sogar der Menschenrechtler und Friedensnobelpreisträger Nelson Mandela der Zeremonie bei, die im Bekenntnis Willem-Alexanders gipfelt: „Ja, ik will!" Nämlich die hier anwesende Máxima zu seiner Frau und Königin machen. Auf den Straßen ist ganz Holland dabei und an den Fernsehschirmen die ganze Welt.

Der Kleine ist unter der Haube

Immer ein bisschen im Schatten des Kronprinzen und großen Bruders stehen die beiden jüngeren Söhne von Königin Beatrix, der jüngste Constantijn, geboren am 11. Oktober 1969, noch ein bisschen mehr als der mittlere Johan Friso. Nachdem wieder einmal alle Welt auf Willem-Alexander geschaut hat, als er neulich seine Verlobung mit der schönen Argentinierin Máxima bekannt gegeben hat, beansprucht endlich auch einmal der Kleine die Bühne für sich: Am 19. Mai 2001 gibt er seiner verlobten Laurentien Brinkhorst in der Grote Kerk von Den Haag das Ja-Wort. Die ihm frisch angetraute Frau ist die drei Jahre ältere Tochter des niederländischen Landwirtschaftsministers, nicht von Adel mithin, aber doch aus den ersten Kreisen des Landes. Nach der anrührenden Zeremonie vor dem Altar

Freude strahlend und Arm in Arm zeigt sich das frisch verlobte Paar, Kronprinz Willem-Alexander und Máxima Zorreguieta, am 30. März 2001 mit Königin Beatrix und Prinz Claus.

Das niederländische Königshaus

zeigen sich die Jungvermählten den zu Tausenden wartenden Zuschauern im strahlenden Maisonnenschein. Der stürmische Kuss, mit dem Constantijn und Laurentien vor aller Augen ihren Lebensbund besiegeln, wird entsprechend bejubelt. Mutter Beatrix steht lachend daneben und sonnt sich mit im jungen Glück.

Ganze Straßenzüge vernichtet

Beim ersten Knall stürzen viele Bürger der Stadt Enschede am Twentekanal auf die Straße und schauen erstaunt zum Himmel: Feuerwerk am hellen Nachmittag des 13. Mai 2001? In rascher Folge erschüttern nun weitere Detonationen die Stadt, und ebenso rasch wird den Schaulustigen klar, dass das kein Spaß, sondern tödlicher Ernst ist. Sie rennen um ihr Leben, denn ganze Gebäudeteile fliegen nun durch die Luft, eine Feuerwalze verschlingt alles, was sich ihr in den Weg stellt, ganze Straßenzüge stehen in Flammen, Qualm raubt die Luft zum Atmen. Selbst die Feuerwehr zieht sich wieder zurück, nachdem vier Kameraden bereits den Tod gefunden haben. Die schreckliche Gewissheit verbreitet sich, dass die Fabrik S.E. Fireworks in die Luft geflogen ist. Ein kleines Feuer auf dem Gelände hat offensichtlich auf die Lagerhallen übergegriffen und den Strengstoff zur Explosion gebracht. Am nächsten Tag bietet sich Ministerpräsident Wim Kok und Königin Beatrix eine Bild des Grauens, als sie durch die schwelende Trümmerlandschaft gehen. „Wie nach einem Bombenangriff", kommentiert die Monarchin erschüttert. Die Bilanz ist kaum zu fassen: 18 Tote, 3 Vermisste, 947 Verletzte, eine halbe Milliarde Mark Sachschaden, 200 zerstörte Wohnungen, 23 schwer beschädigte Betriebe, 5300 in Ersatzquartiere evakuierte Einwohner des Stadtteils Mekkelholt.

Prinz Constantijn und seine Braut Laurentien posieren vor der Abfahrt zur Kirche mit ihren Angehörigen für das große Familienfoto, 2001.

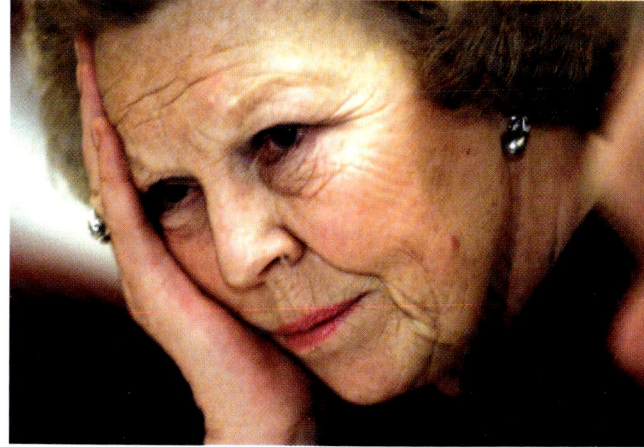

Königin Beatrix leidet mit ihren Landsleuten, wenn Katastrophen das kleine Land erschüttern.

Königin Beatrix kommt zur Besichtigung der Weltausstellung Expo 2000 nach Hannover.	06.06.
Zusammen mit Ministerpräsident Wim Kok besucht Königin Beatrix die von einem Feuerwerksunfall verwüstete Stadt Enschede.	14.05.
Ohne großen Aufwand begeht Königin Beatrix ihr 20-jähriges Thronjubiläum.	30.04.
Wie fast alle gekrönten Häupter Europas nimmt auch Beatrix an den Feiern zum 60. Geburtstag der dänischen Kollegin Margrethe II. teil.	16.04.

1999	Jahreschronik
15.08.	In Schloss Oranienburg eröffnet Königin Beatrix die Ausstellung „Onder den Oranje Boom".
19.05.	Prinz Bernhard muss sich einer Darmoperation unterziehen und erleidet postoperativ einen leichten Schlaganfall.
Mai	Auf seiner Deutschlandreise besucht das königliche Paar Weimar, das sich für das Goethe-Jahr geschmückt hat.
1998	
24.10.	Zusammen mit vielen Staatsoberhäuptern begeht Königin Beatrix in Münster den 350. Jahrestag des Westfälischen Friedens.
09.06.	Im Krankenhaus Barmbek (Hamburg) muss sich Prinz Claus einer Prostataoperation unterziehen.

Besondere Beziehungen

Festlich geschmückt sind Städtchen und Schloss Oranienburg nördlich von Berlin am 15. August 1999. Freudig erwarten die Menschen die Ankunft der niederländischen Königin, deren Besuch wieder ein kleines Highlight setzt und ablenkt von der düsteren Seite der Geschichte. Oranienburg, da fällt vielen immer noch nur das Konzentrationslager ein, in dem hier 1933 bis 1936 Menschen gefangen gehalten und gequält worden sind. Der königliche Besuch zeigt, dass es auch noch eine andere, eine helle Vergangenheit hier im Brandenburgischen gibt, denn Beatrix eröffnet eine Ausstellung mit dem Titel „Onder den Oranje Boom", die auf die besonderen Beziehungen zwischen dem Haus Oranien und den Hohenzollern, zwischen den Niederlanden und Brandenburg/Preußen hinweist.

Königin Beatrix zeigt neben Bundespräsident Johannes Rau ein von Kindern gemaltes Bild. Die Monarchin und ihr Ehemann Prinz Claus waren aus Anlass der Eröffnung der Ausstellung „Onder den Oranje boom" nach Oranienburg gekommen, 1999.

Beifall rauscht auf, als die Königin ihre Limousine verlässt und winkend im Schloss verschwindet. Dort warten die Ausstellungsmacher und die Honoratioren der Region. Nach den obligatorischen Reden und Musikdarbietungen beginnt Beatrix ihren Rundgang. Besonders interessiert verweilt sie in dem Raum, der sich mit Louise Henriette von Oranien beschäftigt. Die Ahnin der Königin heiratete 1646 Friedrich Wilhelm von Brandenburg, der als „der Große Kurfürst" in die Geschichte eingegangen ist. Seine Frau ließ hier in Bötzow seit 1651 das Schloss errichen, in dem die Ausstellung aufgebaut ist. Ein Jahr später wurde der Ort daher in Oranienburg umbenannt. Dank spielte dabei eine Rolle, denn Louise Henriette war maßgeblich am Entschluss des Kurfürsten beteiligt, Niederländer anzusiedeln, die bei der Erschließung des Landes wertvolle Hilfe leisteten. Das Holländische Viertel in Potsdam und vieles andere erinnert in Brandenburg bis heute an den unschätzbaren Beitrag zur Modernisierung. Beatrix empfindet froh, dass er ihrem Land bis heute nicht vergessen ist.

Nicht nur Helden

Am 4. Mai 1945 kapitulierten die deutschen Streitkräfte im Nordwestraum vor den Briten, auch die Truppen, die in den Niederlanden stationiert waren. Das ist heute 50 Jahre her, und aus diesem Anlass hält Königin Beatrix am 5. Mai 1995 eine Rede bei einer Festveranstaltung in Den Haag. Sie erinnert an das namenlose Leid, das viele durchgemacht haben in dieser harten Zeit, sie beschwört die Kämpfer, die aus dem Untergrund heraus gegen die übermäch-

Das niederländische Königshaus

Königin Beatrix und Kronprinz Willem-Alexander bei einem Staatsbankett im königlichen Palast in Den Haag, 1995.

tige Besatzungsmacht Anschläge, Sabotageakte und Streiks organisiert haben. Sie dankt den mutigen Landsleuten, die Verfolgten geholfen oder sie gar unter Gefahr für das eigene Leben vor den deutschen Häschern versteckt haben. Das Publikum spitzt besonders die Ohren, als Beatrix mit dem Mythos aufräumt, alle Niederländer seien Widerstandskämpfer gewesen. Das sei eine unzulässige Verallgemeinerung, die übersieht, wieviele Anhänger die „Nationaal-Socialistische Beweging" des Hitler-Bewunderers Anton Adriaan Mussert hatte, dass es ein widerliches Spitzelwesen gegeben hat und wieviele Niederländer sich freiwillig zur Waffen-SS gemeldet haben. Insgesamt waren das Minderheiten, aber keineswegs so winzige, dass man darüber zur Tagesordnung übergehen könne. Zur ganzen Geschichte der dunklen Jahre gehören auch sie.

Auch Monarchen verdienen Ruhestand

Gewöhnlich ist die Thronbesteigung eine von Trauermusik begleitete Sache. Monarchen nämlich sterben im Amt, so dass erst ihr Tod den Thron für den Nachfolger oder die Nachfolgerin frei macht. Schon Königin Wilhelmina sah das nicht ein, sondern verzichtete nach fünfzigjähriger Regierungszeit zugunsten ihrer Tochter Juliana im Jahr 1948. Die nimmt sich daran ein Beispiel, ja sie versieht den Übergang sogar noch mit einem besonderen Akzent, indem sie ihren 71. Geburtstag als Datum für das Weiterreichen der Krone an ihre älteste Tochter bestimmt. Am 30. April 1980 leistet Beatrix den Throneid: Die Königin zieht sich zurück, es lebe die Königin. Die neue muss sich erst noch beweisen, die alte kann auf ein bewegtes Leben zurückblicken, das in Den

Königin Beatrix leistet am 30. April 1980 in der Nieuwe Kerk in Amsterdam den Eid auf die Verfassung.

Jahreschronik

1996
16.05. In Aachen nimmt Königin Beatrix den Internationalen Karlspreis für ihre Verdienste um Europa entgegen.

1995
21.08. Beginn einer heiklen Reise: Königin Beatrix bricht zu einem Besuch in Indonesien auf, das lange unter der niederländischen Kolonialherrschaft gelitten hat.

05.05. Ansprache der Königin beim Festakt in Den Haag aus Anlass des Endes der deutschen Besatzung vor 50 Jahren.

1993
07.08. Teilnahme des königlichen Paares an der Beisetzung des belgischen Königs Baudouin.

02.07. Kronprinz Willem-Alexander besteht sein „Doctoraalexamen".

1986
17.01. Als Oberleutnant zur See beendet Kronprinz Willem-Alexander seinen Wehrdienst im Königlichen Marineinstitut in Den Helder.

1980
30.04. Königin Juliana tritt zugunsten ihrer ältesten Tochter Beatrix zurück, die den Thron besteigt.

1976
26.08. Nach schweren Bestechungsvorwürfen im Zusammenhang mit der Lockheed-Affäre tritt Prinz Bernhard von allen öffentlichen Ämtern zurück.

1969
11.10. Nach Willem-Alexander (27.4.1967) und Johan Friso (25.9.1968) bringt Kronprinzessin Beatrix ihren dritten und letzten Sohn Constantijn zur Welt.

Jahreschronik

Haag 1909 begann und 1937 mit der Eheschließung mit Bernhard von Lippe-Biesterfeld einen ersten Höhepunkt brachte. Nach der Geburt der beiden ersten Töchter, Beatrix und Irene, folgte der absolute Tiefpunkt mit dem deutschen Angriff am 1. Mai 1940 und dem anschließenden Exil im kanadischen Ottawa, wo Tochter Margriet zur Welt kam. Die vierte Tochter Christina erblickte dann wieder das heimatliche Licht der Welt 1947, als die Mutter sich bereits auf die baldige Thronübernahme vorbereitete. Mit Julianas Namen verbindet sich der beispiellose Wiederaufstieg des kriegsgeschundenen Landes zu neuem Wohlstand. Beatrix schlüpft in große Schuhe.

Leichtfertige Verhandlungen

Die Rüstungslobby ist nicht zimperlich, wenn es darum geht, sich Entscheidungsträger beim Militär gewogen zu machen. Die niederländische Luftwaffe ist zwar klein, doch selbst Geschäfte in nur zweistelliger Stückzahl lohnen sich, wenn es um ein so hochmodernes Waffensystem wie den US-Kampfjet F-104 Starfighter geht. Die Herstellerfirma Lockheed lässt daher Verbindungen zum Generalinspekteur spielen, ein Amt, das Mitte der 1970-er Jahre Prinz Bernhard innehat. Anfang 1976 kommt der schlimme Verdacht auf, der Ehemann der Königin habe Gelder in Millionenhöhe angenommen und sich dafür zum Fürsprecher einer Anschaffung des Starfighters gemacht. Das wäre so ungeheuerlich, dass selbst die Königin der Einrichtung eines Untersuchungsausschusses zustimmt. Die Parlamentarier können Zahlungen letztlich dann doch nicht nachweisen, und auch die Staatsanwaltschaft stellt die Ermittlungen ein. Dennoch empfiehlt die

Königin Juliana bei einem Gala-Empfang des spanischen Königspaars während eines Staatsbesuches in Spanien im März 1980.

1966
10.03. Trauung von Kronprinzessin Beatrix mit dem deutschen Diplomaten Claus von Amsberg.

Königin Juliana und Prinz Bernhard nehmen am 30. April 1979 an der Geburtstagsparade zum 70. Geburtstag der Königin teil. Nur ein Jahr später gibt sie an ihrem 71. Geburtstag die Krone an ihre Tochter Beatrix weiter.

Das niederländische Königshaus

Täufling Prinz Constantijn, jüngster Spross von Kronprinzessin Beatrix und Prinz Claus, am 7. November 1969 mit den Brüdern Willem-Alexander und Johan Friso.

Regierung dem Hof Konsequenzen, damit auch nicht der leiseste Schatten auf das Königshaus fällt. Am 26. August 1976 gibt Prinz Bernhard bekannt, dass er auf alle öffentlichen Ämter verzichtet. Die Regierung untersagt ihm wegen seiner „leichtfertigen Verhandlungen mit Lockheed", die der Prinz nicht in Abrede stellt, das Tragen der Uniform in der Öffentlichkeit. Ausnahmen sind nur mit ausdrücklicher Genehmigung des Parlaments möglich.

Ausgerechnet ein Deutscher ...

... seufzen manche Niederländer. Doch was will man machen? Wenn Amor getroffen hat, spricht das Herz, der Verstand kann allenfalls meckern, durchzusetzen vermag er sich nicht mehr. So ist das wohl auch bei der beliebten Kronprinzessin Beatrix, die gegen alle Widerstände ihre Eheschließung mit ihrem Schwarm Claus von Amsberg am 10. März 1966 durchsetzt. Pazifisten, Liberale und Kommunisten haben im Parlament zwar gegen die Genehmigung gestimmt, aber mangels Mehrheit nichts errreicht. Ihre Ahänger stören die Feierlichkeiten nach der Zeremonie in der Amsterdamer Westerkerk, doch die Sicherheitskräfte haben die Ordnung im Griff, und auch das Gros der Zuschauer will von den Störern nichts wissen. Man genießt vielmehr den Anblick vieler gekrönter Häupter, Prinzen und Prinzessinnen und kann nicht umhin, den schlanken, lächelnd winkenden Bräutigam ausnehmend sympathisch zu finden. Er wird fortan als Jonkheer von Amsberg Prinz der Niederlande Mitglied des Hauses Oranien und in nicht allzu ferner Zukunft wohl der Mann an der Seite der Königin Beatrix, Schwiegermutter Juliana geht auf die Siebzig zu und lässt sich jetzt schon gern ab und an von der Tochter bei öffentlichen Auftritten vertreten.

Kronprinzessin Beatrix und Claus von Amsberg während ihrer Trauung am 10. März 1966 in der Westerkerk in Amsterdam.

Jahreschronik

1962
28.11. Auf Schloss Het Loo bei Apeldoorn stirbt 82-jährig die einstige Königin Wilhelmina, Mutter der regierenden Königin Juliana.

1948
04.09. Rücktritt von Königin Wilhelmina zugunsten ihrer ältesten Tochter Juliana.

1945
02.08. Rückkehr der königlichen Familie aus dem Exil in die Niederlande.

04.05. Kapitulation der deutschen Streitkräfte; Befreiung der Niederlande durch britisch-kanadische Truppen.

1940
10.05. Die Niederlande sehen sich einem Angriff der deutschen Heeresgruppe B gegenüber; nach vergeblichen Abwehrversuchen muss die königliche Familie fliehen.

1938
31.01. Kronprinzessin Juliana bringt auf Schloss Soestdijk (bei Baarn) ihr erstes Kind, Tochter Beatrix, zur Welt.

1937
07.01. Kronprinzessin Juliana heiratet Bernhard von Lippe-Biesterfeld

1926
06.09. In Dötzingen bei Hitzacker kommt Claus von Amsberg zur Welt.

1909
30.05. Prinzessin Juliana als Tochter von Königin Wilhelmina (1890–1962) und ihres Ehemannes Heinrich Herzog zu Mecklenburg und Prinz der Niederlande (1876-1934) geboren.

Jahreschronik

1898
31.08. Mit ihrem 18. Geburtstag wird Wilhelmina Königin der Niederlande.

1890
23.11. Auf Schloss Het Loo (bei Apeldoorn) stirbt König Wilhelm III.; Nachfolgerin wird die unmündige Tochter Wilhelmina unter der Regentschaft ihrer Mutter Emma.

1887
30.11. Eine neue Verfassung gibt breiteren Schichten das Wahlrecht und bestätigt die schon 1884 vom König vorgesehene weibliche Thronfolge.

1884
21.06. Mit dem Tod von Kronprinz Alexander erlischt das Königshaus im Mannestamm.

1867
11.05. Die Einigung der Großmächte entschärft die Krise um Luxemburg und die Niederlande.

1849
17.03. Tod Wilhelms II. nur wenige Monate nach Einführung einer liberalen Verfassung als Folge der Februarrevolution 1848.

1840
06.12. Wilhelm I. dankt zugunsten seines Sohnes Wilhelm II. ab und zieht sich mit seinem riesigen Vermögen nach Berlin zurück, wo er am 12.12.1843 stirbt.

1831
25.11. Als Entschädigung für den Verlust Belgiens und deutscher Besitzungen wird Wilhelm I. in Personalunion Großherzog von Luxemburg.

Späte Liebe oder Kalkül?

Ein Kind von Traurigkeit war König Wilhelm III. (1817–1890) nie. Nachdem er sich einmal entschlossen hatte, die politischen Dinge seinen Ministern zu überlassen, konnte er sich auf Reisen und daheim den wirklich schönen Dingen zuwenden, wozu nicht zuletzt Flirts und mehr gehörten. Sängerinnen und Schauspielerinnen bedachte er ebenso mit seiner Gunst wie hübsche Hofdamen. Das war wohl auch der Grund, warum seine Frau Sophie von Württemberg 1855 die Trennung von Tisch und Bett durchsetzte. Seit der Hochzeit 1839 hatte sie ihm drei Söhne geboren, die alle jung starben, der älteste schon 1850, und auch dieser Trauerfall verdunkelte das Familien-

Königin Wilhelmina mit ihrer Tochter Prinzessin Juliana in Den Haag, 1912.

leben. 1877 starb die Königin erst 59-jährig, im Jahr darauf ihr zweiter Sohn und 1884 der jüngste. Nur ein Wunder würde verhindern, dass die Krone auf eine Nebenlinie des Königshauses überginge.

Königin Wilhelmina bestieg 1898 18-jährig den Thron, auf den sie nach 50-jähriger Regentschaft 1948 zugunsten ihrer Tochter Juliana verzichtete.

Und das Wunder tritt ein: Wilhelm III. heiratet 1879 zum zweiten Mal standesgemäß, und zwar die 40 Jahre jüngere Kusine Emma von Waldeck-Pyrmont. Und es scheint so, als sei das nicht nur aus dynastischen Gründen geschehen, denn die 1879 geschlossene Ehe ist schon im Jahr darauf mit der Tochter Wilhelmina gesegnet. Auch sonst geht es offenbar harmonisch zu in der jungen Familie mit dem alten Oberhaupt. Wilhelm III. drängt daher darauf, dass auch eine weibliche Thronfolge möglich gemacht wird, und setzt sich mit diesem Wunsch schließlich durch. Als Wilhelm 1889 schwer erkrankt, ist er über seine Nachfolge beruhigt. Wilhelmina wird nach seinem Tod Ende 1890 Königin. Ihre Mutter führt die Regentschaft und versteht es, durch Reisen in alle Landesteile sich und die Tochter beliebt zu machen.

Kein Geld für den König

Der Deutsche Krieg von 1866 zwischen Preußen und Österreich ist noch nicht beendet, da taucht im preußischen Hauptquartier in Nikolsburg schon der französische Gesandte Benedetti auf und fordert im Namen Kaiser Napoleons III. Kompensationen für den preußischen Machtzuwachs und das französische Stillhalten während der Feindseligkeiten. Preußens Ministerpräsident Bismarck lässt durchblicken, dass er sich „Entschädigungen" in Belgien und vor allem in Luxemburg vorstellen könne, das nicht dem sich nun bildenden Norddeutschen Bund beitritt.

Der niederländische König Wilhelm III., in Personalunion Großherzog von Luxemburg, findet einen Verkauf des Landes an Frankreich, wie von Napoleon angestrebt, schon aus finanziellen Gründen reizvoll, will aber nur mit preußischer Zustimmung einwilligen, wodurch die Sache bekannt wird und eine Welle nationaler Empörung in Deutschland auslöst. Bismarck schwenkt um und rät vom Verkauf ab, was Frankreich nachhaltig verärgert. Zu einem militärischen Konflikt, den Preußens Generalstabschef

Das niederländische Königshaus

Moltke schon erwogen hat, kommt es nicht, da sich die Großmächte am 11. Mai 1867 auf den englischen Vermittlungsvorschlag einigen: Abzug der preußischen Besatzung aus Luxemburg, Schleifung der Bundesfestung, Garantie des Landes durch die Anrainer sowie England und Italien. Für den niederländischen König steht auf der Habenseite nur, dass die Provinz Limburg nun fest mit seinem Reich verschmolzen wird.

König Wilhelm III., der letzte Vertreter des Hauses Nassau-Oranien auf dem niederländischen Thron.

Gegengewicht gegen Preußen

Seit 1795 sind die Niederlande fest in französischem Griff gewesen, zunächst als Batavische Republik, dann als Königreich unter Napoleons Bruder Louis und 1810 schließlich sogar als Teil Frankreichs. Das Gebiet sei, so argumentiert die napoleonische Propaganda, schließlich nichts anderes als eine „Anschwemmung französischer Flüsse". Kaum lockert sich 1813 nach der Niederlage des Kaisers in der Völkerschlacht bei Leipzig der Würgegriff der fremden Herren, regt sich nationaler Unabhängigkeitswille im Land zwischen Maas und Nordsee. Schon am 2. Dezember 1813 bildet sich eine provisorische Regierung, am 30. März 1814 tritt die von ihr ausgearbeitete Verfassung in Kraft, die eine Monarchie vorsieht mit stark eingeschränkten Rechten des Herrschers. Der soll Wilhelm I., Sohn des 1795 vertriebenen Statthalters, werden.

Der Wiener Kongreß, der die Neuordnung Europas nach der Napoleon-Epoche regelt, nimmt zustimmend die Londoner Erklärung zur Kenntnis, dass ein Vereinigtes Königreich der Holländer und Belgier wünschenswert sei. England nämlich möchte auf dem Kontinent ein starkes protestantisches Gegengewicht gegen das mächtiger werdende Preußen. In der Wiener Schlussakte vom 9. Juni 1814 kommt es daher zur Gründung des vergrößerten Staates der Niederlande unter König Wilhelm I. aus den Hause Nassau-Oranien. Er regiert nun 17 niederländische und belgische Provinzen, die 60000 Quadratkilometer umfassen und in denen 5,5 Millionen Menschen leben. Hinzu kommen Kolonien in Amerika, Afrika und Südostasien. Auch wirtschaftlich entsteht dadurch ein Machtfaktor.

Entstehung eines Staates

Auch heute noch umfasst der Begiff „Niederlande" mehr als den Einzelstaat, denn im Grunde gehört mindestens das belgische Flandern noch dazu. Bis aber wenigstens das Land

Wilhelm I., König der Niederlande, Großherzog von Luxemburg und Prinz von Oranien-Nassau.

daraus geworden ist, das wir kennen, vergingen Jahrhunderte, in denen das Gebiet wechselnde Herren hatte. Im 16. Jahrhundert war das Kaiser Karl V., der selbst aus den Niederlanden stammte: geboren im Jahr 1500 in Gent. Unter ihm blühte das Land, doch als er es seinem Sohn

26.06.	Trotz Siegen über die abtrünnigen Belgier zwingen die Großmächte Wilhelm I. zur Entlassung Belgiens aus dem niederländischen Staatsverband.
1830	
04.10.	Nach der belgischen „Septemberrevolution" erklären sich die südlichen Provinzen als Königreich Belgien für unabhängig.
1827	
25.07.	Ein Konkordat mit dem Heiligen Stuhl soll die konfessionelle Zerrissenheit mildern und die Katholiken integieren helfen.
1814	
20.06.	Gründung der Vereinigten Niederlande unter dem 42-jährigen König Wilhelm I.

119

Blick in die Geschichte

Jahreschronik

1747 Wilhelm IV., Prinz von Oranien, wird erblicher Statthalter und Oberbefehlshaber von Landheer und Flotte.

1672 Die Stände ernennen Wilhelm III. von Oranien zum Statthalter und Oberbefehlshaber. Niederländisch-Französischer Krieg. Er endet mit dem Friedensschluss in Nimwegen 1678.

1667 Im „Devolutionskrieg" (bis 1668) können die Republik und ihre Bundesgenossen die Annexion der spanischen Niederlande durch Frankreich verhindern.

1654 Im „Seklusionsgesetz" bestimmt die holländische Ständeversammlung, dass kein Vertreter des Hauses Oranien jemals wieder Statthalter oder Oberbefehlshaber des Landheeres werden soll.

1652 Erster Krieg zwischen England und den Niederlanden. Er endet 1654 mit dem Frieden von Westminster.

1648 Friede von Münster (Westfälischer Friede) zwischen Spanien und den Niederlanden. Internationale Anerkennung der Republik durch Kaiser und Reich.

Karl V. überträgt die Regierung der Niederlande seinem Sohn Philipp II. von Spanien.

Philipp II. von Spanien 1556 übergab, setzte eine Zeit brutaler Fremdherrschaft ein, gegen die sich die Niederländer mit wachsender Wut wehrten.

Die Historiker sprechen von einem „Achtzigjährigen Krieg". Gemeint sind damit die Auseinandersetzungen seit der Erhebung gegen die spanische Herrschaft im Jahre 1568. In seiner letzten Phase war dieser Kampf verwoben in den Dreißigjährigen Krieg und war ein Teil davon, er endete auch im selben Jahr und am selben Ort wie dieser. Die ursprünglich gemeinsame antispanische Front der Niederländer war 1581 zerfallen, die südlichen (katholischen) Provinzen, bald spanische Niederlande genannt, akzeptierten den König von Spanien als ihren Herrn, die nördlichen (protestantischen) dagegen schlossen sich zur Republik der Vereinigten Niederlande (entsprechend etwa dem heutigen Gebiet) zusammen und setzten den Krieg fort. 1609 kam eine Waffenruhe, gültig für zwölf Jahre, zustande. Aber beide Seiten bereiteten sich bereits auf den nächsten Gang vor.

Die Republik knüpfte ein ausgedehntes Bündnissystem, zu dem Verträge mit den Türken, mit Algier, mit den deutschen Protestanten, den Hansestädten, mit Schweden, Savoyen und Venedig gehörten. Spanien sicherte sich einen Militärkorridor zwischen seinen Besitzungen in Norditalien und den Niederlanden. Der Krieg gegen die Spanier flammte wie erwartet 1621 wieder auf. Er wurde zu Lande hauptsächlich als Festungskrieg ausgetragen. Die ersten Jahre sahen die Spanier erfolglos vor Bergen op Zoom (1622) und erfolgreich bei Breda (1625). Den Holländern gelang 1628 ein Hauptschlag zur See: Sie kaperten eine spanische Silberflotte in der Karibik. Mit dem Edelmetall konnten sie Heeresanwerbungen finanzieren und gingen nun ihrerseits unter dem Kommando Friedrich Heinrichs von Oranien (1584–1647), des „Städtebezwingers", zum Angriff auf Festungen im Grenzgebiet zu den spanischen Niederlanden über.

1630 nahm ein holländisches Geschwader die spanischen Niederlassungen Pernambuco und Recife an der brasilianischen Küste. Der Oranier eroberte 1632 Maastricht und 1637 Breda, 1639 verloren die Spanier die Seeschlacht vor den Downs, 1640 wurde ihre Flotte bei Recife besiegt. Obendrein befanden sie sich seit 1635 im Krieg mit Frankreich, der Militärkorridor entlang des Rheins war blockiert, nach dem Verlust von Gravelingen (1644), Hulst (1645) und Dünkirchen (1646), nach Aufständen in Katalonien und Portugal, in Neapel und Sizilien war die Zeit für Friedensgespräche reif. Das ganze Jahr 1646 über wurde in Münster verhandelt. Erst im Januar 1647 konnte eine Einigung erzielt werden, die im Januar des folgenden Jahres ratifiziert wurde. Damit war der „Aufstand

Kaiser Karl V., römisch-deutscher Kaiser (1519–56) und König von Spanien (ab 1516).

der Niederlande" beendet. Am 15. Mai 1648 beschworen die spanischen und niederländischen Gesandten im Rathaus von Münster den Frieden. Der Kampf hatte die Dynastie Oranien-Nassau als Herrscherhaus („Statthalter") etabliert.

Der Teil für das Ganze

Meistens sind die Niederlande gemeint, wenn von Holland die Rede ist. Und auch die fröhlichen Blon-

Das niederländische Königshaus

den aus dem Land zwischen Maas und Nordsee heißen gewöhnlich pauschal Holländer. Streng genommen jedoch treffen die Begriffe nur auf zwei westliche Provinzen der Niederlande und ihre Bewohner zu: Nord- und Südholland. Sie umfassen in etwa das Gebiet zwischen Scheldemündung und dem Ijsselmeer.

Historisch gesehen war mit Holland, ein Name der seit dem 10. Jahrhundert belegt ist, das Kerngebiet um Dordrecht gemeint. Es gehörte den danach benannten Grafen von Holland, die es im Kampf vor allem gegen die nördlich sitzenden Westfriesen auszudehnen bemüht waren. Auch das südlich gelegene Flandern war immer wieder Ziel ihrer kriegerischen Züge. Es gab manche schmerzhaften Rückschläge, doch die Erfolge überwogen letztlich, so dass sich die heutige Landesgröße ergab.

Die Grafendynastie erlosch 1299; Holland kam in den Besitz der Grafen von Henngau, die wiederum 1345 ausstarben, so dass die weibliche Linie, nämlich Bayern, die Herrschaft erbte und vom Kaiser bestätigt bekam. Die fast hundertjährige Herrschaft der bayerischen Wittelsbacher über Holland brachte wenig Glück, denn Erbstreitigkeiten führten zu Krieg, Mord und Totschlag in der Dynastie, was wiederum das Volk spaltete.

Während die so genannten Hoeks (Angelhaken) die weibliche Erbfolge akzeptierten und unterstützten, verweigerten die Kabeljaus in zwei derartigen Fällen die Gefolgschaft. Es kam, wie so oft in solchen Fällen: Ein Dritter zog Nutzen aus dem Konflikt, nämlich der Onkel von Jakobäa (Jacqueline), die 1417 vom Vater Wilhelm VI. als Erbin eingesetzt worden war. Besagter Onkel war Herzog Philipp III. der Gute von Burgund. Er stellte sich auf die Seite der Kabeljaus und konnte Jakobäa schließlich 1428 zur Aufgabe zwingen. Sie willigte in einen Vertrag, der ihr den Hennegau beließ, während Philipp Holland und Zeeland übernahm und nach ihrem Tod 1436 auch den Hennegau erbte.

Holland gehörte nun zum Burgundischen Reich, das aufgrund seiner Größe und wirtschaftlichen Macht nahezu unabhängig zwischen dem Deutschen Reich und Frankreich operieren konnte. Philipps Nachfolger erlitt allerdings einige Schlappen beim Versuch, diese Position auszubauen. Er suchte daher Anlehnung bei Kaiser Friedrich III. aus dem Haus Habsburg und stimmte 1477 der Hochzeit seiner Tochter Maria mit Maximilian, dem Sohn des Kaisers, zu. Da Karl noch im selben Jahr fiel, ging die Macht über Burgund an die Habsburger über. Trotz anfänglichen Widerstands

Friedrich Heinrich von Oranien, Statthalter der Niederlande (1625–47).

in den Niederlanden gegen die neue Herrschaft konnten sich Maximilian und sein Sohn Philipp der Schöne schließlich durchsetzen, so dass Philipps Sohn Karl, der spätere Kaiser Karl V., 1506 die Niederlande samt Holland erbte. Dieser Landesteil gab nur einmal kurz auch offiziell dem ganzen Land den Namen: 1806 ernannte Kaiser Napoleon I. seinen Bruder Louis zum „König von Holland", löschte den Begrif aber schon 1810, als er die Niederlande zu einem Teil Frankreichs erklärte.

Friedrich Heinrich von Oranien (1584–1647) wird Statthalter und führt die Vererbung der Statthalterschaft ein.	**1625**
Moritz von Oranien (1567–1625) übernimmt den Oberbefehl von Flotte und Landmacht.	**1588**
In der „Akte von Afzwering" sagen sich die nördlichen Provinzen vom spanischen König los, der Krieg wird fortgeführt.	**1581**
Union von Utrecht: Zusammenschluss der sieben nördlichen Provinzen, die damit die Grundlage für eine Republik bilden.	**1579**
Beginn des achtzigjährigen Krieges zwischen Spanien und den Niederlanden.	**1568**
Kaiser Karl V. überträgt seinem Sohn Philipp II. die Herrschaft über die Niederlande.	**1555**

Belgien

Das

Es muss nicht immer der König oder wenigstens der Kronprinz sein, der für die Monarchie ein Glanzlicht setzt: Die Hochzeit von Laurent (Jahrgang 1965), jüngerer Bruder des Thronfolgers Philippe, lässt im April 2003 nicht nur ihn und die blonde Braut Claire Coombs strahlen, sondern Himmel und Zuschauer gleichermaßen. Da interessieren Behauptungen einfach nicht mehr, der untersetzte Prinz sei gar nicht der leibliche Sohn von König Albert II., sondern Frucht eines Seitensprungs von Königin Paola. Die Hoheit der Festgäste und die Anmut der zarten Braut verscheuchen solch trübe Assoziationen mühelos. Bald umgehende Gerüchte über eine Schwangerschaft der neuen Schwiegertochter des Königspaars tun ein Übriges.

Nun, da auch das wilde Königs-„Kind" gezähmt ist, nicht von Ungefähr „Prinz Vollgas" genannt, kehrt wohl endlich Ruhe ein in der allerhöchsten Familie des Landes, das es nicht leicht gehabt hat in den letzten Jahrzehnten. Umweltskandale, der grausige Fall des Kindermörders Dutroux, der ewig schwelende Sprachstreit, konfessionelle Zerrissenheit, Regierungskrisen am Fließband – etwas viel für ein so kleines und so junges Königreich. Lichtblicke kommen da sehr gelegen und Stabilität an der monarchischen Staatsspitze ebenso.

Das Königliche Schloss Laeken in Brüssel ist die Residenz des Königspaares. Es beherbergt glanzvolle Säle, und ihm angeschlossen ist ein riesiges, berühmtes Gewächshaus.

Haus Sachsen-Coburg-Gotha

Das belgische Königshaus heute

Prinzessin Mathilde und Kronprinz Philippe, der seinen Sohn Prinz Gabriel beim Verlassen des Krankenhauses in Brüssel im Arm trägt. Es ist das zweite Kind des Prinzenpaars.

Wenn die königliche Familie vollzählig auf Schloss Laeken, dem Sitz des Monarchen, versammelt ist, dann herrscht einiger Trubel. Anders als zu den Zeiten seines Bruders und Vorgängers Baudouin I., der auf Nachwuchs hatte verzichten müssen, hat Albert II. (Jahrgang 1934) drei Kinder, inzwischen alle verheiratet und ihrerseits mit Kindern gesegnet: Der 1960 geborene Kronprinz Philippe Leopold Louis Marie ist 1999 mit der über ein Dutzend Jahre jüngeren strahlend schönen Mathilde d'Udekem d'Acoz vor den Traualtar getreten; das Paar hat seit 2001 die Tochter Elisabeth und seit August 2003 den Sohn Gabriel. Philippes zwei Jahre nach ihm zur Welt gekommene Schwester Astrid Josephine-Charlotte Fabrizia Elisabeth Paola Marie ehelichte den habsburgischen Erzherzog Lorenz und hat mit ihm fünf Kinder. Vom Bruder Lau-

Das belgische Königshaus

Soviel Leben gab es bei Hofe lange nicht, und kaum jemand hat darauf 1993 zu hoffen gewagt. Damals ist knapp 53-jährig König Baudouin gestorben, und man erwartete, dass in der Nachfolge der Bruder Albert übersprungen würde. Dessen Sohn Philippe war immerhin schon 33 Jahre alt und ein monarchischer Neuanfang eigentlich angesagt. Doch Albert sprach zwei Tage nach des Bruders Tod den Amtseid, und damit bestieg ein Mann den Thron, den die Belgier eher als Playboy kannten, und einer zudem, dem mit Paola, geborener Ruffo di Calabria, eine Frau zur Seite stand, die ebenfalls nichts anbrennen ließ. Mehr als eine Übergangslösung haben die meisten in diesem Paar nicht sehen wollen. In über zehn Jahren Amtszeit aber ist der König mit diesem Amt ganz offensichtlich gewachsen, und die Königin zur Ruhe gekommen. Dazu hat sicher beigetragen, dass Albert ihren rent Benoit Baudouin Marie war schon die Rede. Auch seine Familie wächst. Und schließlich gehört noch Königinwitwe Fabiola, geboren 1928, zum engsten Familienkreis.

König Albert II. genießt bei der Bevölkerung ein hohes Ansehen. Hier kurz vor seiner Rede zum Nationalfeiertag am 20. Juli 2003.

Die belgische Königsfamilie im Garten des Königspalastes in Brüssel im Mai 2003. Auf der Bank Prinz Joachim Königin Paola mit Prinzessin Laetitia-Maria, König Albert II., Königin Fabiola, Prinzessin Louisa-Maria. Stehend Prinz Laurent, Prinzessin Claire, Prinz Amedeo, Prinzessin Elisabeth, Kronprinz Philippe, Kronprinzessin Mathilde, Prinz Lorenz, Prinzessin Astrid und Prinzessin Maria-Laura.

Trotz der unvermuteten Popularität des Königs, der die Siebzig erreicht, kommt wohl bald die Stunde für seinen Ältesten, immerhin auch ein Mittvierziger. Und nach Philippe kommt etwas ganz Neues auf die Belgier zu: eine Königin. 1991 hat das Parlament die Verfassung dahingehend renoviert und dem modernen Gleichberechtigungsgrundsatz angepasst, dass künftig nicht mehr die männliche Thronfolge gilt, sondern die des ersten Kindes unabhängig vom

Nach einem Konzert auf der Bühne des Poelaert-Palastes in Brüssel im Juli 2003 zu Ehren des Königs anlässlich seines 10-jährigen Thronjubiläums wird Albert II. von Königin Paola umarmt.

Nach der Taufe hält Königin Paola neben König Albert II. stolz Prinzessin Laetitia-Maria auf dem Arm, das fünfte Kind von Prinzessin Astrid und Prinz Lorenz.

unehelichen Sohn Laurent als den seinen anerkannt hat. Freilich blieb ihm nicht viel anderes übrig, wollte er Schaden vom Königshaus abwenden und Verzeihung für eigene Seitensprünge erlangen, aus denen eine Tochter namens Delphine Boël hervorgegangen ist. Sie lebt als Künstlerin in London.

Geschlecht. Er wird also aller Voraussicht nach dereinst eine Königin Elisabeth dem Land und dem Hof vorstehen.

Das belgische Königshaus

Am 12. April 2003 führte Prinz Laurent von Belgien seine bezaubernde Braut Claire Coombs zum Traualtar.

Die Eltern Prinzessin Astrid, Prinz Lorenz und die Geschwister freuen sich über die Geburt von Laetitia Maria, die im April 2003 das Licht der Welt erblickte.

Ein deutscher Import

Belgien hat seinen Namen vom Stamm der Belgen, die zur Zeit des römischen Feldherren Cäsar den nordöstlichen Teil Galliens bewohnten. Als eigenes Land spielte es freilich bis ins 19. Jahrhundert keine Rolle, war aufgespal-

katholischen Provinzen erschöpft. In der Septemberrevolution den Jahres 1830 sagten sie sich vom protestantischen Teil los. Da die Großmächte den Schritt billigten, mussten die Niederlande ihn hinnehmen.

Allerdings gab es die Selbstständigkeit nur unter der Bedingung, einen geeigneten Monarchen für den neuen Staat zu wählen und dauernde Neutralität zu versprechen. Nachdem eine liberale Verfassung erarbeitet worden war, fand sich im vierzigjährigen Prinzen Leopold von Sachsen-Coburg-Gotha der Mann, den auch die Kollegen in Paris und London, Berlin und Wien akzeptierten. Am 21. Juli 1831 leistete er den Eid auf die Verfassung und bestieg als Leopold I. den neuen Thron. Er selbst stammte aus einem sehr alten Geschlecht, das Verwandtschaftsbande in alle europäischen Monarchien geknüpft hatte. Das schützte den jungen

ten in Provinzen, gehörte lange zum Habsburger-Reich, fiel an dessen spanischen Zweig und blieb auch nach dem niederländischen Freiheitskampf in spanischer, das heißt katholischer Hand. Als es daher auf dem Wiener Kongress 1814 mit den Niederlanden zu einem Vereinigten Königreich zusammengeschlossen wurde, waren Konflikte programmiert. Anderthalb Jahrzehnte ließen sie sich mehr schlecht als recht ausbalancieren, dann war die Geduld der

Auch bei Kronprinz Philippe und Kronprinzessin Mathilde kündigt sich im Jahr 2003 weiterer Nachwuchs an.

König Albert II. und Königin Paola im Garten des Königspalastes in Brüssel. Albert II. feiert im August 2003 sein 10-jähriges Thronjubiläum.

Das belgische Königshaus

Zärtlich liebkost Prinzessin Mathilde, die Frau des belgischen Thronfolgers Prinz Philippe, ihre Tochter Prinzessin Elisabeth, 2001.

Der Papa pustet die Kerze aus: Die kleine Prinzessin Elisabeth an ihrem ersten Geburtstag mit ihren Eltern Kronprinz Philippe und Mathilde, Oktober 2002.

Staat nicht vor Turbulenzen, die einerseits aus den Niederlanden geschürt wurden, die sich mit dem Verlust nicht sogleich abzufinden vermochten, und die andererseits durch die Zweisprachigkeit des Landes bedingt waren. Während die Wallonen französisch sprechen, ist in Flandern Niederländisch die Verkehrs-

129

König Albert II. in Begleitung von Königin Paola beim Verlassen des Doms zu Oslo, wo sie mit vielen Vertretern des Hochadels an der kirchlichen Trauung von Kronprinz Haakon und Mette-Marit teilgenommen haben, 2001.

König Albert II. und Königin Paola sichtlich gut gelaunt vor dem Belgischen Pavillon auf der Weltausstellung Expo 2000 in Hannover.

sprache. Man musste schließlich den Traum von einer einzigen Landessprache aufgeben und beide Sprachen gleichberechtigt nebeneinander gelten lassen.

Der Sohn und Nachfolger des ersten Königs, Leopold II. (regierte 1865–1909), machte Belgien zu einer Kolonialmacht, wobei er etwa das Kongogebiet als seinen Privatbesitz „erwarb". Erst 1908 übernahm der Staat die Kolonie. Unter den nächsten Königen Albert I. (1909–1934) und Leopold III. (1934–1951) hatte Belgien zweimal eine deutsche Besatzung zu überstehen. Während Albert aber im Ersten Weltkrieg heldenhaften Widerstand leistete, geriet sein 1901 geborener Sohn nach der Niederlage im Zweiten Weltkrieg (1940) in Verdacht der Kungelei mit der Besatzungsmacht, die ihn im Schloss Laeken beließ und erst 1944 deportierte. Das trugen ihm die Belgier nach der Befreiung ebenso nach wie sie ihm die Schuld am Unfalltod seiner hoch beliebten Frau Prinzessin Astrid von Schweden 1935 gaben. Außerdem fanden sie es geschmacklos, dass der König 1941 in dunkelster Zeit zunächst heimlich und erst später öffentlich Liliane Baels (1916–2002) heiratete. Leopolds Rückkehr auf den Thron erwies sich schließlich als unmöglich, so dass er 1951 zugunsten seines Sohnes Baudouin I. abdankte; Leopold starb 1983.

Großer Beliebtheit erfreute sich der ernst bis traurig blickende Brillenträger zunächst auch nicht, der als Zwanzigjähriger noch nicht über das erforderliche Auftreten verfügte. Außerdem ließ er sich Zeit mit der Familiengründung. Erst 1960 präsentiert er zur Überraschung aller eine Verlobte: Fabiola Mora y Aragón, zwei Jahre älter als der König, aber so liebreizend, dass ein heller Strahl auf die bisher schwierige Herrschaft Baudouins fiel. Allerdings nur sehr vorübergehend, denn es waren schwere Zeiten: In Belgisch-Kongo kochten die Unruhen derart hoch, dass Brüssel dem Land 1960 überstürzt die Unabhängigkeit gewährte, damit aber einen blutigen Bürgerkrieg auslöste, dessen Folgen bis heute nicht überwunden sind. Hinzu kam persönliches Leid: Trotz mehrerer Schwangerschaften konnte die Königin keine Kinder bekommen. Seltsamerweise brachte das die Wendung zum Besseren, denn die Belgier wussten, wie sehr sich das Paar Kinder wünschte. Die ständigen Enttäuschungen erzeugten einen Mitleidseffekt, der dem Königspaar wichtige Sympathiepunkte brachte. Bruder und Nachfolger Albert II. profitierte davon.

Königin Fabiola, die Witwe von König Baudouin, engagiert sich für Frauenrechte und nimmt in dieser Funktion am 4. Treffen eines Internationalen Komitees in Dakar im westafrikanischen Senegal teil, 2000.

Chronik der wichtigsten Ereignisse

2003	Jahreschronik
20.08.	Mathilde, Ehefrau von Kronprinz Philippe, bringt Gabriel Baudouin Charles Marie zur Welt.
21.07.	Am Nationalfeiertag gedenken die Belgier des verstorbenen Königs Baudouin und feiern das zehnjährige Thronjubiläum des Bruders und Nachfolgers Albert II.
12.04.	Hochzeit des jüngeren Königssohns Laurent mit der Bürgerlichen Claire Coombs.
07.01.	Einladung des Armenpriesters Guy Gilbert als Prediger zu der für April geplanten Hochzeit von Prinz Laurent.

2002	
20.11.	Bei einem Sturz auf einer Marmortreppe zieht sich Königin Paola Kopfverletzungen zu.
11.11.	Bei einem Motorradunfall erleidet König Albert II. einen Knöchelbruch und muss zeitweilig stationär behandelt werden.
07.06.	85-jährig stirbt Liliane Prinzessin von Réthy, geb. Mary Liliane Baels, seit 1941 zweite Frau von König Leopold III.

Prinz Vollgas und die Landvermesserin

Ob er nun ruhiger wird? Prinz Laurent, das „enfant terrible" des Königshauses, hat endlich mit 39 Jahren in den Hafen der Ehe gefunden. Der Bräutigam ist der Sohn der Königin aus einem außerehelichen Verhältnis mit einem italienischen Adligen; der König hat ihn dennoch als eigenes Kind anerkannt. Laurent wird wegen seiner Vorliebe für schnelle Autos und seines riskanten Fahrstils „Prinz Vollgas" genannt, ist aber dennoch als engagierter Tierschützer sehr beliebt. Am 12. April 2003 gibt er der zehn Jahre jüngeren Claire Coombs, einer blonden Landvermesserin aus englisch-belgischer Familie, das Ja-Wort. Zweimal: Die standesamtliche Trauung nimmt der Bürgermeister der Haupstadt vor, der die Trauformel noch nicht zu Ende gesprochen hat, als ihm der eilige Prinz schon mit seinem „Ja, ich will" ins Wort fällt. In der Kathedrale St. Michael und St. Gudula geht es dann würdiger zu. 1500 handverlesene Gäste nehmen am Traugottesdienst teil, 5000 verfolgen vor der Kirche das Geschehen auf Großleinwänden, und aus aller Welt sind Fernsehstationen zugeschaltet.

König Albert II., hier mit Königin Paola, übernahm das Amt des Königs nach dem überraschenden Tod seines Bruders Baudoin am 9. August 1993.

Die Trauung nimmt Kardinal Danneels vor, die Predigt aber hält der Armenpriester Guy Gilbert. Der auch als „Motorradpriester" bekannte Geistliche ist mit dem Prinzen befreundet und auf dessen ausdrücklichen Wunsch auf die Kanzel gebeten worden. Eine gute Wahl, wie sich zeigt, denn Gilbert versteht es, die Zuhörer zu packen und

Prinz Laurent von Belgien und Prinzessin Claire posieren am 12. April 2003 in Brüssel mit Claires Eltern Nicole Mertens und Nicholas Coombs sowie König Albert II. und Königin Paola für das offizielle Hochzeitsfoto.

auch das Brautpaar zu Tränen zu rühren, als er die Macht der Liebe beschwört: „Ihr könnt alle Titel und alles Geld der Welt haben, wenn ihr keine Liebe habt, seid ihr nichts!" Im Moment ist bei den Hauptpersonen daran ganz offenbar kein Mangel. Sie sehen einander beim Ringtausch tief in die Augen und schreiten dann mit leuchtendem Blick den Mittelgang entlang. Die Braut in reich verziertem weißen Kleid und einem meterlangen Schleier aus Brüsseler Spitzen, der Bräutigam in Marineuniform mit lila Schärpe.

Im Schatten der Vorgängerin

Die letzten zwei Jahrzehnte seit dem Tod ihres Mannes, Ex-König Leopold III., hat Liliane Prinzessin von Réthy ganz zurückgezogen gelebt. Und selbst die Nachricht von ihrem Tod am 7. Juni 2002 erregt wenig Aufsehen. Dass die Belgier ihr gegenüber immer reserviert gewesen sind, liegt an dem

Prinzessin Liliane war die zweite Frau des früheren belgischen Königs Leopold III. Sie starb am 7. Juni 2002 im Alter von 84 Jahren.

Pech, dass sie zur falschen Zeit den Platz einer tief betrauerten Frau einnahm. Als König Leopold III. 1941 um ihre Hand anhielt, war seine erste Frau, die schwedische Prinzessin Astrid, noch unvergessen. Außerdem war Krieg, und der deutsche Feind stand im Land, dessen Kapitulation der König im Jahr zuvor angeordnet hatte. Gewiss, es wäre ihm letztlich sowieso nichts anderes übrig geblieben, doch irgendjemand muss an einem derartigen Unglück ja schuld sein, weswegen der Herrscher schon bald verdächtigt wurde, er hege hochverräterische Sympathien für das Großdeutsche Reich Hitlers.

Und dann noch die heimliche Heirat mit der jungen Mary Liliane Baels, der Tochter des Gouverneurs von Westflandern. Das Land litt, und der König dachte nur an sein eigenes Glück. Zum Trost für ihn und für die zur Gräfin von Réthy erhobenen Liliane war es privat wirklich das große Glück, politisch aber brachte der Schritt zum Traualtar nur Ungemach. Obwohl die Deutschen die königliche Familie wie Gefangene behandelten und schließlich sogar deportierten, wollten die Belgier nach dem Krieg nichts mehr von Leopold wissen. Er musste zugunsten Baudouins, seines ältesten Sohnes aus erster Ehe, abdanken. Liliane, von Leopolds Kindern aus der Verbindung mit Astrid zwar akzeptiert, lebte fortan jedoch mit dem Selbstvorwurf, sie habe den

Der Thronfolger Philippe und seine Frau Mathilde mit ihrer Tochter Prinzessin Elisabeth nach der Ankunft im Schloss Laeken, 2001.

König um die Krone gebracht. Wäre sie doch beim ursprünglichen „Nein!" geblieben! Doch die künftige Schwiegermutter Elisabeth hatte so für ihren Sohn Leopold gebetet, dass Liliane schwach geworden war. Jetzt ist sie vom Grübeln darüber erlöst worden.

Mögliche Thronfolgerin des Thronfolgers

Die belgische Prinzessin Mathilde hat am 26. Oktober 2001 um 21 Uhr 58 ihr erstes Kind zur Welt gebracht. Wie der Hof in Brüssel mitteilt, soll das Mädchen auf den Namen Elisabeth Thérèse Marie

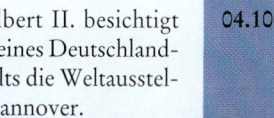

Jahreschronik	2001
Das Buch „Akte Pädophilie" des französischen Journalisten Nicolas verdächtigt König Albert der Teilnahme an Sex-Partys, bei denen in den 1980-er Jahren auch Kinder zugegen gewesen seien.	Herbst
Geburt des ersten Kindes von Kronprinz Philippe und seiner Frau Mathilde: Elisabeth Prinzessin von Belgien.	26.10.
Mathilde, Ehefrau von Prinz Philippe, erleidet eine Fehlgeburt.	Feb.
Der Euro löst den Belgischen Franc ab; die neuen Münzen zeigen das Porträt des Königs.	01.01.
	2000
König Albert II. besichtigt während eines Deutschland-Aufenthalts die Weltausstellung in Hannover.	04.10.

1999 April	Wegen schwerer Herzprobleme muss sich der König in ein Hospital begeben, wo ihm mehrere Bypässe gelegt werden.
04.12.	Hochzeit von Kronprinz Philippe mit Mathilde d'Udekem d'Acoz.
1998 11.05.	Während einer Italienreise wird Ex-Königin Fabiola von Papst Johannes Paul II. in Privataudienz empfangen.
31.01.	Teilnahme des Königspaars an den Feierlichkeiten zum 60. Geburtstag der niederländischen Königin Beatrix.
1996 18.08.	Marc Dutroux gesteht den Sexualmord an mehreren Mädchen; König Albert II. fordert rückhaltlose Aufklärung des Falls.
1993 09.08.	Vereidigung von Albert II., Bruder Baudouins I., als König von Belgien.

Hélène getauft werden. „Ich bin stolz auf unser Kind", sagt Kronprinz Philippe, der bei der Geburt dabei war. Das Baby musste nach Rundfunkangaben per Kaiserschnitt geholt werden, da es sich in der Steißlage befand. Die kleine Prinzessin steht nach dem Vater in Belgien

Das strahlende Brautpaar, Prinzessin Mathilde und Kronprinz Philippe, nach der kirchlichen Trauung in der Brüsseler Kathedrale St. Michael und St. Gudula am 4. Dezember 1999.

auf Rang zwei der Thronfolge. Sie könnte damit die erste Königin seit der Unabhängigkeit des Landes 1831 werden. Erst kürzlich wurde ein Gesetz verabschiedet, das weiblichen und männlichen Nachkommen in der Königsfamilie die gleichen Rechte einräumt. Zur Feier der Geburt von Elisabeth im Brüsseler Erasmus-Krankenhaus werden vor dem Königspalast in Brüssel 101 Salutschüsse abgegeben. Der belgische Ministerpräsident Guy Verhofstadt gratuliert den Eltern und dem ganzen Königshaus im Namen der Regierung. Aus allen Teilen des Landes gehen Glückwunschtelegramme beim königlichen Palast ein. Geschworene Royalisten veranstalten private Jubelfeiern. Die Bürger können sich am Wochenende in ein Gratulationsbuch eintragen.

Strahlender Lichtblick

Er hat sich Zeit gelassen: Kronprinz Philippe, schon mehrfach im Verlobungsgerede beispielsweise mit Prinzessin Alexia von Griechenland Anfang der 1990-er Jahre, bekennt sich erst als Enddreißiger zu einer Lebenspartnerin. Am 10. September 1999 gibt der Hof die Verlobung des Thronfolgers mit der dreizehn Jahre jüngeren Mathilde d'Udekem d'Acoz bekannt, mit der Philippe seit 1996 befreundet ist. Dann aber pressiert es auf einmal, nein, nicht wegen einer Schwangerschaft, sondern wohl in der Erkenntnis, dass ein Zeichen gesetzt werden muss für den Fortbestand der Dynastie in direkter Linie. Nach Vorstellungsreisen des Paares durch die belgischen Provinzen wird die Hochzeit schon auf den 4. Dezember angesetzt und eingeladen, was an Europas Höfen Rang und Namen hat. Auch bürgerliche Staatsoberhäupter dürfen sich im monarchischen Glanz sonnen.

Und die Schönheit der Braut bewundern. Die dunkelblonde Logopädin, Tochter des Agrarwissenschaftlers und Politikers Patrick d'Udekem d'Acoz und der aus Polen stammenden Anne Gräfin Komorowski, sieht in ihrem weißen Brautkleid und dem ebenso weißen Riesenschleier betörend aus. Philippe in seiner dunkelblauen Uniform wirkt dagegen trotz breiter Schärpe und Goldtressen fast unscheinbar. Die werdende Kronprinzessin stammt aus einem alten brabantischen Adelsgeschlecht und bewegt sich sicher auf dem glatten Hofparkett. Förmlich hingerissen sind die Gäste in der Kathedrale St. Michael und St. Gudula, die Men-

Das belgische Königshaus

schen vor der Kirche und die Zuschauer an den Fernsehschirmen von Mathildes Auftritt. Ihr strahlendes Lächeln hat nichts Gekünsteltes und gewinnt ihr die Herzen aller. Im krisengeschüttelten Land ist das Brüsseler Fest ein wichtiger Lichtblick.

Belgien steht unter Schock; die Menschen gehen zu Zigtausenden auf die Straße und protestieren mit weißen Mützen und weißen Luftballons gegen die Milde der Justiz und die Untätigkeit der Polizei, unter deren Augen solche Ungeheuerlichkeiten möglich gewesen sind. Ja, die Wut richtet sich auch gegen die Politik, die sich in kleinlichen Fehden verzettelt und die vielleicht in ihren Reihen sogar Leute hat, die solche Monster wie Dutroux noch decken.

Natürlich ist der Hof genauso alarmiert wie die Öffentlichkeit. Der König beschließt daher, das Wort zu ergreifen. In solcher Not ist das Staatsoberhaupt gefordert. In einem Kommuniqué fordert Albert II. die rückhaltlose Aufklärung der Untaten und des dahinter stehenden Netzwerks. Er spricht seinen Landsleuten aus der Seele, zieht sich aber die harsche Kritik von Politikern zu. Der Monarch, so ihre Vorhalte, sei gemäß Verfassung zu strikter Neutralität verpflichtet und dürfe seine Autorität nicht zum Druck auf andere Verfassungsorgane wie die Justiz ausnutzen. Das ist formal richtig, ausgerechnet aber jetzt darauf zu pochen, zeugt von wenig Gespür. Das Vertrauen in die Politiker sackt weiter ab.

König Baudouin I. stirbt in seinem Urlaubsort Motril bei Granada an Herzversagen.	31.07.
	1992
König Baudouin I. muss sich zu einer Operation am Herzen in ein Krankenhaus begeben.	18.03.
	1985
Nach Krawallen im Brüsseler Heysel-Stadion bietet Ministerpräsident Martens seinen Rücktritt an.	29.05.
	1983
Der 1951 zurückgetretene König Leopold III. stirbt in der belgischen Hauptstadt.	25.09.

Großes Familienaufgebot bei der Bekanntgabe der Verlobung von Kronprinz Philippe mit Mathilde D'Udekem d'Acoz im September 1999.

Unvorstellbare Untaten

Sie haben Kinder und Jugendliche entführt, sie als Sexsklaven verkauft oder selbst missbraucht: der wegen Vergewaltigung vorbestrafte Marc Dutroux und eine ganze Bande von Komplizen. Wieviele ihnen zum Opfer gefallen sind, wird erst in langen Untersuchungen zu klären sein. Fest steht, dass einige auch zu Tode gekommen sind. Dutroux führt die Polizei am 18. August 1996 selbst zu einem Verlies in seinem Haus in Sars-la-Buissière, wo die Leichen von zwei verhungerten kleinen Mädchen entdeckt werden.

Gemeinsam mit seiner Frau Paola, die beim Volk vor allem wegen ihrer Natürlichkeit beliebt ist, bewältigt König Albert II. die großen Probleme des kleinen Landes.

135

Jahreschronik

1973
20.01. In Uccle bei Brüssel kommt Mathilde d'Udekem d'Acoz, spätere Prinzessin von Belgien, zur Welt.

1963
19.10. Prinzessin Paola, Ehefrau von Prinz Albert, dem Bruder König Baudouins, bringt den Sohn Laurent zur Welt; er stammt aus einer außerehelichen Beziehung mit dem italienischen Unternehmer Aldo Vastapane.

1962
05.06. Auf Schloss Belvédère kommt Prinzessin Astrid zur Welt, Tochter von Prinz Albert und seiner Ehefrau Paola.

1960
15.12. Drei Monate nach der offiziellen Verlobung heiratet König Baudouin I. Doña Fabiola Mora y Aragón.

30.06. König Baudouin nimmt an den Feierlichkeiten zur Unabhängigkeit der ehemaligen belgischen Kolonie Kongo teil.

Die Krone für den Bruder

Das hat kaum jemand erwartet: Nur 22 Stunden nach dem plötzlichen Herztod von König Baudouin am 31. Juli 1993 gibt Ministerpräsident Jean-Luc Dehaene über den Rundfunk bekannt, dass Albert, der 59-jährige Bruder des Verstorbenen, als der zweite seines Namens der Nachfolger wird. Bisher haben die Belgier

Die Witwe Königin Fabiola im weißen Kleid folgt dem Sarg, der von Soldaten getragen wird. König Baudouin I. war am 31. Juli 1993 ganz plötzlich an Herzversagen gestorben.

den Prinzen eigentlich nur als Lebemann und Genießer, Partylöwe und Frauenschwarm gekannt. Der soll die Krone des stillen und ernsten Bruders tragen? Außerdem wird damit ja seine Frau Paola Königin, und auch das will vielen nicht so recht in den Kopf. Die Süditalienerin hat ein entsprechendes Temperament und einen Hang zu Flirts und mehr. Zwei so amüsierfreudige Menschen an der Staatsspitze scheint zumindest ein Wagnis.

Und bisher ist auch immer anderes signalisiert worden. Alle haben damit gerechnet, dass dieser Bruder in der Thronfolge übersprungen wird und dass somit gleich sein Sohn, Prinz Philippe, zum Zuge kommt. König Baudouin und seine Frau Fabiola, die selbst keine Kinder bekommen konnten, haben den nun schon 33-jährigen Neffen immer fast wie einen eigenen Sohn gehalten, und Baudouin hat auf eine sorgfältige Ausbildung des Prinzen geachtet. Vor allem die militärische Schulung als Pilot und Fallschirmspringer war dazu gedacht, dem künftigen König Stehvermögen und Disziplin zu vermitteln. Jetzt muss er hinter dem Vater zurückstehen, der wohlweislich jede Verzichtserklärung abgelehnt hat. Die Regierung hat das zu respektieren und Philippe natürlich ebenfalls.

Tod an der Trennmauer

Fußball-Belgien ist in Hochstimmung. In seiner Hauptstadt findet 1985 das Europapokal-Finale der Landesmeister statt: Die hochkarätigen Teams von Juventus Turin und FC Liverpool versprechen beste sportliche Unterhaltung. Doch ehe das Spiel angepfiffen wird, kommt es am 29. Mai zur Katastrophe. Schwarzhändler haben offenbar für Belgier gedachte Karten an Hooligans aus Liverpool verkauft, die sich nun neben einem Block von Juventus-Fans wiederfinden, nur durch einen Zaun aus Maschendraht getrennt. Die angetrunkenen jungen Briten durchbrechen mit Stanken, Messern und abgebrochenen Flaschen den Zaun, die Angegriffenen versuchen zu fliehen, geraten aber in einen Winkel zwischen der Tribüne und einer Trennmauer. Unter dem Druck der Nachdrängenden stürzt die Mauer ein und erschlägt zwanzig Menschen, weitere achtzehn ersticken oder werden tot getrampelt. Die Polizei, mit 1000

Das belgische Königshaus

Mann bei rund 60 000 Zuschauern hoffnungslos überfordert, bekommt die Situation erst nach Heranbringen von massiver Verstärkung unter Kontrolle. Jetzt wird nach Schuldigen gesucht, doch der ins Visier geratene Innenminister weigert sich, die Verantwortung für die grauenvolle Sicherheitspanne zu übernehmen. Die Regierungskoalition gerät in die Krise. Ministerpräsident Wilfried Martens, seit vier Jahren im Amt reicht sein Rücktrittsgesuch ein. König Baudouin lehnt dieses jedoch ab und ordnet statt dessen Neuwahlen an, die für den 13. Oktober angesetzt werden.

Bündnis zweier Schüchterner

Prinzen und Prinzessinnen haben es schwer, einen Partner fürs Leben zu finden. Noch schwerer haben es gekrönte Häupter, denn sie wissen noch weniger, ob sie oder eben ihre Krone bei Liebesschwüren und Ja-Worten gemeint sind. Da Baudouin I. schon als 21-Jähriger den Thron übernommen hat, ist der ohnedies etwas schüchterne und sehr zurückhaltende Monarch fast so etwas wie ein hoffnungsloser Fall. So genau die journalistischen Spürhunde auch forschen, da ist jahrelang wirklich nichts in Sachen Freundin oder gar Verlobte. Als dann aber doch etwas ist, haut es selbst die Findigsten beinahe um: Über den Rundfunk erfahren sie am 16. September 1960 aus dem Mund von Ministerpräsident Eyskens, dass sich der König mit einer spanischen Adligen namens Doña Fabiola Mora y Aragón verlobt hat. Niemand hat je vorher von ihr gehört.

Die schlanke, zur aller Freude bildschöne 32 Jahre junge Frau mit den braunen Haaren und mindestens ebenso braunen Augen hat bisher ein zurückgezogenes Leben in Madrid geführt. Sie ist gelernte Krankenschwester und hat allenfalls durch ihr soziales Engagement für Alte und Kranke in den armen Vierteln der Hauptstadt von sich reden gemacht. Wo Baudouin sie kennen und lieben gelernt hat, wird nicht näher mitgeteilt, weswegen die Gerüchtemaschine in Gang kommt, bedient auch vom schrillen Bruder der Braut, Don Jaime: Der Partylöwe aus Marbella lässt durchblicken, man habe ein wenig nachgeholfen und auf einer

König Baudouin und Königin Fabiola, hier bei einem Deutschlandbesuch 1971, verband eine tiefe Liebe. Ihr Wunsch nach Kindern erfüllte sich jedoch nicht.

Nach der überraschenden Verlobung König Baudouins I. mit Doña Fabiola Fernanda de Mora y Aragon wird das Paar am 15. Dezember 1960 in der Kathedrale St. Michael und St. Gudula getraut.

Philippe, erstes Kind von Prinz Albert und seiner Frau Paola, kommt auf Schloss Belvédère zur Welt.	15.04.
1959	
Prinz Albert (25) heiratet die Süditalienerin Donna Paola Ruffo di Calabria (22).	02.07.
Als erster Monarch in der 130-jährigen Geschichte der belgischen Monarchie hält König Baudouin I. eine offizielle Pressekonferenz ab.	02.06.
1958	
König Baudouin I. eröffnet in Brüssel die erste Weltausstellung nach dem Krieg.	17.04.
1951	
Endgültige Abdankung von König Leopold II. zugunsten seines ältesten Sohnes Baudouin (21).	16.07.
1945	
Einheiten der 8. US-Division befreien die von den Deutschen nach Strobl am Wolfgangsee verschleppte königliche Familie.	07.05.

Jahreschronik

1941
11.09. Heimliche Hochzeit von Leopold III. und Mary Liliane Baels, die zu Liliane Prinzessin von Réthy erhoben wird.

1940
28.05. König Leopold III. verkündet die Kapitulation der belgischen Streitkräfte vor der deutschen Wehrmacht.

Nach seiner Abdankung am 16. Juli 1951 zeigt sich Leopold III. mit seinem ältesten Sohn Baudouin auf dem Balkon des Schlosses und stellt ihn als seinen Nachfolger vor.

1935
29.08. Prinzessin Astrid, Ehefrau von König Leopold III., und Mutter der Prinzen Baudouin und Albert, kommt bei einem Autounfall ums Leben.

1934
06.06. Auf Schloss Stuyvenberg erblickt Albert, zweiter Sohn von Leopold III. und seiner Frau Astrid, das Licht der Welt.

28.02. Nach dem Tod des Vaters Albert I. besteigt Leopold III. den belgischen Thron; sein Sohn Baudouin erhält als nunmehriger Thronfolger den Titel Herzog von Brabant.

Feier den beiden Schüchternen mit Alkohol die Hemmungen zu nehmen versucht. Das sei dahingehend gelungen, dass Baudouin und Fabiola vor den rüden Witzeleien der Jaime-Freunde bald gemeinsam Reißaus genommen hätten. Was danach geschehen sei? Nun, das sehe man ja.

Nicht sehen hingegen kann Jaime am 15. Dezember nur drei Monate nach der Verlobung die strahlende Braut, denn sie hat ihn nicht zur Hochzeit eingeladen. Ob sie ihm die seltsame Geschichte übelnimmt oder nur zu gut weiß, zu welchen Entgleisungen er fähig ist – gleichviel, er fehlt. Gekommen sind hingegen viele gekrönte und bürgerliche Staatschefs sowie Adlige jeden Ranges aus ganz Europa. Sie erleben eine zu Herzen gehende Zeremonie in der Kathedrale St. Michael und St. Gudula und sie erleben eine Braut, die sich etwas traut, nämlich eine winzige Ansprache nach dem Gottesdienst zu halten. An ihre neuen Landsleute gewandt verkündet sie: „Vielen Dank für die Wärme und Zuneigung, vielen Dank für den unvergesslichen Empfang. Mein Herz und mein Leben sind nicht nur mit meinem Mann verbunden, sondern mit Ihnen allen!"

Für eine bessere Welt

Über zwanzig Jahre zurück liegt die letzte Weltausstellung, die 1937 in Paris ihre Tore geöffnet hatte. Und fast ein halbes Jahrhundert ist es her, dass Brüssel selbst zum letzten Mal die große Schau der Nationen beherbergt hat. Nach 1910 kann jetzt wieder ein belgischer König eine „Expo" eröffnen. Baudouin I. gibt am 17. April 1958 das Gelände mit den Bauten von 51 Nationen und internationalen Organisationen frei. Die Ausstellung steht unter dem Motto „Bilanz der Welt für eine bessere Welt", wobei vor allem Raumfahrt und Nukleartechnik die Akzente setzen. Von letzterer zeugt auch das Wahrzeichen der Ausstellung, das 110 Meter hohe silbern glänzende Modell eines Atoms im Maßstab 150 Milliarden zu 1, wie es die Physik entwickelt hat. Futuristisch auch die diversen Pavillons vor allem der Großmächte, von denen die Sowjetunion ganz auf die Stärke ihrer Raumfahrt setzt. Das Modell ihres Sputniks, des ersten künstlichen Erdsatelliten, ist ein Hauptanziehungs-

König Leopold III. und seine zweite Frau Prinzessin Liliane mit den Kindern aus Leopolds erster Ehe, Josephine Charlotte, Albert und Baudouin, und dem gemeinsamen Sohn Prinz Alexandre, 1945.

„Der Tod hat keine Macht mehr über ihn"
(Röm. 6,9)

Zum Nachdenken:

Unser Bild zeigt den Auferstandenen am Kreuz! Karfreitag und Ostern lassen sich nicht trennen — es gibt keine Auferstehung ohne den Tod und keinen Tod ohne die Auferstehung. Auch für uns! „Auch uns, die wir tot waren, machte Gott zusammen mit Christus lebendig und hat uns mit ihm auferweckt und mit eingesetzt im Himmel" (Eph. 2,4—6). „So suchet, was droben ist!" (Kol. 3,1)

Gott, Du hast durch Deinen Eingeborenen den Tod besiegt und uns das Ewige Leben aufgetan. Komme Du allem, was wir wünschen, mit Deiner Eingebung zuvor und begleite unser Flehen mit Deiner Hilfe. So bitten wir durch Jesus Christus, unseren Herrn. Amen. (Kirchengebet von Ostern)

OSTERKOMMUNION 1974
in der Pfarrkirche St. Wendelinus
zu Hainstadt

Der Auferstandene, Betonglasfenster
Prof. Max Spielmann, Auferstehungskirche Marktsteft
Schwabenverlag Ellwangen (Jagst)

Das belgische Königshaus

punkt. Die Amerikaner haben da erst gar nicht zu konkurrieren versucht, sondern vor allem auf reizvolle und hochwertige Konsumgüter abgestellt. Alle Signale stehen jedenfalls auf Aufbruch in eine hochtechnisierte Zukunft, in der es nach den Visionen der Atomtechniker Energie im Überfluss geben wird, denn unerschöpflich scheint das nukleare Potenzial. Die Soziologen werden ihre Thesen immer wieder revidieren müssen, einen rasanten Fortschritt prägen Ingenieure und Wissenschaftler.

Monar... gegen den ...

... vorbei, jetzt ... Das hofft ... königliche Fa... ameri-...nischen Befreier sie den deutschen Bewachern entrissen haben. Doch aus der Heimat kommen beunruhigende Signale. Kritik an der Haltung des Königs während des Krieges, als er in Schloss Laeken interniert war, wird laut. Interniert? Luxus-Gefangenschaft wohl eher, heißt es beispielsweise, und es schließt sich gleich die Frage an, was er denn für diesen Komfort den Besatzern geboten habe. Leiden wie sein Volk, dessen Los er zu teilen versprochen hatte, musste er offenbar nicht. Ja, er hat sich sogar neu verheiratet, heimlich. Bekannt gegeben worden ist das erst, als das Gerücht durchgesickert war. Offenbar doch schlechtes Gewissen.

Leopold jedenfalls kann nicht so ohne weiteres heim und richtet sich zunächst im Schweizer Exil ein, während sein jüngster Bruder Charles zum provisorischen Staatsoberhaupt ernannt wird. Das Volk aber hält auch vom Bruder wenig, weil er viel zu versponnen ist. Doch ehe er das Ansehen des Königtums endgültig ruiniert hat, wird eine Volksabstimmung über die Staatsform anberaumt. Das Ergebnis ist nicht überwältigend, fällt aber mit fast 58 Prozent deutlich für die Monarchie aus. Geht es jetzt nach Hause? Nur vorübergehend. Nach Leopolds Ankunft in Brüssel kommt es zu Protesten und anhaltenden Querelen. Die Politiker beauftragen daraufhin am 11. August 1950 Leopolds Sohn Baudouin mit der Regentschaft. Ruhe aber tritt immer noch nicht ein. Erst als Leopold endlich am 16. Juli 1951 das Handtuch wirft und den Sohn als Nachfolger akzeptiert, glätten sich die Wogen.

Finsterer Verdacht

„Auf Befehl ihres Königs", tönt am 28. Mai 1940 die Klage des französischen Ministerpräsidenten Reynaud über den Rundfunk, „hat die belgische Armee bedingungslos kapituliert! Mitten in der Schlacht, und ohne seine englischen und französischen Waffenkameraden eine Warnung zukommen zu lassen, hat der belgische König den deutschen Divisionen den Weg nach Dünkirchen geöffnet." So sehr man die Verzweiflung Reynauds verstehen kann, so haltlos ist sein Vorwurf. Leopold III. bleibt gar keine andere Wahl, als aufzugeben, will er nicht noch Zigtausende seiner Landsleute opfern. Aufhalten

Die Prinzen Baudouin und Albert in einer undatierten Aufnahme.

Jahreschronik	1930
Kronprinzessin Astrid wird von ihrem ersten Sohn Baudouin entbunden.	07.09.
	1927
Das Kronprinzenpaar Leopold und Astrid bekommt sein erstes Kind: Prinzessin Joséphine Charlotte.	11.10.
	1926
Kronprinz Leopold heiratet Prinzessin Astrid von Schweden, dritte Tochter von Herzog Karl von Westgotland.	04.11.

Herr, mach mich zu einem Werkzeug deines Friedens:
daß ich liebe, wo man sich haßt,
verzeihe, wo man sich beleidigt,
verbinde, wo Streit ist,
die Wahrheit sage, wo der Irrtum herrscht,
den Glauben bringe, wo der Zweifel drückt,
die Hoffnung wecke, wo Verzweiflung quält,
dein Licht anzünde, wo die Finsternis regiert,
Freude schenke, wo der Kummer wohnt.
Herr, laß du mich trachten,
nicht daß ich getröstet werde,
sondern daß ich tröste,
nicht daß ich verstanden werde,
sondern daß ich verstehe,
nicht daß ich geliebt werde,
sondern daß ich liebe.
Denn, der da hingibt, der empfängt,
wer sich selbst vergißt, der findet,
wer verzeiht, dem wird verziehen,
und wer da stirbt, der erwacht zum ewigen Leben.

Franz von Assisi

OSTERKOMMUNION 1980
PFARREI ST. WENDELINUS, HAINBURG

Abendmahl, um 1536, Meister von Meßkirch, St. Gallen
Beuroner Kunstverlag, D-7792 Beuron. Nr. 1684

1918

22.11. König Albert I., der im nicht besetzten Teil seines Landes den Krieg bei seinen Truppen verbracht hat, kehrt unter dem Jubel der Bevölkerung nach Brüssel zurück.

1914

03.08. Deutsche Truppen dringen nach Belgien vor; der Bruch der Neutralität des Landes führt zu einem britischen Ultimatum und schließlich zur Kriegserklärung an Deutschland.

können sie die deutschen Panzer ebenso wenig wie das Briten und Franzosen gelungen ist. Doch die Wahrheit zählt in diesen Tagen wenig. Und wenn sich dann noch andere Indizien einstellen, dann ist schnell das Gerücht herum, der König sei ein Kollaborateur der Deutschen.

Leopold nämlich verlässt anders als manche Kollegen nicht sein Land, sondern geht in die Internierung in seinem Schloss Laeken. Er folgt damit dem Beipiel von Dänenkönig Christian X., doch wenn zwei dasselbe tun, ist das noch nicht dasselbe. Christian nimmt man seinen Protest gegen das deutsche Vorgehen ab, Leopold gerät in Verdacht der Kumpanei, weil er es sich offenbar gutgehen lässt in der Ehrengefangenschaft und weil ihm die Menschen nicht verzeihen, dass er am Tod der geliebten Königin Astrid vor fünf Jahren nicht ganz unschuldig gewesen ist. Jetzt vergnügt er sich sogar mit einer neuen Herzdame. Seine Worte bei der Verkündigung der Kapitulation erscheinen in diesem Licht als Phrase: „Ich werde Sie in diesem Unglück, das über uns gekommen ist, nicht verlassen, sondern ich habe die Absicht, über Ihr Schicksal und das Ihrer Familien weiterhin zu wachen."

Jähes Ende einer Urlaubsreise

Natürlich könnte er auch einen Chauffeur nehmen, doch der 35-jährige König Leopold III., seit gut einem Jahr auf dem Thron, fährt viel zu gern selbst. Und so sitzt er auch am 29. August 1935 am Steuer seines offenen Sportwagens bei der Fahrt in den Schweizer Urlaub. Neben ihm studiert seine Frau Astrid die Karte

Kronprinz Leopold und seine Gemahlin Astrid, geborene Prinzessin von Schweden, im Jahr ihrer Vermählung 1926. Astrid kam 1935 bei einem Verkehrsunfall ums Leben.

oder schaut hinaus in die malerische Landschaft. Der König fährt schnell, sehr schnell, zu schnell. Jedenfalls für die gewundene Strecke gleich hinter Küssnacht am Vierwaldstätter See. Bei voller Aufmerksamkeit ware vielleicht nichts passiert, doch Leopold lässt sich ablenken, vielleicht weil seine Beifahrerin auf etwas hinweist. Der Wagen rutscht in einer Kurve von der Straße, schleudert gegen einen Baum, überschlägt sich und stürzt eine Böschung hinab.

Während Königin Astrid aus dem Fahrzeug geschleudert wird und noch an der Unfallstelle stirbt, kommt Leopold mit Rippenbrüchen und Schnittwunden davon. Ein ganzes Land trauert mit ihm und den drei Kindern des Paares. Doch bald werden unbequeme Fragen gestellt, und als Details aus dem Schweizer Polizeibericht durchsickern und ein Mitverschulden des Königs feststellen, wird aus Trauer Wut über den Leichtsinn des gekrönten Fahrers.

Statt nun aber auf seine Landsleute zuzugehen und Reue zu zeigen, zieht sich Leopold weitgehend aus der Öffentlichkeit zurück. Sein Schweigen lässt aus dem Vorwurf der Mitschuld einen der Alleinschuld wachsen und bringt den König um den Rückhalt im Volk. Verhängnisvoll in den schweren Zeiten, die dem Land bevorstehen.

Das belgische Königshaus

„Ich bin eine Belgierin"

Von ausgedehnten Verlobungszeiten hat man in Brüssel noch nie viel gehalten. Als Kronprinz Leopold im Sommer 1926 die schöne schlanke Schwedenprinzessin Astrid, Tochter des Herzogs von Westgotland, kennen lernt, zögert er nicht lange, macht seinen Antrag und kann am 22. September der Öffentlichkeit mitteilen, dass am 4. November Hochzeit ist. Die findet natürlich traditionsgemäß in Stockholm statt und zwar in Anwesenheit von vier Königen, zwei Königinnen und fünfzehn Prinzen und Prinzessinnen. Zum Erstaunen aller trennt sich das Paar danach und landet auf verschiedenen Schiffen in Antwerpen. Leopold ist voraus gefahren, um seine junge Frau in der Heimat höchstselbst in Empfang zu nehmen. Die Trennung scheint ihm allerdings sehr lang geworden zu sein, denn als Astrids Schiff anlegt, lässt der Kronprinz alle protokollarische Förmlichkeit fahren, stürmt auf die Brücke des schwedischen Kreuzers und schließt Astrid jubelnd in die Arme. Seine Mutter Elisabeth ist von so viel Überschwang zwar gar nicht erbaut, doch dem Volk gefällt die Geste über die Maßen – und die künftige Königin natürlich auch. Bei der wiederholten Trauungszeremonie am Tag darauf in der Brüsseler Kathedrale finden sich vor dem Gotteshaus Zuschauer in hellen Scharen ein. Astrid winkt ihnen mit ihrem Brautstrauß aus Lilien und weißen Orchideen. Nach der Geburt ihres ersten Kindes, der Tochter Joséphine Charlotte,

König Albert I., Neffe König Leopolds II., wurde von den Belgiern respektvoll „Soldatenkönig" genannt und steht für den Widerstand gegen die Deutschen im Ersten Weltkrieg.

nur ein knappes Jahr später verkündet sie: „Jetzt bin ich eine echte Belgierin." Mit zwei Söhnen, Baudouin 1930 und Albert 1934, sichern sie und Leopold die Dynastie.

Unverhofftes Erbe

Dass er einmal den Thron erben könnte, hat sich Albert, zweiter Sohn von Philippe Graf von Flandern, sicherlich nicht träumen lassen: Vor ihm in der Tronfolge rangiert zunächst der Sohn von König Leopold II., ebenfalls Leopold mit Namen. Doch der stirbt schon zehnjährig 1869. Dann wäre der Bruder des Königs, Alberts Vater Philippe dran, doch der kommt wegen eines Gehörleidens nicht in Frage. Dann eben dessen ältester Sohn Baudouin, doch auch der segnet schon 1891 mit 21 Jahren das Zeitliche. Bleibt nur noch Albert, der 1875 zur Welt gekommen ist und 1909 tatsächlich Leopold II. beerbt und dritter König des jungen Staates wird. Gut vorbereitet darauf ist er nicht, denn ihn interessieren eigentlich eher Bücher, Wissenschaft und Technik als Politik. Und er ist ein Familienmensch, seit 1900 verheiratet mit der Prinzessin Elisabeth aus dem Haus Wittelsbach. Mit ihr hat er zwei Söhne und eine Tochter, und nur insoweit, also aus dynastischen Gründen, und wegen seiner Beliebtheit beim Volk eignet sich der zurückhaltende Albert für das höchste Amt. Das drückt sich bei der Vereidigung am 23. Dezember so aus: Zwischenrufer aus der sozialistischen Fraktion nutzen die feierliche Gelegenheit, um lautstark das allgemeine Wahlrecht zu fordern. Albert I. schaut sich irritiert um. Sozialistenchef Vandefelde beeilt sich daher, ihm zu versichern: „Wir protestieren nicht gegen Sie, Sire, sondern gegen das Gaunerpack in der Regierung!"

König Leopold II. (regierte 1865–1909), gründete ein Kolonialreich im Kongo, das er als seinen privaten Besitz betrachtete und 1908 an den belgischen Staat verkaufte.

Jahreschronik

1909
23.12. Nach dem Tod des Onkels Leopold II. (17.12.) wird Albert I. als König vereidigt.

1905
17.11. Geburt von Prinzessin Astrid von Schweden, später Mutter der Könige Baudouin I. und Albert II.

1901
03.11 Dreizehn Monate nach der Hochzeit schenkt Elisabeth, Frau des Kronprinzen Albert, dem Sohn Leopold das Leben.

1900
02.10. Kronprinz Albert, Neffe von König Leopold II., heiratet Elisabeth, Tochter von Bayernherzog Karl Theodor.

Jahreschronik

1898
15.04. Anerkennung des Flämischen als offizieller Landessprache neben dem Französischen.

1891
23.01. Tod von Thronfolger Baudouin; es rückt sein jüngerer Bruder Albert nach.

1889
30.01. Erzherzog Rudolf von Österreich, Schwiegersohn König Leopolds II., begeht Selbstmord.

1886
19.11. König Leopold II. verkündet Richtlinien für die Sozialpolitik: begrenzte Arbeitszeit für Frauen und Kinder, Bau von Arbeiterwohnungen, Sozialversicherung u.a.

1885
26.02. Die Berliner Kongokonferenz bestätigt König Leopold II. als Souverän des „unabhängigen Staats Kongo".

1870
09.08. Neutralitätsvertrag mit den kriegführenden Mächten Preußen und Frankreich.

Königin Marie Henriette, die Gemahlin König Leopolds II., wurde als Erzherzogin von Österreich 1836 geboren.

Katastrophe am Kaiserhof

„Sisi" wird ihr Schicksal. 1879 macht sich die wunderschöne österreichische Kaiserin auf Brautschau für ihren Sohn Rudolf, den Kronprinzen des gewaltigen Habsburgerreiches. Natürlich kommt da nur Höchstadliges in Frage und natürlich auch nur eine Braut, die nicht die eigene Schönheit verdunkeln würde. „Sisi", wie Kaiserin Elisabeth mit dem kindlichen Spitznamen genannt wird, geht denn auch nach dem Prinzip der Kontrastfigur vor und wird am belgischen Hof fündig. Die dortige erst 15-jährige Tochter Stephanie von König Leopold II. verspricht gute dynastische Verbindungen, ist katholisch und wird dem Sohn den Kopf nicht allzu nachhaltig verdrehen. 1881 ist Hochzeit, und es scheint zunächst, als wolle das Glück sich im Kronprinzenhaus einstellen. Rudolf zügelt seinen außerhäuslichen Liebesappetit und freut sich mit seiner Frau 1883 über die Geburt einer Tochter.

Doch das bleibt Episode. Schon bald wendet sich der Kronprinz wieder Gespielinnen zu, so dass seine Ehe bald nur noch auf dem Papier existiert. Nichts Ungewöhnliches in den allerhöchsten Ehen, doch hier steigern sich Einsamkeit und Haltlosigkeit zur Katastrophe: Rudolf sieht bald nur noch im Freitod einen Ausweg aus Krankheit, Trunksucht und Liebschaften. Er findet eine ebenso todessüchtige Geliebte, die 17-jährige Baronin Mary Vetsera. Gemeinsam nehmen sie sich am 30. Januar 1889 das Leben. Mit 25 Jahren ist Stephanie Witwe. Da sie auch mit dem Vater bis hin zu gerichtlichen Auseinandersetzungen zerstritten ist, bleibt sie völlig isoliert am Wiener Hof. Erst zehn Jahre später erringt sie sich durch erneute Heirat ein Stück Glück.

„Flagge der Zivilisation"

Schon als Kronprinz hat Leopold II. Visionen, wie denn seinem kleinen Land zu mehr Bedeutung zu verhelfen sei. Am 17. Februar 1860 verkündet der erst 25-Jährige vor dem Senat: „Ich glaube, dass wir jetzt über unsere Grenzen hinaus expandieren müssen. Wir dürfen keine Zeit mehr verlieren, denn sonst werden die wenigen verbleibenden Möglichkeiten von Ländern ergriffen, die entschlossener sind als wir." Fünf Jahre später ist Leopold König und pocht darauf, dass er der erste im Lande geborene König ist. In seiner Thronrede sagt er selbstbewusst: „Ich

Unter dem Vorsitz des Reichskanzlers Bismarck wird am 26. Februar 1885 die Generalakte unterzeichnet, die den Kongostaat als persönlichen Besitz des Königs Leopold II. bestätigt.

glaube, dass die Zukunft Belgiens eng mit meiner Zukunft verflochten ist, einer Zukunft in einem freien, ehrbaren und mutigen Land, in die ich vertrauensvoll blicke und der ich schon immer mit freudigen Gefühlen entgegengesehen habe."

Zwar folgen die schweren Jahre der deutschen Einigungskriege. Doch der König versteht es, sein Land aus den Konflikten herauszuhalten, obwohl sie immer wieder auch belgische Interessen berühren. Die hat er unverwandt im Auge, vor allem was den schon früh geäußerten kolonialen Gedanken angeht. 1876 organisiert er in Brüssel eine Konferenz mit dem Vorsatz, „die Flagge der Zivilisation auf dem Boden Afrikas zu hissen". 1879 beauftragt Leopold den Forschungsreisenden Stanley mit der Erkundung des Kongobeckens, 1881 lässt er am Fluss gegenüber vom französischen Brazzaville die Stadt Leopoldville gründen und einen Kongofreistaat unter seiner Souveränität. Das ruft natürlich andere Kolonialmächte auf den Plan, allen voran die Engländer, die sich der Mündung des Stromes bemächtigen und so den Handel darauf kontrollieren. Leopold gelingt es, den Konflikt vor eine internationale Konferenz in Berlin zu bringen. Ein genialer Schachzug, denn die anderen Großmächte sehen natürlich im kleinen Belgien das geringere Übel bei der Inbesitznahme des Kongogebiets. In der Schlussakte der Konferenz garantieren auch Deutschland und Frankreich am 26. Februar 1885 Leopolds persönlichen Anspruch auf die Region. Bis 1908 bleibt das riesige Land praktisch sein Privatbesitz, dann erst tritt er es als Kolonie Belgisch-Kongo dem Staat ab.

Kaiser Maximilian von Mexiko (1864–67), österreichischer Erzherzog, wurde am 19. Juni 1867 in Mexiko erschossen.

Charlotte, Kaiserin von Mexiko, Tochter König Leopolds I., in einer Porträtaufnahme von 1861.

Schwer bestrafter Ehrgeiz

Sie war ein niedliches Kind, jedermanns Liebling und der Hätschel-Schützling der älteren Brüder. Vor allem Leopold, der nunmehrige bel-

Jahreschronik	1867
Maximilian, Kaiser von Mexiko, Schwager Leopolds II., wird in Querétaro erschossen; seine Frau, Leopolds Schwester Charlotte, versinkt in geistiger Umnachtung.	19.06.
	1865
Auf Schloss Laeken stirbt Leopold I.; als Nachfolger wird eine Woche später sein Sohn Leopold II. vereidigt.	10.12.
	1842
Leopold I. unterzeichnet ein Volksschulgesetz, das bei Fehlen von katholischen Schulen die Gründung von gemeindlichen Schulen anordnet.	23.09.
	1838
Endgültige Anerkennung der belgischen Unabhängigkeit durch die Niederlande.	14.04.

Blick in die Geschichte

1832	Jahreschronik
23.12.	Ein französisches Hilfskorps erobert für Belgien die Festung Antwerpen.
09.08.	Durch Eheschließung mit Marie-Louise von Orléans festigt Leopold die Bindungen an Frankreich.
1831	
04.06.	Wahl von Leopold von Sachsen-Coburg zum ersten König von Belgien; Vereidigung am 21. Juli.
07.02.	Der Nationalkongress verabschiedet eine liberale Verfassung.

gische König, hat ein enges Verhältnis zur Schwester, die er 1857 nun ungern nach Mailand hat gehen lassen, wohin sie ihrem Ehemann, dem österreichischen Erzherzog Maximilian, Bruder Kaiser Franz Josephs I., gefolgt ist. Als der französische Kaiser Napoleon III. dem Schwager die Krone Mexikon anträgt, äußert Leopold zwar Bedenken, doch mit den Franzosen im Rücken, so glaubt er, wird Maximilian sich schon durchsetzen. Er gestattet dem Schwager jedenfalls, ein Freiwilligenkorps in Belgien anzuwerben, das ihn nach Mexiko begleiten soll.

Dort ist die Situation keineswegs so „pazifiziert", wie es der französische Kaiser dem künftigen Kollegen ausgemalt hat. Maximilian muss sein Reich erst erobern, was alle Mittel frisst und schließlich gegen den gewählten Präsidenten Benito Juarez doch nicht gelingt.

Maximilian denkt an Abdankung, doch seine Frau Charlotte mahnt: „Abdanken heißt, sich selbst verurteilen, und das ist nur annehmbar bei Greisen und Blödsinnigen." Maximilian lässt sich umstimmen und akzeptiert, dass seine Frau nach Europa reist und um Hilfe wirbt. Zu spät. Maximilian gerät in die Hände der Anhänger des Juarez und wird am 19. Juni 1867 erschossen. Charlotte bricht völlig zusammen. Ihr Bruder holt die nun selbst „Blödsinnige" nach Belgien zurück, wo sie vereinsamt noch sechzig Jahre ihrem Wahn vom gewaltigen Kaiserreich nachhängt.

Glück auf längere Sicht

Im Nachhinein entpuppt sich der 9. August als ein Glückstag für Belgien und zunächst auch für den seit

Der erste belgische König Leopold I. im Kreise seiner Familie: Königin Marie-Louise, die Prinzen Leopold und Philippe sowie Prinzessin Charlotte, die spätere Kaiserin von Mexiko.

einem Jahr amtierenden König: Leopold I. heiratet Marie-Louise, älteste Tochter des französischen „Bürgerkönigs" Louis Philippe. Das geschieht in erster Linie aus politischen Erwägungen heraus, denn Frankreich ist die katholische Schutzmacht des noch ungefestigten Staates Belgien, der vom einstigen Seniorpartner, den protestantischen Niederlanden, noch längst nicht anerkannt ist.

Im Gegenteil: Immer wieder kommt es zu militärischen Auseinandersetzungen, die Brüssel ohne den französischen Beistand nicht überstehen würde. Noch im selben Jahr beschert die besondere Allianz Belgien den Rückgewinn des überaus wichtigen Hafens Antwerpen, den die Holländer als Faustpfand beetzt haben. Eine französische Streitmacht erobert die Festung an der Schelde.

Auch privat blüht eine schöne Beziehung zwischen dem verwitweten König und der schönen Frau aus dem Hause Orleans auf. Die frommkatholische Königin schenkt ihm in rascher Folge die Söhne Leopold und Philippe sowie die Tochter Charlotte und sichert das Königshaus auf lange Sicht. Leopold kann sich auf Marie-Louises Verbindungen zum französischen Herrscherhaus stützen und zugleich auf London, wo bald seine Kusine Victoria den Thron besteigen und seinen Vetter Albert heiraten wird. So dynastisch rundum gesichert, entwickelt sich Leopold allerdings wenig vorteilhaft, lähmt demokratische Tendenzen und regiert recht autoritär. Auch von seiner Frau entfremdet er sich schließlich, und erst bei ihrem Ende im Januar 1851 kommt ihm zu Bewusstsein, was er schon längst verloren hat: „Ihr Tod ist so heilig, wie es ihr Leben gewesen ist", klagt der zum zweiten Mal zum Witwer gewordene König.

Königin Marie-Louise wurde als Prinzessin von Orléans 1812 in Palermo geboren. Sie wurde die zweite Frau König Leopolds I.

Der Funke springt über

Das Opernhaus von Brüssel ist bis auf den letzten Platz gefüllt, denn es gibt an diesem 25. August 1830 das Erfolgsstück des französischen Komponisten Daniel François Auber „Die Stumme von Portici". Ergriffen verfolgen die Zuhörer das Geschehen auf der Bühne, wo das stumme Fischermädchen Fenella Opfer des Prinzen Alfonso wird, der sie inkognito verführt und sie dann, weil er Donna Elvira heiraten will, in den Kerker werfen lässt. Das Mädchen kommt frei, erkennt im Hochzeitszug ihren Liebhaber Alfonso als Bräutigam, kann sich im letzten Moment erneuter Verhaftung entziehen und zu ihrem Bruder Masaniello an den Strand von Portici flüchten und ihm in eindringlichen Gebärden das ihr angetane Unrecht schildern.

Masaniello und die Seinen sind empört, und sie beschließen, den schon geplanten Umsturz nun zu wagen. Das flammende Freiheitsduett von Masaniello und seinem Freund Pietro löst Zwischenrufe im Opernhaus aus. Das Publikum sieht in der geschändeten Fenella die Verkörperung des unter der Knute des des Despoten König Wilhelm I. der Niederlande leidenden Volkes. Schreie nach belgischer Unanbhängigkeit und nach Ende der protestantischen Willkür werden laut. Junge Männer stürmen aus dem Zuschauerraum auf die Straße, Passanten schließen sich ihnen an und man stürmt gemeinsam die Polizeidirektion und den Justizpalast. Brüssel brennt in offenem Aufruhr – Anfang vom Ende des Königreichs der Vereinigten Niederlande, denn Großmächte wie Frankreich und England machen sich das belgische Anliegen zueigen und setzen schließlich die Unabhängigkeit der Südprovinzen durch.

Auslöser der Unruhen in Brüssel 1830 gegen das niederländische Königtum Wilhelms I. ist eine Aufführung der Oper „Die Stumme von Portici".

Jahreschronik

1830

04.10. Mit der Einberufung eines Nationalkongresses wird die belgische Unabhängigkeit erklärt.

23.09. Ein Angriff von 10 000 holländischen Soldaten auf Brüssel scheitert am Widerstand der Freischärler.

25.08. Nach Aufführung der Revolutionsoper „Die Stumme von Portici" von François Auber spitzt sich die Lage in Brüssel zu.

1828

19.12. Wegen der Verurteilung eines belgischen Patrioten kommt es in Brüssel zu Ausschreitungen und Protesten gegen die niederländische Herrschaft.

1815

21.09. Vereidigung des niederländischen Königs Wilhelm I. auf dem Brüsseler Königsplatz.

1814

30.05. Auf dem 1. Pariser Frieden wird die Bildung eines Vereinigten Königreichs der Niederlande aus holländischen (portestantischen) und belgischen (katholischen) Provinzen beschlossen.

Dänemark

Das

Monarchen werden genau beobachtet. Das Volk erwartet von ihnen vorbildliches Verhalten. Natürlich auch die Dänen, und sie haben an ihrer Königin Margrethe II. (eine Zählung die eigentlich nicht stimmt, doch dazu später) im Grund auch nichts auszusetzen. Und doch, wenigstens die Nichtraucher unter ihnen ärgert immer wieder mal, dass Bilder der Hohen Frau mit Zigarette in die Presse gelangen. Was soll die Jugend dabei denken! Doch irgendwie ist es ähnlich wie in Deutschland mit dem einstigen Kanzler Helmut Schmidt: Wenn sonst alles stimmt, dann akzeptiert man auch ein kleines Laster.

Und da stimmt wirklich fast alles: Eine Bilderbuchfamilie unterstützt die Königin und unterhält das Publikum. Der Ehemann, ein einstiger französischer Graf, heute Prinz Henrik genannt, der sich aufmerksam um Frau und Kinder kümmert, Kinder allerdings, die längst erwachsen sind. Und auch das sorgt für Gesprächsstoff. Erst haben sich die Leute gefragt, warum der jüngere Sohn Joachim sich eine halbchinesische Frau aus dem fernen Hongkong suchen musste. Doch die Schönheit von Alexandra Manley versöhnte sofort. Und nun führt auch Kronprinz Frederik einen Fernimport in die Familie ein und später auch auf den Thron: Mary Donaldson, eine australische Juristin.

Schloss Amalienborg in Kopenhagen ist der offizielle Wohnsitz und Winterresidenz der dänischen Königsfamilie. In einem der Flügel, im Palast Frederiks VIII., werden wahrscheinlich Kronprinz Frederik und Mary Donaldson nach ihrer Hochzeit wohnen.

Haus Schleswig-Holstein-Sonderburg-Glücksburg

Das dänische Königshaus heute

Kronprinz Frederik küsst zärtlich die Hand seiner Freundin Mary Donaldson bei der Pressekonferenz auf Schloss Fredensborg anlässlich der Verlobung der beiden am 8. Oktober 2003.

Kronprinz Frederik und seine Verlobte Mary Donaldson bummeln im Januar 2004 verliebt durch Hobart in Australien. Das Paar kam nach Hobart, um an der Hochzeit von Marys Schwester Patricia teilzunehmen.

Zwei wesentliche Momente machen die Stabilität der dänischen Monarchie aus: Die Standhaftigkeit von König Christian X. während der Zeit der deutschen Besatzung (1940–45) im Zweiten Weltkrieg und eine Entscheidung des Parlaments von 1953. Mit dem damals verabschiedeten Gesetz ermöglichten die Volksvertreter die bis dahin ausgeschlossene weibliche Thronfolge. Die Regelung sollte sofort greifen und nicht wie etwa in Schweden und Norwegen erst in der folgenden Generation. Das war insofern von Bedeutung, als König Frederik IX. drei Töchter, aber keinen Sohn hatte, so dass der Bruder Knud oder dessen Söhne nachgefolgt wären. Zum einen gab es Bedenken gegen diesen Zweig der königlichen Familie, zum anderen trat etwas ein, was kaum jemand für möglich gehalten hätte: Frederiks Älteste (Jahrgang 1940), die als Margrethe II. 1972 seinen Thron geerbt hat, übertrifft den äußerst populären Vater inzwischen sogar im Sympathiewert.

Das dänische Königshaus

Das hat sie mit fröhlichem Auftreten, unkonventionellen Ideen, künstlerischer Begabung und vor allem dank ihrer Familie erreicht. Und die ist so zustande gekommen: 1964 lernte Margrethe im Londoner Diplomatenviertel Belgravia den französischen Gesandten Henri-Marie-Jean-André de Laborde de Monpezat kennen und lieben. Zum Letzteren allerdings bedurfte es keinen langen Lernens, denn es war wie im Gedicht: „Nur ein Hauch darf beben,/Blitzen nur ein Blick; Und die Engel weben/Fertig ein Geschick." Von Stund an waren beide unzertrennlich, und Margrethe bekannte später, dass sie nun nur noch Angst hatte, ihr Vater, König Frederik IX. (Jahrgang 1899), könne sterben, ehe sie verheiratet wäre: „Wer nimmt schon eine Königin? Eine Prinzessin ist doch schlimm genug." Das Schicksal meinte es gnädig mit ihr: Am 10. Juni 1967 war Hochzeit auf Schloss Fredensborg, und dem Paar blieben

Das Schloss Caix in Südfrankreich ist der Sommersitz der königlichen Familie. Prinz Henrik, der Ehemann von Königin Margrethe II., baut hier Wein an.

Nach der Taufe in der Dorfkirche von Møgeltønder am 4. Oktober 2002 präsentieren Prinzessin Alexandra und Ehemann Prinz Joachim strahlend ihren Zweitgeborenen, den Täufling Prinz Felix. Der große Bruder Prinz Nikolai schaut hingegen etwas kritisch.

Königin Margrethe II. mit Prinzgemahl Henrik und ihren Söhnen Kronprinz Frederik und Prinz Joachim auf ihrem Weingut Caix im Cahors, 2002.

noch fünf etwas ruhigere Jahre, ehe Margrethe die Nachfolge des Vaters antrat.

Aus dem französischen Adligen wurde Prinz Henrik von Dänemark und aus dem Ehe- bald auch ein Elternpaar: 1968 kam Kronprinz Frederik André Henrik Christian, ein gutes Jahr später Joachim Holger Waldemar Christian. Der Jüngere ist seit 1995 mit der erwähnten Alexandra verheiratet und hat die Königin schon zur Doppelgroßmutter gemacht: 1999 ist mit Nikolai die Nummer drei in der Thronfolge geboren worden, seit 2002 hat der Prinz den Bruder Felix. Die Familie lebt auf Schloss Schackenborg in Nordschleswig, wo Joachim sich erfolgreich als Landwirt betätigt, eine Neigung die er wohl vom Vater hat. Der kommt aus dem Weinort Cahors (Gironde), in dessen Nähe er mit seiner Frau 1974 das Schloss Caix erworben hat. Dort macht

Königin Margrethe II. bei ihrer Ankunft zur Trauung der norwegischen Prinzessin Märtha Louise mit dem bürgerlichen Schriftsteller Ari Behn am 25. Mai 2002 in Trondheim.

Das dänische Königshaus

das Königspaar Sommerurlaub, und dort wirkt der Prinz im Nebenberuf als Winzer. Die Produkte gehen teils an den Hof, teils in den Verkauf. Derartiges hat der lebenslustige Kronprinz Frederik nicht zu bieten, dafür neuerdings aber die Braut Mary, die er bei den Olympischen Spielen 2000 in Sydney kennen gelernt hat und die alle Dänen entzückt. Außerdem nimmt Frederik seiner Mutter schon seit längerem viele repräsentative Pflichten ab.

Semiramis des Nordens

Tausend Jahre vor der Geburt der heutigen Königin war Dänemark unter Gorm dem Alten erstmals ein geeintes Reich. Es griff weit aus nach England und Norwegen, zerfiel immer mal wieder und erreichte seine größte Bedeutung unter der Namensvorgänge-

Winkend verlässt Königin Margrethe II. den Dom von Oslo, wo sie mit zahlreichen gekrönten Häuptern Europas am 25. August 2001 an der Trauung von Kronprinz Haakon von Norwegen und Prinzessin Mette-Marit teilgenommen hat.

Kronprinz Frederik und sein Bruder Joachim vor dem Wintergarden Museum in Kopenhagen, 2002.

Königin Margrethe II. und ihr Mann Prinz Henrik besitzen zwei Dackel, die das königliche Paar auch bei repräsentativen Anlässen begleiten dürfen, 2001.

Seinen zweiten Geburtstag am 28. August 2001 feierte der kleine Prinz Nikolai mit seinen Eltern im Kopenhagener Vergnügungspark Tivoli.

Ende des 16. Jahrhunderts bröckelte die Macht Dänemarks, und sein Eingreifen in den Dreißigjährigen Krieg (1618–1648) auf Seiten der Protestanten besiegelte den Abstieg. Es herrschte schon seit 1481 das deutsche Haus Oldenburg in Kopenhagen, das 1863 erlosch. Ihm folgte die Seitenlinie Schleswig-Holstein-Sonderburg-Glücksburg, die eine seltsame Tradition fortsetzte. Seit dem ersten Oldenburger Christian hießen bis zum 1972 verstorbenen Vater der heutigen Königin alle Herrscher abwechselnd Christian und Frederik, also von Christian I. bis zum X. und von Frederik I. bis zum IX. Zum deutschen Herrscherhaus kam oft auch deutscher politischer Einfluss, so beispielsweise im

rin Margrethe I. (1353–1412), die im Grunde nicht zählen dürfte, weil sie im strengen Sinn nie als dänische Königin regierte. Sie war die jüngste Tochter König Waldemars IV. Atterdag und mit dem König von Norwegen Haakon IV. verheiratet. Als der Vater 1375 starb, wurde ihr fünfjähriger Sohn Olaf König, für den sie die Regentschaft übernahm. Als auch ihr Mann 1380 starb, erbte der kleine Sohn auch dessen norwegisches Reich und Margrethe übte fortan auch hier die Regentschaft aus. Der Sohn erreichte nicht das Mündigkeitsalter, und nach seinem Tod sorgte die Mutter 1387 dafür, dass wieder ein Kind den Thron erbte und sie weiter als Regentin gebraucht wurde. Zehn Jahre später konnte sie auch die schwedische Krone erlangen und die drei Reiche in der Kalmarer Union zusammenschließen. Dieses Großreich hielt fast anderthalb Jahrhunderte, und sein Glanz brachte der Gründerin den Ehrentitel „Semiramis des Nordens" ein.

Das dänische Königshaus

Kronprinz Frederik ist begeisterter Segelsportler. Am 22. Juli 2001 nimmt er an der Dragon-Segelregatta in Dänemark teil.

Königinmutter Ingrid mit ihren Ur-Enkeln Prinz Nikolai und Prinz Friedrich an ihrem 90. Geburtstag am 28. März 2000 in Kopenhagen.

18. Jahrhundert durch den radikalen Reformer, den Altonaer Arzt Johann Friedrich Struensee (1737–1772), der den geistig umnachteten König Christian VII. zu lenken verstand. In nur anderthalb Jahren baute er den dänischen Staat mit 2000 Dekreten um, verhalf den Erkenntnissen der Aufklärung zum Durchbruch und bescherte den Bürgern erweiterte Freiheitsrechte. Allerdings verärgerte er damit den Hochadel derart, dass ihm aus seiner Affäre mit der Königin Karoline Mathilde buchstäblich der Strick gedreht wurde. Er starb am Galgen.

die im Krieg von 1864 Kopenhagen zur Abtretung der norddeutschen Herzogtümer zwangen.

Seitdem hat das Land nie wieder zu den Waffen gegriffen, allenfalls im Untergrundkampf gegen die deutschen Besatzer, die am 9. April 1940 eingerückt waren. Doch auch da ließen die Dänen kluge Mäßigung walten und setzten eher auf passiven Widerstand, der allerdings auch so über 3000 Opfer kostete. Christian X. und die königliche Familie mit der eine Woche nach dem deutschen Einmarsch geborenen Enkelin Margrethe blieben anders als die norwegischen Verwandten im Land. Der König unternahm jeden Tag ohne Wachen seinen Morgenausritt und demonstrierte so, dass er sich von den deutschen Soldaten und SS-Leuten nicht einschüchtern ließ. Am 4. Mai 1945 endete die Leidenszeit nach der deutschen Teilkapitulation im Nordwestraum vor den Briten. Am 9. Mai liefen englische Kriegsschiffe in den Kopenhagener Hafen ein.

Prinz Joachim und seine Ehefrau Prinzessin Alexandra treffen zum Gala-Diner am 60. Geburtstag der Königin Margrethe II. am 16. April 2000 im Kopenhagener Palast ein. Mit dem glanzvollen Abendessen gingen die zweitägigen Feiern zu Ehren der dänischen Monarchin zu Ende.

Der Dynastiewechsel 1863 löste zum letzten Mal ein von Dänemark ausgehendes politisch-militärisches Beben aus. Der neue König Christian IX. brach den Vertrag über Schleswig-Holstein und erließ eine Verfassung, die Schleswig einschloss. Das rief den Deutschen Bund in Gestalt von Preußen und Österreich auf den Plan,

Gegenüber: Königin Margrethe II. trägt ihren Enkelsohn Prinz Nikolai auf dem Arm, als sie sich mit Ehemann Prinz Henrik während der Feiern zu ihrem 60. Geburtstag auf dem Balkon des Schlosses Amalienborg den Menschen zeigt.

Mit einem Strauß Blumen steht Königin Margrethe II. in ihrer Loge nach der Ballettvorführung im Königlichen Theater in Kopenhagen anlässlich ihres 60. Geburtstages am 15. April 2000.

Das dänische Königshaus

Chronik der wichtigsten Ereignisse

2003	Jahreschronik
21.10.	Staatsbesuch von Großherzog Henri von Luxemburg in Dänemark; erster offizieller Termin für Mary Donaldson, die Verlobte von Kronprinz Frederik.
08.10.	Offizielle Verlobung von Kronprinz Frederik mit der australischen Juristin Mary Donaldson.

Sie stiehlt allen die Schau

Es liegt auch an der raffinierten Einfachheit ihres Outfits, dass die „Neuerwerbung" des dänischen Hofes, Frederiks Verlobte Mary, stets die Blicke auf sich zieht: Dieses Mal schulterlose lange türkisfarbene Abendrobe und fast kein Schmuck. Vor allem aber ist es ihre natürliche Schönheit, die auch dann bezaubert, wenn es der jungen Frau einmal nicht so wohl ist. Beim Gala-Diner für den luxemburgischen Großherzog Henri am 21. Oktober 2003 muss die Australierin Mary manche sprachliche Hürde nehmen, denn Englisch wird kaum gesprochen, es dominieren Dänisch und Französisch, Sprachen also, die sie erst lernt und noch nicht flüssig beherrscht. Ihre Anspannung ist zu merken, und doch hat selbst die leichte Verunsicherung etwas Reizendes, weil sich die künftige Königin nicht scheut, mehrmals nachzufragen, wenn sie nicht mitkommt. Alle sind zudem bemüht, der Debütantin auf dem höfischen Parkett zu helfen. Man fragt interessiert nach ihrer juristischen Ausbildung und übersetzt schon mal etwas ins Englische, was allzu kompliziert ist. Presse und Öffentlichkeit sind sich trotz einiger Verlegenheiten beim ersten großen Staatsereignis einig: Mary stiehlt allen die Schau durch „diese ganz besondere Ausstrahlung", wie die Zeitung „B.T." ihre Wirkung umschreibt. Bis zur Hochzeit am 14. Mai 2004 wird die Kronprinzessin überdies noch viel dazugelernt und die Sicherheit gewonnen haben, die sie braucht, wenn ihr neues Volk, ja die ganze Welt per TV auf sie schaut.

Kronzprinz Frederik und seine Verlobte Mary Donaldson am 20. Oktober 2003 bei dem Gala-Diner für das Großherzogenpaar Henri und Maria Teresa in Schloss Fredensborg bei Kopenhagen.

Kronprinz Frederik und seine Verlobte Mary Donaldson ziehen alle Blicke auf sich, wie hier auf dem Weg zur Hochzeit von Freunden im Oktober 2003.

Auf Herz und Nieren geprüft

Die Romanze zwischen dem Thronfolger und der Immobilien-Maklerin aus Tasmanien geht schon ins vierte Jahr. 2000 bei den Olympischen Spielen in

Das dänische Königshaus

Eingerahmt von Marys Stiefmutter Susan Moody, ihrem Vater John Donaldson sowie Königin Margrethe II. und Prinz Henrik präsentieren sich die glücklichen Verlobten am 8. Oktober 2003 in Kopenhagen den Pressefotografen.

Sydney haben sich die beiden kennen und offenbar auch rasch lieben gelernt, denn Frederik verschwindet danach immer öfter zu den Antipoden auf dem Fünften Kontinent und verbringt schließlich so viel Zeit mit Mary Donaldson, dass mehr dahinter stecken muss als eine seiner häufigen Liebeleien. 2001 zieht Mary dann nach Kopenhagen um. Doch die Königin und ihre Umgebung halten sich ebenso strikt bedeckt wie der Prinz und die Prinzessin seines Herzens. Margrethe II. will wohl lange nicht daran glauben, dass ihr Sohn nun wirklich von der eigenen Wahl einer Lebenspartnerin überzeugt ist. Zu oft schon haben sich vielversprechende Bindungen wieder gelöst – böse Zungen sagen: lösen müssen, weil keine der Freundinnen Margrethe recht gewesen sei.

Sicherlich ist die lange Heimlichtuerei um Mary ebenfalls darauf zurückzuführen, dass die Königin auf einer Prüfung auf Herz und Nieren bestanden hat. Selbst als Mary schon im Palast logiert, ist Margrethe kein Urteil zu entlocken, und noch im Sommer 2003, als Frederik mit Mary auf dem französischen Landsitz des Königspaares in Caix Urlaub macht, schweigt sich der Hof aus. Erst als die Königin mit Prinz Henrik selbst in Caix Ferien genießt, entschlüpft Margrethe II. der absichtsvoll verräterische Satz: „Ja, ich bekomme eine nette Schwiegertochter." Eine recht matte Beschreibung der reizenden jungen Frau, wie sich an diesem strahlenden 8. Oktober 2003 die 300 Presseleute und die Fernsehzuschauer überzeugen

Im Garten ihres Weingutes in Südfrankreich prosten sich Königin Margrethe II. und Prinz Henrik zu. Erstmals bestätigte die Königin die Gerüchte um die bevorstehende Verlobung des Kronprinzen, 2003.

Kronprinz Frederik und sein Bruder Prinz Joachim feuern bei den Olympischen Spielen 2000 in Sydney die dänischen Handball-Damen beim Spiel gegen Norwegen an.

Im Lübecker Kulturforum Burgkloster eröffnete Königin Margrethe II. die Ausstellung „Dänenzeit in Lübeck".	05.09.
Gerüchte um eine angeblich für August geplante Hochzeit von Kronprinz Frederik und Mary Donaldson; die Verlobung wird für den 26.05. erwartet, dem 35. Geburtstag des Prinzen.	06.05.
Eröffnung einer Ausstellung mit zwei Dutzend Federzeichnungen von Königin Margrethe II. im Altonaer Museum.	01.04.
Königin Margrethe II. unterzieht sich einer Wirbelsäulenoperation wegen arthrotischer Beschwerden.	28.01.
	2002
Das Karen-Blixen-Museum in Rungstedlund zeigt Collagen der Königin zur Illustration eines neuen neuen Bandes mit Erzählungen von Tania Blixen.	Sep.
Geburt von Felix Henrik Valdemar Christian Prinz von Dänemark, zweiter Sohn von Prinz Joachim und seiner Frau Alexandra, geborener Manley.	22.07.

157

24.05.	Die dänische Königin fällt durch kühne Eleganz unter den Hochzeitsgästen der norwegischen Prinzessin Märtha Louise in Trondheim auf.
14.01.	Dreißigjähriges Thronjubiläum von Königin Margrethe II.

2001

Dez.	Bei einem Sturz zieht sich Königin Margrethe II. zwei Rippenbrüche zu.
20.11.	Nach dem Wahlsieg der liberalen Partei (Venstre) beauftragt Königin Margrethe deren Führer Anders Fogh Rasmussen mit der Regierungsbildung. Es kommt eine Koalition mit den Konservativen und der rechten Dänischen Volkspartei zustande.
17.01.	Kronprinz Frederik besucht Hamburg und übergibt dabei dem Museum für Kunst und Gewerbe eine Anzahl von dänischen Designprodukten.

2000

07.11.	Auf Schloss Fredriksborg stirbt im Alter von 90 Jahren Königinmutter Ingrid.

können. Zwar warten alle vergeblich auf den obligatorischen Verlobungskuss, mehr als ein gehauchter Handkuss des Prinzen wird nicht geboten. Doch Frederik verkündet lachend: „Fasst euch in Geduld! Es gibt ja bald noch eine Hochzeit."

Majestäts Bebilderung

Die künstlerischen Werke, die Königin Margrethe II. in ihrer knapp bemessenen Freizeit geschaffen hat, sind nicht nur wegen der majestätischen Künstlerin begehrt. Sie treffen zudem den Geschmack eines großen Publikums mit ihrer Leichtigkeit, mit dem eleganten Strich und mit einfallsreichen Kompositionen. Bühnenbilder hat die Königin entworfen, Textilmuster und als Erstlingswerk Illustrationen zum Weltbestseller

Königin Margrethe II. legt letzte Hand an die von ihr entworfenen Kostüme für ein Ballett nach einem Märchen von Hans Christian Andersen im Kopenhagener Vergnügungspark Tivoli, 2001.

„Der Herr Ringe" von John Ronald Reuel Tolkien beigesteuert. Hierbei entdeckte sie ihr Talent auch für fantastischmärchenhafte, fast abstrakte Motive, das sie ständig weiter entwickelt hat. Sie schmückt auf diese Weise auch Kirchen aus und hat damit die Dänische Bibelgesellschaft auf eine zündende Idee gebracht. Für eine Neuübersetzung für die Färöer Inseln und Grönland will man eine repräsentative Ausgabe schaffen, die sich für privaten wie gottesdienstlichen Gebrauch eignen soll. Warum nicht die Königin um Illustrationen bitten? Margrethe geht begeistert auf den Plan ein, rät aber zu zurückhaltender Bebilderung, was der Bibelgesellschaft durchaus entgegen kommt. Fünfzig Tuschezeichnungen entstehen so, stilisierte Engel sind darauf ebenso zu sehen wie der Baum der Erkenntnis oder Opferhandlungen. 24 dieser Bilder sind vom 1. April bis zum 17. August 2003 im Altonaer Museum zu sehen, eine Ausstellung, die sich um Besucher nicht zu sorgen braucht, denn viele werden wegen der schwungvollen Linienführung kommen, andere aus Erstaunen über das Können der allerhöchsten Künstlerin.

Kurz vor den Feierlichkeiten zu ihrem dreißigjährigen Thronjubiläum entspannt sich Königin Margrethe II. mit Prinzgemahl Henrik in ihrem südfranzösischen Domizil Schloss Caix, 2002.

Kein einfacher, aber ein erfolgreicher Weg

Seit „Daisy", so der väterliche Spitzname für Töchterchen Margrethe, dreizehn Jahre alt ist, weiß die Prinzessin, dass sie dereinst von ihrem Vater Frederik IX. den Thron erben wird. Das Parlament hat 1953 die weibliche Thronfolge beschlossen. Gründliche Ausbildung ist mithin Pflicht, und dazu gehört auch die Bekämpfung einer gewissen Schüchternheit, die der jungen Frau gut steht, der Königin aber hinderlich sein könnte. Und der

Verliebten, doch dazu gehören immer zwei. Margrethes Schwarm ist Diplomat, ein französischer und damit weltläufiger zudem. So wird rasch erste Fremdheit überwunden und der Hafen der Ehe angesteuert. Die beiden erreichen ihn 1967 und

Margrethe II. ist die erste weibliche Herrscherin seit 600 Jahren und gilt in Dänemark als das Symbol nationaler Einheit.

damit noch früh genug, dass Margrethe noch fünf Jahre bleiben, ehe sie dem Vater als Staatsoberhaupt folgt. Bildung, Liebe, Ehe und Vertretungsarbeit für den König haben sie auf die nun beginnende große Aufgabe vorbereitet. Dennoch drückt die Krone anfangs nicht wenig, weil die Schuhe des Vorgängers doch recht groß sind und Margrethe zweifelt, ob sie sie ausfüllen und ebenso populär werden kann wie er.

Das kaum Vorstellbare gelingt: Als die Königin am 14. Januar 2002 ihr dreißigjähriges Thronjubiläum feiert, hat sie Zustimmungswerte von weit über neunzig Prozent. Eine Zeitung kommeniert das so: „Vom Volk die Note Eins!" Viel ist zusammen gekommen, damit die Monarchie eine so glänzende Bilanz vorzulegen vermag: Zuerst ist es die jugendliche Frische gewesen, die der Königin die Herzen gewonnen hat. Natürlich hat auch die Familie zum hohen Ansehen beigetragen, wobei vor allem das Geschick Margrethes, mit dem sie Konflikte unter dem Hut hält und löst, gewürdigt wird. So gab es Probleme mit Prinzgemahl Henrik, der sich vom mündig gewordenen Kronprinzen in die dritte Reihe verdrängt sah. Mit der Versicherung, für sie sei Henrik auf immer die Nummer Eins, hat Margrethe die Wogen mit Charme und feinem Takt geglättet.

Keine geringe Rolle spielt zudem die Bewunderung für die künstlerische Ader der Königin, die sich nicht nur in ihren Bildern und Stoffmustern zeigt. Margrethe verfügt auch über ein ausgeprägtes Stilgefühl, wie sie schon 1981 beweist: Zusammen mit ihrem Mann legt sie eine Übersetzung des Romans „Alle Menschen sind sterblich" der französischen Schriftstellerin Simone de Beauvoir vor. Noch muss das Pseudonym H.M. Vejerbjerg herhalten, das allerdings bald porös wird. 1988 kann dann die Übersetzung der umfangreichen Romantrilogie „Dalen" von Stig Strömholm aus dem Schwedischen mit Klarnamen erscheinen.

Kronprinz Frederik und sein Schlittenhund Harald am 7. Juni 2000 nach seiner Ankunft im grönländischen Quanaaq. Frederik und seine fünf Reisebegleiter hatten auf ihrer Polarexpedition „Sirius 2000" mit Hundeschlitten 3500 Kilometer längs der grönländischen Nordküste zurückgelegt.

28.09.	Trotz des Einsatzes der Regierung Ihrer Majestät sowie der Opposition für ein Ja zum Euro lehnen 53,1 Prozent der Dänen die Einführung der Gemeinschaftswährung ab.
01.07.	Das Königspaar nimmt an der Eröffnungsfeier der Öresundbrücke teil.
27.06.	Königin Margrethe II. besucht die Weltausstellung in Hannover.
13.06.	Joachim Prinz von Dänemark eröffnet in Hamburg eine Ausstellung über den dänischen Architekten Christian Frederik Hansen.
16.04.	Unter Anteilnahme des gesamten europäischen Hochadels begeht Margarethe II. ihren 60. Geburtstag.
11.02.	Kronprinz Frederik bricht mit der Marineeinheit Sirus zu einer Hundeschlittenexpedition in Nordgrönland auf.

1999	Jahreschronik
20.10.	Mit ihren nordischen Staatsoberhaupt-Kollegen weiht Margrethe II. die gemeinsamen Botschaften Islands, Norwegens, Schwedens, Dänemarks und Finnlands in Berlin ein.
28.08.	Nikolai William Alexander Frederik, Prinz von Dänemark, Sohn von Prinz Joachim und seiner Frau Alexandra, geborener Manley, kommt als erstes Enkelkind der Königin zur Welt.
14.08.	Kronprinz Frederik feiert zusammen mit seiner schwedischen Kollegin Kronprinzessin Victoria das Richtfest der Öresundbrücke.

1998	
24.10.	Zum 350. Jubiläum des Westfälischen Friedens, der den Dreißigjährigen Krieg beendete, kommt Margrethe II. nach Münster.
19.10.	Kronprinz Frederik tritt seinen Dienst als 1. Sekretär der dänischen Botschaft in Paris

Allerhöchste Steuersünder?

Angriff ist die beste Verteidigung, mag sich Kammerdiener Finn Xavier Larsen denken, der sich nach einer Anzeige von Prinz Joachim im Februar 1998 vor Gericht verantworten muss. Sein Dienstherr, der ihn fristlos entlassen hat, wirft ihm ungebührliche Bereicherung auf Kosten des Hofes vor. Larsen geht in die Offensive und behauptet seinerseits, das Königshaus bereichere sich zu Lasten der Allgemeinheit durch Schwindeleien bei der Mehrwertsteuer. Die Staatsanwaltschaft nimmt pflichtgemäß die Ermittlungen auf und lädt den Mann als Zeugen vor, damit er in Einzelheiten belegen kann, wie sich diese angeblichen Betrügereien abgespielt haben sollen. Larsen bekommt offenbar kalte Füße und verweigert die Aussage. Während er zu einer Geldstrafe verurteilt wird, muss das Verfahren gegen die königliche Familie aus Mangel an verwertbaren Hinweisen schließlich eingestellt werden. Manche mögen murren, dass man wieder einmal die Großen laufen und die Kleinen büßen lässt, doch im Rechtsstaat ist es halt so, dass auch die Großen nur bei stichfesten Beweisen belangt werden können, und die gibt es in diesem Fall nicht.

Königin Margrethe II. gilt als volksnah und ist daher sehr beliebt. Hier mit Prinz Henrik bei einem Gala-Abend in London 1999.

Ein Hauch von Exotik

Lieber hätten es die Dänen gesehen, wenn sich der Kronprinz endlich einmal für eine seiner Gespielinnen als Ehepartnerin entschieden hätte. Doch Frederik macht keinerlei Anstalten, sein fröhliches

Prinz Joachim und Alexandra eröffnen den Hochzeitsball. Henrik, Margrethe und Ex-König Konstantin applaudieren, 1995.

Junggesellenleben zu beenden. Sein jüngerer Bruder Joachim muss den seriösen Part übernehmen, und das fällt ihm nicht schwer. Er ist vom ganzen Naturell her bodenständiger, liebt wie Vater Henrik den Landbau und zögert nicht lange, als ihm die reizende Halbchinesin Alexandra Manley über den Weg läuft. Die Tochter einer Österreicherin und eines Briten aus Honkong fesselt den fünf Jahre jüngeren Mann mit ihrer Lieblichkeit und dem Stich ins Exotische. Der aber macht Königin Margrethe gerade zu schaffen: Werden es die Dänen hinnehmen, dass sie vielleicht einmal eine Königin mit leicht asiatischem Gesichtsschnitt „regiert"? Auszuschließen ist das nicht: So lange der Kronprinz keine Neigung zur Verehelichung zeigt, ist der Bruder nach ihm der nächste am Thron.

Margrethes Sorgen erweisen sich als unbegründet. Die weltoffenen Dänen haben keine Probleme mit der fernöstlichen Herkunft der Auserwählten von Prinz Joachim. Es wird ein rauschendes Fest für die 350 geladenen Gäste, die 35 000 Zuschauer vor Ort und die Millionen an den Fernsehschirmen in aller Welt, als Joachim seine Braut am 18. November 1995 auf Schloss Frederiksborg zum Traualtar führt.

Unter ihrem Schleier und in ihrem schlohweißen Kleid wirkt der dunkle Teint der jungen Frau noch fremdländischer als sonst. „Schneeprinzessin" hat sie das Volk getauft, denn als am Tag zuvor die übliche Kutschfahrt durch Kopenhagen anstand, schneite es auf das junge Glück. Joachim und seine Frau werden Schloss Schnackenborg beziehen, ein schönes, aber der gründlichen Renovierung bedürftiges Gemäuer: Umgerechnet 2,5 Millionen Mark erhält das Brautpaar dafür als „Volksgeschenk".

Der Norden setzt Maßstäbe

Soll Europa zusammenwachsen, muss auch das Netz der Infrastruktur enger geknüpft werden. So wichtige Partner wie Dänemark und Schweden wollen da mit gutem Beispiel vorangehen. Am 23. März 1991 unterzeichnen die Regierungen beider Länder einen Vertrag über einen gigantischen Plan: Der Öresund, die Wasserstraße zwischen der dänischen Hauptinsel Seeland und Südschweden, soll überbrückt respektive untertunnelt werden. Auf Schiene und Straße soll in nicht einmal einem Jahrzehnt der Verkehr in beiden Richtungen rollen.

Was das bedeutet, haben Anhörungen von Ingenieuren und Statikern, Materialprüfern und Architekten, Umweltschützern und Finanzexperten klar gemacht. Doch die Abgeordneten in beiden Parlamenten hatten den Mut, die jeweilige Regierung zu diesem Kraftakt zu ermächtigen. Insgesamt werden 16 Kilometer zu überbrücken sein, eine künstliche Insel von 4 Kilometern Breite wird erforderlich, 8 Kilometer wird die Brückenkonstruktion überspannen, davon ein gut einen Kilometer breites Stück Hochbrücke mit über 200 Meter hohen Pylonen, die eine Durchfahrthöhe von 54 Metern garantieren. Hinzu kommen Schnelltrassen für den Auto- und den Schienenverkehr, die das Bauwerk an die Endpunkte Kopenhagen und Malmö anbinden. Wahrhaft königliches Format hat das Projekt der beiden Länder.

Der König ist tot, es lebe die Königin

Demokratische Verfassungen kennen Altersgrenzen, wenn es um die Wahl des Staatsoberhauptes geht, und selbst wenn es da keine bindenden Vorschriften gibt, wählt man gemeinhin eine gestandene,

Gemeinsam mit dem dänischen Verkehrsminister gibt Königin Margrethe II. am 1. Juni 1997 den Tunnel- und Brückenbau des Großen Belt frei.

ältere Persönlichkeit. Monarchien haben den Nach- und zugleich Vorteil, darauf keine Rücksicht nehmen zu können: Ist ein Thronfolger volljährig, und sei er nur 18 Jahre alt, dann erbt er beim Tod des Vorgängers die Krone.

an und beginnt ein einjähriges Volontariat.

Skandal um den von Prinz Joachim entlassenen Kammerdiener Larsen.	Feb.
	1997
Mit einem Besuch von Prinz Joachim bei der dänischen Minderheit in Südschleswig drückt der Hof seine Verbundenheit mit den Dänen in Deutschland aus.	29.05.
	1995
Prinz Joachim heiratet Alexandra Christina Manley in der Schlosskirche zu Frederiksborg.	18.11.
	1993
Teilnahme von Königin Margrethe am Staatsbegräbnis von Belgiens Baudouin I.	07.08.
Mit deutlicher Mehrheit von 56,3 Prozent stimmen die Dänen dem Vertrag über die Europäische Union zu.	18.05.
	1991
Schweden und Dänemark einigen sich auf den Bau einer Schienen- und Straßenverbindung über den Öresund.	23.03.

Französischer Charme und dänische Energie

der hochpopuläre König Frederik IX. für immer die Augen schließt, wagt niemand vorauszusagen, ob seine Tochter in seinen Ornat hineinwachsen und was sich womöglich ändern wird unter der temperamentvollen erst 31-jährigen Frau. Auch umgekehrt fragt sich mancher: Wird ihre Familie, bisher als Glücksfall erlebt, unter den neuen Belastungen leiden? Wird der schon bisher bescheiden zurücktretende Ehemann Henrik sich nicht noch weiter zurückgesetzt fühlen? Als Ministerpräsident Jens Otto Krag Margrethe II. am Tag darauf vom Balkon des Schlosses Christiansborg zur Königin ausruft, hofft nicht nur sie selbst, sondern auch ihr Volk, dass sie den Aufgaben gewachsen sein wird. Schon bald wird klar, dass Sorgen nicht angebracht sind.

Liebe auf den ersten Blick sei es gewesen, bekennt Margrethe, als sie 1965 dem französischen Diplomaten Henri de Laborde de Montpezat auf einem Empfang in London begegnet ist: „Der Horizont stand in Flammen!" Begründen können gewöhnlich nicht einmal die Betroffenen, was sie so unwiderstehlich zueinander hinzieht. Es darf aber vermutet werden, dass äußere Reize stets eine Rolle spielen: Der stattlichschöne, schwarzhaarige, weltläufige Südfranzose hat die blonde, hochgewachsene, lebensprühende Dänin sicher ebenso beeindruckt wie umgekehrt. Ein Wort, ein Blick, die richtige Stimmung, dann ist es wohl um sie geschehen gewesen.

Schnell wuchs Margrethe in das Amt der Königin hinein. Hier das offizielle Foto der Königin mit Prinz Henrik anlässlich des 40. Geburtstages der Monarchin, aufgenommen Anfang 1980.

Das ist nicht ohne Risiko, denn junge Leute neigen zu vorschnellen Entschlüssen und verfügen meist auch nicht über die nötige persönliche Autorität für das Amt. Andererseits bringen sie Energie mit und frischen Wind, so dass der Neuanfang von großen Hoffnungen begleitet wird.

Nun ist das in Zeiten der Parlamentsherrschaft alles etwas entschärft. Und doch prägen Persönlichkeiten das Klima und den Stil in der Staatsführung. Als am 14. Januar 1972

Einen Tag nach dem Tod ihres Vaters wird Prinzessin Margrethe am 15. Januar 1972 von Ministerpräsident Jens Otto Krag zur Königin proklamiert.

Jahreschronik

1986

20.06. Kronprinz Frederik legt in Kopenhagen die Reifeprüfung ab und beginnt dann seinen Wehrdienst bei der Königlichen Dänischen Leibgarde.

26.05. Mit Erreichen der Volljährigkeit wird Kronprinz Frederik offizieller Stellvertreter seiner Mutter und Mitglied des Staatsrates.

1978

01.01. Dänemark wird Vollmitglied der Europäischen Gemeinschaft.

1974

18.06. Anderhalb Jahre nach Amtsübernahme bricht Königin Margrethe zu ihrem ersten Besuch in der benachbarten Bundesrepublik Deutschland auf.

Das dänische Königshaus

Wie sich zeigen sollte nachhaltig, denn bei klarer Überlegung muss beiden bewusst werden, was ihnen bei einer Eheschließung bevorsteht, vor allem dem sechs Jahre älteren Henri. Er wird in der Öffentlichkeit immer nur die zweite Geige spielen, er muss zum Protestantismus übertreten und die Nationalität wechseln. Ja, aus Henri wird Henrik werden und aus dem Grafen ein Prinz von Dänemark. Das alles kann das Paar nicht mehr aufhalten, und die Eltern der Kronprinzessin haben gegen den Partner auch nichts einzuwenden, stammt doch Mutter Ingrid selbst aus einem Haus mit südfranzösischen Wurzeln, nämlich aus der schwedischen Dynastie Bernadotte.

Nur zwei Jahre nach dem alles entscheidenden ersten Blick ist am 10. Juni 1967 Hochzeit in der Holmenkirche von Schloss Fredriksborg. Der sprachbegabte Bräutigam hat inzwischen Dänisch gelernt und für den Hochzeitsball Tanzstunden genommen. Die Braut hat den Schleier hervorgeholt, den schon die Mutter vor 32 Jahren getragen hat, und die Einladungen verschickt. Der gesamte Hochadel Europas ist vertreten, als der Geistliche nach dem Ja-Wort das Paar segnet. Durch den Mittelgang des Kirchenschiffs schreiten sie dann hinaus ins sommerliche Kopenhagen, Margrethe ganz in Weiß mit einem Blumenstrauß und meterlanger Schleppe, Henri oder nunmehr: Henrik in dunklem Anzug mit Orden und blauer Schärpe. Jubel brandet auf. Die gemeinsame Lebensreise beginnt.

Das glückliche Brautpaar, Kronprinzessin Margrethe und Graf Henri de Laborde de Monpezat, auf dem Balkon des Schlosses Amalienborg am 10. Juni 1967.

Machtlos und doch unbeugsam

Trauer und Dank erfüllen alle Dänen, als am 20. April 1947 die Nachricht bekannt wird: König Christian X. ist gestorben. Der 76-jährige Monarch ist für sein Volk die Symbolfigur für den lange nur passiven Widerstand des Landes gegen die deutschen Besatzer im Zweiten Weltkrieg. Anders als viele andere gekrönte Häupter etwa in Holland oder Norwegen ist er im Land geblieben und hat den harten Kriegsalltag mit seinem Volk geteilt. Und anders als beispielsweise sein belgischer Kollege Leopold III. hat er sich jeder Kumpanei mit den Besatzern enthalten, im Gegenteil:

Mehrfach hat der hochgefährdete König gegen die Willkür der deutschen Behörden protestiert und alle Annäherungsversuche seitens Berlin, wo vom „germanischen Brudervolk" der Dänen gefaselt worden ist, an sich abprallen lassen. So reagierte er auf ein mehrseitiges Glückwunschtelegramm Hitlers zu seinem 72. Geburtstag am 26. September 1942 mit vier lakonischen Worten: „Übermittele meinen besten Dank!" Der deutsche Diktator soll getobt haben. Und doch wagte er sich nicht an den König, bei sich zuspitzender Kriegslage konnte

König Frederik in Gala-Uniform. Er folgte seinem Vater Christian X. auf den Thron.

Jahreschronik

1972
14.01. Tod von König Frederik IX.; ihm folgt Tochter Margrethe II. nach.

1969
07.06. In Kopenhagen bringt Kronprinzessin Margrethe ihren zweiten Sohn Joachim Holger Waldemar Christian zur Welt.

1968
26.05. Das Königshaus freut sich über die Geburt von Prinz Frederik André Henrik Christian, Sohn von Kronprinzessin Margrethe und ihrem Mann Prinz Henrik von Dänemark.

1967
10.06. In der Holmenkirche geben Kronprinzessin Margrethe und der französische Diplomat Henri Graf de Laborde de Montpezat einander das Ja-Wort.

1958
16.04. An ihrem 18. Geburtstag wird Kronprinzessin Margrethe als offizielle Stellver-

1953	
05.06.	Eine neue Verfassung führt das Einkammersystem ein, erklärt Grönland zu einem Teil des Reiches und ermöglicht die weibliche Thronfolge.
1947	
20.04.	76-jährig stirbt in Kopenhagen König Christian X.; Nachfolger wird sein Sohn Frederik IX.
1946	
30.08.	Ingrid, Frau des Kronprinzen Frederik, bringt ihre dritte Tochter Anne-Marie zur Welt.
1944	
17.06.	Nach einer Volksabstimmung löst sich Island endgültig von Dänemark, indem es sich zur Republik erklärt und statt König Christian X. einen Staatspräsidenten wählt.
1943	
29.08.	Der deutsche Militärbefehlshaber in Dänemark verhängt den Ausnahmezustand.
1940	
16.04.	Auf Schloss Amalienborg kommt Margrethe, erstes Kind des Thronfolgerpaares zur Welt.
09.04.	Verbände der Deutschen Wehrmacht besetzen Dänemark, das mit Zustimmung des Königs auf militärischen Widerstand verzichtet.
1935	
24.05.	In Storkyrkan, Stockholm, reicht Kronprinz Frederik von Dänemark Prinzessin Ingrid von Schweden die Hand zum Lebensbund.

treterin ihre Vaters, König Frederik IX., vereidigt.

er nicht noch eine innere Front in seinem Machtbereich gebrauchen. Und so blieb Christian auch unbehelligt, als er angesichts unverfrorener deutscher Forderungen 1943 die Kooperation mit den Besatzern aufkündigte und das Signal zum Widerstand gab.

In Kopenhagen aber kommt zusätzlich Freude auf, denn Ingrid, Ehefrau von Kronprinz Frederik, bekommt am 30. August 1946 ihr drittes Kind, Prinzessin Anne-Marie. Dass es wieder „nur" eine Tochter ist, inzwischen die dritte, sorgt für ein paar Sorgenfalten, denn es

Prinzessin des Thronfolgerpaars überrannten Einheiten der Deutschen Wehrmacht das kleine Königreich, und sie waren immer noch da, als am 29. April 1944 Benedikte als zweite Tochter des Kronprinzen kam. Jetzt sind sie endlich weg, doch wer dereinst die Krone erben

Prinzessin Ingrid spielt mit ihrer Tochter Margrethe, 1943.

Tief verbeugt sich der Sohn und Nachfolger Frederik IX. daher vor dem toten Vater und verspricht in seinem Sinn für sein Land nun auch den Frieden zu gewinnen.

Können Frauen regieren?

Seit einem guten Jahr herrscht Frieden in Europa, an sich schon ein Hochgefühl für alle, die dem Inferno des großen Krieges entronnen sind.

ist abzusehen, dass mit weiteren Kindern, mit Söhnen also vermutlich gar nicht mehr zu rechnen ist. Die Sorgen sind nicht neu, denn schon nach der Hochzeit der Eltern 1935 setzte eine lange Durststrecke ein, ehe sich Nachwuchs ankündigte. Fast fünf Jahre mussten Volk und Kronprinzenpaar warten, ehe sich Margrethe ankündigte. Und als sie dann da war, gab es nichts mehr zu freuen, denn eine Woche vor der Geburt der ersten

wird, ist offen; noch kennt das Land keine weibliche Thronfolge. Doch dieses winzige August-Baby setzt Überlegungen in Gang, ob denn das auch in Zukunft so bleiben muss, ob Frauen nicht ebenso gute Monarchen wie Männer sein können.

Geduldsfaden gerissen

Im Januar/Februar 1943 hat sich die Tragödie der 6. deutschen Armee im Kessel von Stalingrad vollendet, die Atlantikschlacht der deutschen U-Boote gegen die Westalliierten ist verloren, in Tunis hat die deutsch-italienische Panzerarmee Afrika die Waffen gestreckt. Es geht zu Ende mit der Hitler-Herrlichkeit, das ist unübersehbar. Hoffnung auf Befreiung macht sich auch im besetzten Dänemark breit. Die Menschen sind nicht mehr bereit, jeden Willkürakt der Besatzer hinzunehmen, auch die Regierung wird zunehmend bockig. Am 4. August 1943 kommt es zum Eklat, als der Reichsbevollmächtigte Werner Best vom Königlichen Kabinett unter Erik Scavenius die Auslieferung aller Saboteure verlangt. Das lehnt der Ministerpräsident, dem der König den Rücken stärkt, rundweg ab, ebenso verweigert er die Errichtung von Schnellgerichten zur Aburteilung von Saboteuren. Schließlich verkündet der König, dass seine Regierung die Amtsgeschäfte bis Kriegsende ruhen lassen werde. Er beendet damit die Politik der begrenzten Zusammenarbeit mit den Deutschen. Seine Geduld ist erschöpft.

Das ist das Signal für die Widerstandskämpfer. In mehreren Städten kommt es zu Ausschreitungen gegen deutsche Einrichtungen, Soldaten und Transporte. Gleise fliegen in die Luft, Gefängnisse werden gestürmt, Streiks legen die Versorgung lahm. Der deutsche Wehrmachtbefehlshaber General Hermann von Hanneken weiß keinen anderen Rat mehr: Er verhängt am 29. August den Ausnahmezustand und kündigt die unnachsichtige Verfolgung aller an, die sich den Weisungen der Militärbehörden widersetzen. Best übernimmt faktisch die Regierung in Dänemark, so dass nun auch die dänischen Juden in furchtbare Gefahr geraten. Doch als Antwort auf die deutschen Maßnahmen formiert sich nun auch der Widerstand. Die verschiedenen Gruppen schließen sich zu einem „Freiheitsrat" zusammen. Unterstützt von Bevölkerung und dänischer Polizei, gelingt ihnen schließlich die Rettung fast aller Juden nach Schweden.

Ernster Einspruch

Um 5 Uhr 20 am 9. April 1940 lässt sich der deutsche Gesandte in Kopenhagen bei Ministerpräsident Thorvald Stauning melden. Er überreicht ein Memorandum der Reichsregierung, das erklären soll, warum seit den frühen Morgenstunden zwei deutsche Divisionen und eine Panzerschützenbrigade von Südjütland her ins dänische Hinterland vordringen. Stauning alarmiert den Staatsrat, der unter Vorsitz von König Christian X. zwanzig Minuten später zusammentritt. Um 7 Uhr fällt die Entscheidung: Kein Widerstand, sondern Hinnahme des deutschen Vorgehens unter Protest, da mit den schwachen dänischen Kräften die geschaffene militärische Lage nicht mehr zu bereinigen ist und unabsehbarer Schaden bei Gegenwehr zu befürchten steht. In der Antwortnote heißt es:

„Die Königliche dänische Regierung hat sich mit dem Inhalt des von Ihnen übermittelten Schriftstücks

Während der deutschen Besetzung von 1940 bis 1945 war die mutige Haltung König Christians X. Symbol des dänischen Freiheitswillens.

Jahreschronik

1931 10.07.
Norwegen besetzt die ostgrönländische Küste und bedroht die dänische Oberhoheit über die Insel; der Haager Gerichtshof entscheidet schließlich gegen Norwegen.

1918 30.11.
Island wird selbstständiger Staat; es bleibt aber bei der Personalunion mit Dänemark, d.h. König Christian ist weiterhin Staatsoberhaupt auch von Island.

1915 05.06.
Eine neue demokratische Verfassung mit Verhältnis- und Frauenwahlrecht wird angenommen.

1912 14.05.
In Hamburg stirbt König Friedrich VIII. Nachfolger wird sein Sohn Christian X.

Jahreschronik

1906
- 29.01 Nach dem Tod Christians IX., des ersten Königs aus dem Haus Glücksburg, besteigt sein Sohn Friedrich VIII. den Thron.

1899
- 11.03. Auf Schloss Sorgenfri (bei Lyngby) wird der spätere König Friedrich IX. (1947–1972) geboren.

1870
- 02.09. Der deutsche Sieg bei Sedan über Frankreich macht dänische Pläne einer Allianz mit Paris zur Rückgewinnung des 1864 Verlorenen zunichte.

1864
- 01.02 Preußisch-österreichische Truppen rücken über die Eider vor; Eröffnung des deutsch-dänischen Krieges.

1863
- 15.11. Tod Friedrichs VII.; Nachfolger wird der von den Großmächten bestimmte Christian IX. von Schleswig-Holstein-Sonderburg-Glücksburg („Protokollprinz").

1852
- 18.01. Durch „Bekanntmachung" (kungørelse) wird die Gesamtstaatsverfassung auch auf Schleswig-Holstein übertragen. Das stößt bei den dortigen Ständen auf Widerstand.

1850
- 02.08. Im Londoner Protokoll garantieren die Großmächte die Integrität des dänischen Gesamtstaats und bestimmen Prinz Christian aus der Herrscherhaus-Seitenlinie Glücksburg zum Thronfolger.
- 24.06. Mit dem Sieg der Dänen in der Schlacht bei Idstedt wird

bekannt gemacht. Sie hat davon Kenntnis genommen, dass das Betreten des dänischen Bodens von deutschen Truppen nicht in feindseliger Absicht erfolgt ist ... Die dänische Regierung hat sich in der gegebenen Lage entschlossen, die Verhältnisse hier im Lande unter Berücksichtigung der erfolgten Besetzungen zu regeln. Sie erhebt jedoch gegen diese Verletzung der Neutralität Dänemarks ihren ernsten Einspruch." In einer Rundfunkproklamtion fordert der König die Bevölkerung zu „ruhiger und beherrschter Haltung" auf.

Schwiegervater Europas

Das neue Herrscherhaus Schleswig-Holstein-Sonderburg-Glücksburg bringt Dänemark zunächst Unheil: Im leichtfertig provozierten Krieg gegen den Deutschen Bund, sprich: gegen dessen Vormächte Preußen und Österreich verliert der am 15. November 1863 installierte erste König der Dynastie, Christian IX., die Herzogtümer Schleswig, Holstein und Lauenburg. Sein Versuch, Schleswig endgültig bis zur Eider mit Dänemark zu verschmelzen, ist gründlich missglückt, und alle Versuche, etwa im Zusammengehen mit Frankreich gegen Preußen den Verlust wettzumachen, scheitern an der überlegenen Politik Bismarcks und der Fortune seines Generalstabschefs Moltke.

Als Machtfaktor ist Dänemark damit auf einen Kümmerstatus gesunken. Doch es gewinnt wieder Gewicht auf ungeahnte Weise. König Christian, geboren am 8. April 1818, ist seit 1842 mit Prinzessin Luise von Hessen-Kassel verheiratet, und wenn Kindersegen ein Beweis für das Gelingen einer Ehe ist, dann ist die seine

König Christian IX. mit seiner Gemahlin Königin Luise.

sichtlich geglückt. Das steigert sich noch durch das Glück bei der Verehelichung der Sprösslinge:

Der älteste Sohn, Kronprinz Frederik, heiratet 1869 Prinzessin Luise von Schweden, sein zweiter Sohn wird als Georg I. 1863 König von Griechenland, die älteste Tochter Alexandra wird im gleichen Jahr Ehefrau des Prinzen von Wales und künftigen Königs von Großbritannien Eduard VII., die zweite Tochter Dagmar gibt 1867 dem künftigen Zaren Alexander III. das Ja-Wort, und die dritte Tochter Thyra gewinnt die Hand des Herzogs von Cumberland, der Ansprüche auf die Krone des Königreichs Hannover hat. König Christian ist auf diese Weise immer bestens unterrichtet und kann aus dem Hintergrund als „Schwiegervater Europas" Einfluss nehmen.

Der König hat zu hoch gepokert

1848–50 ist es zu einem ersten Konflikt zwischen Dänemark und dem Deutschen Bund wegen der Herzogtümer Schleswig, Holstein und Lauenburg gekommen. Unter dem Druck der Großmächte gelingt die Einigung: In Olmütz akzeptiert Preußen die dänische Oberherrschaft über Schleswig-Holstein. Allerdings hat Kopenhagen seinerseits die Autonomie und das Prinzip des „Up ewig ungedeelt" der Herzogtümer zusichern müssen. Darüber setzt sich die dänische Regierung unter dem soeben inthronisierten König Christian IX. 1863 hinweg und verkündet eine („eiderdänische") Verfassung, die Schleswig einverleibt. Man hofft erneut auf Eingreifen der Großmächte für den Fall, dass der Deutsche Bund sich für die Herzogtümer stark macht.

Otto von Bismarck, seit einem halben Jahr preußischer Regierungschef, sieht sofort die Chance, Schleswig-Holstein zu erwerben. Schon kurz nach Amtsantritt hat er bekannt, dass „die dänische Angelegenheit nur durch einen Krieg" in Preußens Sinn zu lösen sein wird. Als Kriegsgrund müssen die Rechte der einstigen Dynastie der Augustenburger gegen den neuen dänischen König aus dem Haus Glücksburg herhalten. Auch Österreich als die zweite Vormacht des Deutschen Bundes macht nun Front gegen Dänemark. Die anderen Großmächte halten still. 80000 Preußen und Österreicher überschreiten am 1. Februar 1864 Elbe und Eider. Die preußischen Siege durch die Erstürmung der Düppeler Schanzen (18.4.) und die Wegnahme der Insel Alsen (29.6.) besiegeln die dänische Niederlage. Kopenhagen muss im Frieden von Wien (30.10.) die Herzogtümer an Preußen und Österreich abtreten.

Drei Frauen und doch keinen Erben

Mit 20 Jahren tritt der künftige König Friedrich VII. 1828 zum ersten Mal vor den Traualtar. Seine Auserwählte ist Prinzessin Wilhelmine Marie von Dänemark. Nach zwölf Jahren kinderloser Ehe fällt die Entscheidung zur Trennung aus dynastischen Gründen, früher hätte man sie wegen zu enger Verwandtschaft annulliert. 1841 steht der Kronprinz erneut vor dem Pastor, dieses Mal mit

König Friedrich VII. bleibt kinderlos, daher kommt der Thronfolger aus dem Hause Glücksburg.

die Unabhängigkeitsbewegung in Schleswig und Holstein unterdrückt.	**1848**
Mit Friedrich VII. besteigt der letzte Herrscher aus dem Haus Oldenburg den Thron.	**20.01.** **1846**
In einem „offenen Brief" fordert Christian VIII. die Einführung der weiblichen Thronfolge mit Geltung auch für die Herzogtümer Schleswig und Holstein.	**08.07.** **1839**
Nach dem Tod Friedrichs VI. wird dessen Vetter Christian VIII. König.	**03.12.** **1834**
Liberalisierung der Verfassung durch Einführung von Ständeversammlungen in den Landesteilen Inseln, Jütland, Holstein und Schleswig.	**15.05.** **1814**
Im Frieden von Kiel zwingt Schweden-Kronprinz Carl Johann Dänemark zur Abtretung Norwegens.	**14.01.** **1730**
Unter den Königen Christian VI., Friedrich V. und Christian VII. erlebt Dänemark eine lange Friedenszeit.	
„Lex regia", das Grundgesetz Friedrichs III., legt einen absolutistischen Staat in Dänemark fest.	**1665**
Friede im Krieg zwischen Schweden und Dänemark und Einführung der Erbmonarchie.	**1660**
Friedrich III. ist König von Dänemark und Norwegen.	**1648**
Unter der Regentschaft Christians IV. entstehen viele Städte, u.a. Christiania (Oslo).	**1588**
Reformation und Säkularisation unter Christian III.	**1536**

Blick in die Geschichte

Jahreschronik

1523 Wahl Friedrichs I. zum König, nach Vertreibung Christians II.

1521 Schweden scheidet aus der Union aus. Christian II. von Dänemark und Norwegen wird gestürzt.

1481 Johann, der Sohn Christians, wird König.

1450 Unionsvertrag von Bergen, in dem die ewige Vereinigung von Dänemark und Norwegen erklärt wird.

1448 Christian I. von Oldenburg wird neuer König und heiratet die Witwe seines Vorgängers.

1439 Dänischer Reichstag setzt Erich ab und wählt seinen Schwesternsohn Christoph III. von Bayern zum König.

1417 Kopenhagen entwickelt sich zur Hauptstadt.

1397 Als Regentin aller drei nordischen Staaten schließt Margrethe diese am 20. Juni in der Union von Kalmar zusammen.

1376 Margrethe übernimmt die Regentschaft für ihren Sohn Olaf in Dänemark, 1380 auch die in Norwegen, 1389 zudem die in Schweden.

1363 Durch Heirat von Waldemars Tochter Margrethe mit Haakon, Sohn des Schwedenkönigs, kommt es zu einem Ausgleich.

1340 Nach kontinuierlicher Schwächung der Königsmacht kann Waldemar IV. Atterdag (bis 1375) wieder an Boden gewinnen; er saniert sich durch Verkauf Estlands an den Deutschen Orden und gewinnt Schonen von Schweden.

1311 Erich VI. Menved (1286–1319) erleidet in Norddeutschland Niederlagen; auch Unternehmen gegen Prinzessin Karoline von Mecklenburg-Schwerin. Der Bund fürs Leben hält nur fünf Jahre und wird dann ebenfalls wegen Kinderlosigkeit getrennt. Als Friedrich 1848 den Thron besteigt hat er die Hoffnung auf legitime Erben aufgegeben und sich ganz seiner Geliebten Fräulein Luise Christine Rasmussen, einer Putzmacherin, zugewandt, die er nun zur Gräfin Danner erhebt. Ein Thronfolger kann aus einer solchen morganatischen Verbindung („Ehe zur linken Hand") nicht hervorgehen; er muss in einer Seitenlinie des Hauses Oldenburg gesucht werden und er wird in Gestalt von Prinz Christian aus dem Hause Glücksburg auch gefunden. Die Hauptlinie stirbt im Mannesstamm aus.

Grafenfehde – Lübeck gegen Dänemark

Thronwechsel schwächen den Gegner und laden zu Interventionen ein: Als 1533 in Dänemark durch den Tod Friedrichs I. die Krone neu zu vergeben war, entsann sich der Lübecker Bürgermeister Wullenwever des 1523 gestürzten und seit 1531 in Sonderburg gefangen gehaltenen dänischen Königs und Kaiser-Schwagers Christian II., propagierte dessen Ansprüche gegen den Kronprinzen Christian III. und gewann die Grafen – daher die Bezeichnung „Grafenfehde" – Christoph von Oldenburg und Johann von Hoya zu militärischem Vorgehen gegen Dänemark. Er hoffte dadurch die Lübecker Vormacht im Ostseehandel wiederherzustellen und erzielte trotz der abwartenden Haltung der anderen Hansestädte große Anfangserfolge.

Finanziert durch das nach Einführung der Reformation in Lübeck eingeschmolzene Kirchensilber, eroberten die Truppen der Grafen ohne große Mühe die dänischen Inseln und auch die Hauptstadt Kopenhagen. Es erhoben sich nämlich zugleich die protestantisch gesinnten Bauern und Bürger in Erinnerung an die Förderung durch Christian II. gegen Adel und Geistlichkeit, die Christian III. einsetzen wollten.

In vielen Städten wurden demokratische Regierungen errichtet und die Vorrechte der hohen Herrschaften beschnitten. Diese aber fanden einen mächtigen Verbündeten im schwedischen König Gustav I. Wasa, der am 14. Juli 1534 die Wahl Christians III. durch den Adel ermöglichte und die Unterstützung deutscher Fürsten gewann. Ihr Heer besetzte Travemünde, trennte damit Lübeck von seinen Seeverbindungen und zwang Holstein zum Frieden. Die auf sich allein gestellte Hansestadt

König Christian VII. von Dänemark und Norwegen regierte von 1766 bis 1808. Wegen seiner Geisteskrankheit übernahm jedoch sein Leibarzt Struensee als Leitender Minister die Amtsgeschäfte.

wurde am 11. Juni 1535 am Ochsenberge bei Assens auf Fünen geschlagen und verlor in einem Seegefecht bei Bornholm das Gros ihrer Flotte. Wullenwever stürzte (hingerichtet 1537), Lübeck musste am 14. Februar 1536 in den Frieden von Hamburg willigen und büßte damit seine politische und wirtschaftliche Führungsrolle an der Ostsee ein.

Königin Caroline Mathilde, geborene Prinzessin von Großbritannien, wurde die Geliebte von Johann Friedrich Struensee, dem Leibarzt ihres Gemahls.

Johann Friedrich Struensee

Er kam am 5. August 1737 in Halle an der Saale als Sohn eines Pastors zur Welt und brachte es bis zum heimlichen Herrscher Dänemarks. Noch heute eine erstaunliche Karriere, damals aber völlig unfassbar. Im 18. Jahrhundert zählte nur der Adel. Wie kam ein einfacher Mann in diese feine Gesellschaft?

König Christian VII. leidet an Depressionen und Zuständen geistiger Umnachtung, seine Frau Caroline Mathilde leidet mit darunter und unter der entsprechenden ehelichen Kälte. Wer könnte helfen? Auf einer Reise lernen sie den Stadtphysikus, heute hieße das Amtsarzt, im dänischen Altona kennen, Dr. Johann Friedrich Struensee, der durch scharfe Schriften gegen Kurpfuscherei und Aberglauben Aufsehen erregt hat. Der König fasst Vertrauen zu seinem deutschen Untertan trotz oder gerade wegen dessen Offenheit, mit der er Seiner Majestät Trunksucht bescheinigt.

Auch die Königin ist fasziniert, aber weniger vom Arzt als vom stattlichen Mann Struensee. Beide Majestäten bitten ihn an den Kopenhagener Hof. Dort gerät der halt- und willenlose König bald ganz unter Struensees Einfluss, und die Königin wird seine Geliebte. Schließlich überlässt der König seinem Arzt alle Regierungsgeschäfte.

Struensee nutzt seine Allgewalt zum radikalen Umbau des dänischen Staates zu Lasten der Reichen und Großen. Natürlich merkt er den Widerstand bei den von ihm Zurechtgestutzten, aber er ignoriert die Warnsignale. Mit rastloser Energie treibt er die Reformen voran (u. a. Abschaffung von Zensur und Folter), bis es einer Adelsintrige gelingt, vom König die Verhaftung Struensees zu erzwingen. Angeklagt des Ehebruchs mit der Königin und diverser anderer Vergehen, wird der eben noch allmächtige Mann zum Tod verurteilt und 1772 hingerichtet. Dänemark aber hat von seinen Reformen sichtlich profitiert.

Norwegen und Schweden scheitern.	
Der Adel erzwingt Mitspracherechte von König Erich V. Klipping (1259–1286) auf einem jährlich einzuberufenden Reichstag.	1282
Knuts Bruder Waldemar II. (bis 1241) erwirbt sich durch Eroberung von Estland den Beinamen „der Sieger"; wenig später beginnt der militärische und wirtschaftliche Niedergang.	1202
Mit der Thronbesteigung durch Waldemar I. den Großen (bis 1182) festigt sich die Königsmacht wieder. Sein Sohn Knut IV. (bis 1202) schlägt einen expansiven Kurs ein (Mecklenburg, Pommern, Holstein, Hamburg).	1157
Unter König Svend Estridsson (bis 1074) kommt es zu enger Zusammenarbeit mit den Bischöfen, die sich danach durch Thronstreitigkeiten lockert.	1047
Dänen erobern England, König wird dort 1016 Knut der Große (gestorben 1035), der 1018 auch den dänischen Thron übernimmt und 1028 ebenso den norwegischen.	1013
Unter Harald Blauzahn gewinnt das dänische Reich Südschweden und Norwegen.	970
König Harald duldet nicht nur die Missionstätigkeit des Mönchs Ansgar, sondern nimmt selbst das Christentum an.	826

Norwegen

Das

Das jüngste europäische Königshaus hat lange wenig von sich reden gemacht, und ist erst in jüngster Zeit stärker ins Bewusstsein der Öffentlichkeit gerückt. Und wieder einmal ist es eine Romanze von einiger Würze gewesen, die für Aufmerksamkeit gesorgt hat: Kronprinz Haakon Magnus, Sohn von König Harald V. und seiner Frau Sonja, hat eine Wahl getroffen, die zunächst Strinrunzeln, ja erschrockene Abwehr auslöste, ehe sie in Jubel und Bewunderung für seine Braut und heutige Frau Mette-Marit umgeschlagen ist. Zwischendurch waren erneut ein paar Wolken aufgezogen, doch die haben sich bereits wieder verzogen, da Mette-Marit dem Thronfolger eine Prinzessin geschenkt hat.

Es ging bei den Sorgen weniger um die Tatsache, dass eine Bürgerliche ins Könighaus einziehen würde; die Hürde hatte schon der Vater genommen. Es ging um die Vergangenheit dieser schönen Frau. Sie hat aus einer früheren, nicht legalisierten Beziehung den Sohn Marius, und sie hat Erfahrungen aus dem Drogenmilieu, die so ganz und gar nicht zu einer künftigen Königin passen wollen. Königssohn Haakon aber hat für seine Liebe engagiert gekämpft, so dass bei den Norwegern heute Bewunderung die Bedenken überwiegt. So reich gesegnet ist das Königshaus zudem nicht mit Prinzlichem, dass man einen Thronverzicht Haakons riskieren mochte.

Der Königspalast in Oslo, die offizielle Residenz des Königs, wirkt äußerlich recht schlicht und nüchtern. Im Innern beherbergt er jedoch repräsentative Säle. Der königliche Familienwohnsitz in Skaugum vor den Toren der Hauptstadt soll zukünftig das Heim von Kronprinz Haakon und Mette-Marit werden.

Haus Schleswig-Holstein-Sonderburg-Glücksburg

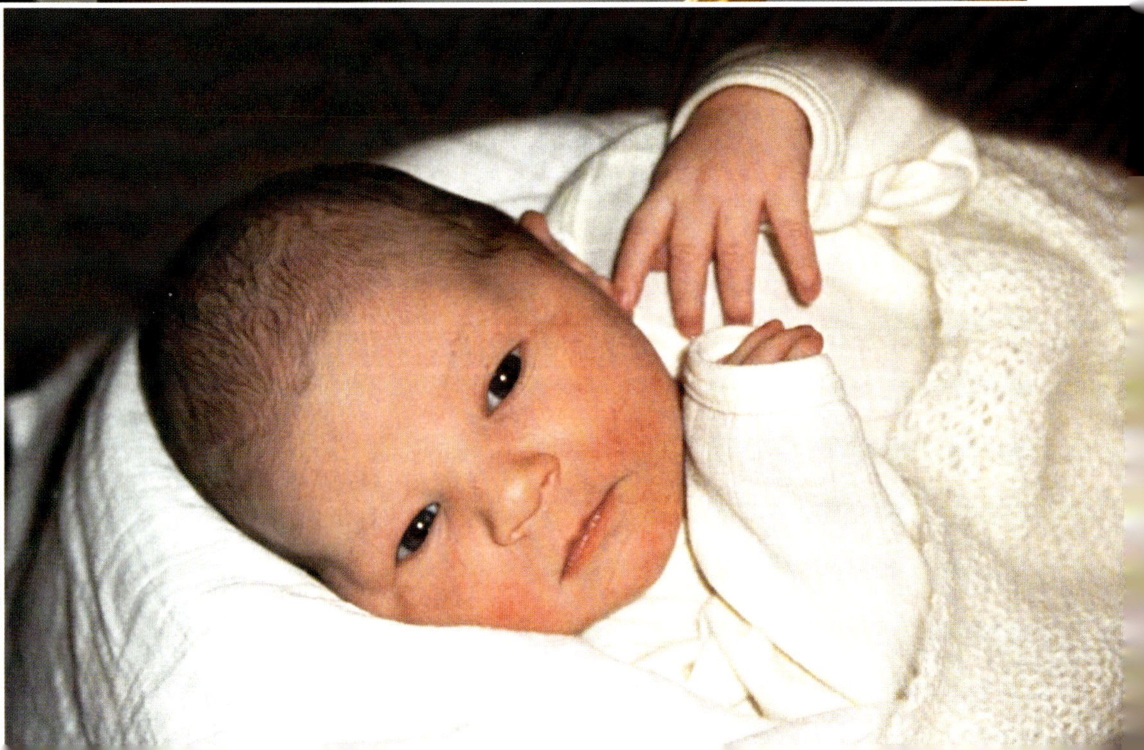

Das norwegische Königshaus

Überglücklich und stolz präsentieren Kronprinz Haakon, Kronprinzessin Mette-Marit und kleine Marius ihren Familienzuwachs auf ihrem Landsitz Skaugum in Asker den Fotografen. Am 30. Januar 2004 erblickte Prinzessin Ingrid Alexandra das Licht der Welt.

Mit seinem Bekenntnis zu der Bürgerlichen Mette-Marit, die zudem noch einen unehelichen Sohn aus einer früheren Beziehung hat, setzte sich Kronprinz Haakon bei seiner Familie durch. Das gemeinsame Töchterchen Ingrid macht das Glück der kleinen Familie perfekt.

Das norwegische Königshaus heute

Erst in ferner Zukunft aber werden die jetzt besonders beäugten jungen Leute im königlichen Rampenlicht stehen. Noch sitzen König Harald V. und seine Frau Sonja, sinnigerweise eine geborene Haraldsen, in der ersten Reihe. Sie ergänzen einander offenbar ideal. Die Königin bewundert an ihrem Mann den Humor, mit dem er selbst weniger Erfreuliches zu nehmen versteht. Außerdem habe er „die Fähigkeit, auf Menschen offen zuzugehen". An seiner Frau schätzt Harald, dass sie perfekt zu organisieren versteht und so ihrer Familie

König Harald V., hier mit Königin Sonja bei einem Staatsbesuch in Belgien im Mai 2003, legte 1991 den Amtseid auf die Verfassung ab. Er ist beim Volk überaus beliebt.

Kronprinz Haakon mit Mette-Marit an seinem 30. Geburtstag, dem 20. Juli 2003.

Das norwegische Königshaus

auch den privaten Freiraum sichert, den sie zur Regeneration für ihr öffentliches Leben braucht. Es begann für sie im vollen Umfang 1991, als König Olav V. starb, auch wenn schon zuvor vom Kronprinzen und seiner Frau reichlich repräsentative Termine wahrzunehmen waren.

Die heutige Königin Sonja steht seit 1968 an der Seite des damaligen Thronerben Harald, doch kennen sie einander schon weit länger. Nach dem Abitur absolvierte Harald (Jahrgang 1937) seinen Wehrdienst und studierte an der Militär-Akademie. Schon auf dem Abschlussball war die gleichaltrige Sonja

Kronprinz Haakon und sein Stiefsohn Marius verfolgen von einem Schlauchboot aus die Segelregatta „Copa del Rey" vor der Küste Palma de Mallorcas im Sommer 2003, an der auch König Harald teilnimmt.

Prinzessin Märtha Louise und ihr Mann Ari Behn verbringen ihren Sommerurlaub auf dem Segelschiff „Fram XV" im Mittelmeer, 2002.

Gegenüber: Glücklich lächelnd posiert das frisch getraute Paar, Prinzessin Märtha Louise und ihr Bräutigam Ari Behn, für das offizielle Hochzeitsfoto am 24. Mai 2002. Aus Liebe verzichtet Märtha Louise auf ihren Status einer Königlichen Hoheit.

Haraldsen, eine gelernte Schneiderin, seine Tänzerin. Bis sie offiziell als Verlobte des Kronprinzen auftreten durfte, verging viel Zeit, denn ohne Genehmigung des Königs war das nicht möglich. Nach vielen Beratungen mit der Regierung stimmte König Olav V. schließlich im März 1968 zu, und fünf Monate später war die Hochzeit. 1971 kam die Tochter Märtha Louise, heute ebenfalls bürgerlich verheiratet, zwei Jahre später der künftige Kronprinz Haakon Magnus. Zur weiteren Königlichen Familie gehören noch die beiden Schwestern des Königs Ragnhild Alexandra, geboren 1930 und verheiratet mit Erling Sven Lorentzen (geboren 1923), sowie Astrid Maud Ingeborg, Jahrgang 1932 und verheiratet mit dem fünf Jahre älteren Johann Martin Ferner.

Das Königspaar residiert gewöhnlich im Osloer Schloss, dessen nüchterne Bauweise ganz dem schlichten Stil des Hauses entspricht. Mit ihren Kindern und deren Familien treffen sie gern auch in ihrem vor den Toren der Hauptstadt gelegenen Schloss Skaugum zusammen, das zur Hochzeit von Kronprinz Haakon ihm und seiner Frau

Das norwegische Königshaus

Mette-Marit übereignet worden ist. Königstochter Märtha Louise wohnt mit ihrem Schriftsteller-Ehemann Ari Behn in Bloksbjerg auf der Insel Hankö bei Oslo. Alle Familienmitglieder verbindet Sportlichkeit. Der König wandert gern zusammen mit seiner Frau im Gebirge. Außerdem ist er passionierter Ruderer, Skiläufer und Segler, als der er auch an Olympischen Spielen teilnahm. Seine Tochter Märtha gilt als eine äußerst talentierte Springreiterin und beherrscht das Wasserskilaufen perfekt. Dem Kronprinzen kann man beim Paragleiten ebenso begegnen wie beim Segeln oder Skilaufen, beides Sportarten, die auch seine Frau schätzt. Fit also sind alle, und das ist für ihren stressigen Beruf als oberste Repräsentanten des Landes eine wichtige Voraussetzung.

Einen Tag vor ihrer Hochzeit im Mai 2002 legt Prinzessin Märtha Louise den „Tauglichkeitstest für Prinzessinnen" ab, eine amüsante Veranstaltung, die sie mit Bravour vor zahlreichen Schaulustigen in Trondheim absolviert.

Prinzessin Märtha Louise und ihr Verlobter Ari Behn besuchen eine Variété-Show, die die Stadt Trondheim für das Paar gibt.

Das norwegische Königshaus

Später Wiedereintritt in die Geschichte

Norwegen ist ein zerklüftetes Land. Im Mittelalter, als es noch weit dünner besiedelt war als jetzt noch, zerfiel es entsprechend in viele kleine Herrschaften und Fürstentümer. Immer nur vorübergehend gelang die Einigung unter mächtigen Königen. 1380 geriet das Land durch die Krone in Abhängigkeit von Dänemark und verblieb unter Kopenhagener Vormundschaft bis 1814. Die Dänen nämlich hatten sich mit dem französischen Eroberer Napoleon eingelassen und mussten nun die Konsequenzen seiner Niederlage mittragen. Der schwedische Kronprinz Karl XIV. Johann, ein ehemaliger Marschall des Kaisers der Franzosen, zwang sie 1814 zur Herausgabe des Nachbarlandes an Schweden. Die Norweger sahen darin die Chance, die seit einem halben Jahrtausend andauernde Fremdherrschaft zu beenden und beriefen nach Eidsvoll im Norden von Oslo (damals Christiania) eine verfassunggebende Versammlung ein. Sie verabschiedete am 17. Mai 1814 (bis heute Nationalfeiertag) ein liberales Grundgesetz, das sich an der französischen und amerikanischen Verfassung orientierte, und wählte einen dänischen Prinzen zum König des Landes.

Kronprinzessin Mette-Marit und Kronprinz Haakon zu Gast bei Königin Beatrix in Amsterdam, 2002.

Unten: König Harald und König Carl Gustaf von Schweden bei der Königlichen Rennwoche in Ascot, 2002.

Die Idealisten von Eidsvoll hatten die Rechnung allerdings ohne den schwedischen Wirt gemacht. Karl XIV. Johann ließ Truppen aufziehen und erzwang so die Unterwerfung. Immerhin war er besonnen genug, den Norwegern einen weiten Autonomie-Spielraum auf der Basis der Eidsvoll-Verfassung einzuräumen. Zwar kam es immer wieder zu Querelen zwischen dem schwedischen Herrscher und dem norwegischen Parlament, dem Storting, doch wo immer möglich ließ Stockholm die Norweger gewähren, schritt nicht ein, als sie 1821 die Abschaffung des Adels beschlossen, und auch nicht, als sie 1898 das allgemeine Männerwahlrecht einführten. Damit stärkte man allerdings das Storting und war schließlich machtlos, als dieses die Ablehnung eines Parlaments-Beschlusses durch den schwedischen König zum Anlass nahm, die Union mit Schweden im Juni 1905 zu kündigen. Ein Volksentscheid vom 13. August 1905 machte die Trennung

Prinzessin Mette-Marit, in einem Traum von Weiß, und Kronprinz Haakon eröffnen mit dem Walzer den Hochzeitsball auf dem Königsschloss, 2001.

Mit ihrem Sohn Marius auf dem Arm winkt Kronprinzessin Mette-Marit neben Haakon und ihren Schwiegereltern den jubelnden Schaulustigen vom Balkon des Schlosses in Oslo zu, nachdem sie im Dom zu Oslo getraut wurden, 2001.

Das norwegische Königshaus

endgültig; Schwedens Oskar II. dankte als norwegischer König ab. Norwegen war zurück als eigene Größe in der europäischen Geschichte.

Erneut fragte man das Volk, ob denn nun eine Republik oder wieder eine Monarchie das Land prägen sollte. Die Antwort: Beides. Man wollte eine parlamentarische Monarchie, und als König wurde der zweite Sohn des Dänenkönigs Friedrich VIII., Prinz Carl, ausersehen. Er nahm den norwegischen Namen Haakon VII. an und wurde zusammen mit seiner Frau Maud, einer Tochter des britischen Königs Eduard VII., und seinem zweijährigen Sohn Alexander im November 1905 von der Osloer Bevölkerung mit großer Freude empfangen. Der Kronprinz erhielt ebenfalls einen norwegischen Namen und hieß fortan Olav. Als fünfter dieses Namens folgte er dem Vater 1957 als König. Olavs Sohn, der seit 1991 amtierende König Harald, ist der erste in Norwegen geborene König seit der Selbstständigkeit des Landes. Und mit seiner Frau Sonja hat Norwegen seit langen Jahrzehnten auch wieder eine Königin, nachdem die Frau Olavs V., Märtha von Västergötland (Schweden), schon 1954 gestorben war und Olav als Witwer den Thron geerbt hatte.

Auf hundert Jahre Unabhängigkeit und eigene Monarchie könnte Norwegen nun sehr bald zurückblicken, wäre da nicht eine schreckliche Unterbrechung gewesen: Anfang April 1940 besetzten deutsche Truppen das Land; die königliche Familie musste nach England und weiter in die USA ins Exil ausweichen; in Oslo regierte fortan ein Reichskommissar von Hitlers Gnaden oder genauer: brutalen Ungnaden. Die Exilregierung und das Königshaus unterstützten aus der Ferne, so gut es ging, die Widerstandsbwegung und ihren opferreichen Kampf. Rund 40 000 Landsleute landeten in deutschen KZs oder vor Erschießungskommandos. Am 31. Mai 1945 erst konnte die Regierung zurückkehren. Eine Woche später folgte unter dem Jubel der Bevölkerung die königliche Familie.

König Harald und Königin Sonja verlassen am 25. August 2001 nach der Trauung ihres Sohnes mit Mette-Marit den Dom in Oslo.

Kronprinz Haakon und Mette-Marit Tjessem Höiby treffen am 18. Mai 2001 zur Dinner-Party des niederländischen Prinzen Constantijn am Vorabend seiner Hochzeit mit Laurentien im Palast in Den Haag ein.

Chronik der wichtigsten Ereignisse

2003 Jahreschronik

01.12. Ein Sprecher des Königshauses erklärt, dass König Harald V. an Blasenkrebs erkrankt ist.

19.10. Kronprinzessin Mette-Marit bekennt in einem Interview mit der Zeitung „Dagbladet", dass sie Angst vor Fehlern bei öffentlichen Auftritten hat: „Vor allem im Fernsehen habe ich das Gefühl, dass mich meine ganze Intelligenz verlässt und dass mein Wortschatz schrumpft."

26.08. Der Türsteher der Osloer Szene-Disco „Arcimboldo" weist Prinzessin Mette-Marit und ein paar Freunde ab, weil sie sich nicht in die Schlange einreihen wollen.

18.08. Einschulung von Marius, dem sechsjährigen Sohn der Kronprinzessin aus einer früheren Beziehung.

04.07. Der Hof gibt bekannt: Mette-Marit, die Ehefrau des Kronprinzen, ist schwanger, Geburtstermin voraussichtlich 22.01.2004.

15.06. In einem Comic mit dem Titel „Blaues Blut" wird die königliche Familie im Jahr 2025 ironisch imaginiert; man sei nicht informiert gewesen, verlautbart der Hof.

29.04. Märtha Louise, Tochter des Königs und Ehefrau von Ari Behn, bringt eine Tochter zur Welt.

13.04. Aus ihrem Londoner Domizil brechen Kronprinz Haakon und seine Frau Mette-Marit zu einem Sonnenurlaub nach Brasilien auf.

Jan. Thronfolger Haakon und seine Frau Mette-Marit machen Skiferien im norwegischen Hemsedal.

2002

10.12. Aus der Hand von König Harald V. nimmt der ehemalige US-Präsident James

Menschliche und politische Bewährungsprobe

Offenbar gefasst hat König Harald V. Ende November 2003 die Diagnose „Blasenkrebs" aufgenommen. Es bestehen laut Aussage der Ärzte des behandelnden Rikshospitalet gute Heilungschancen, weil

Kronprinz Haakon vertritt seinen erkrankten Vater bei vielen offiziellen Anlässen, wie hier mit seiner schwangeren Frau Mette-Marit beim Staatsbesuch des polnischen Präsidenten, 2003.

der Krebs in einem sehr frühen Stadium entdeckt worden ist, so dass der König nach der Operation und einigen Wochen Erholung nach menschlichem Ermessen völlig wiederhergestellt sein wird. Ob zusätzlich eine Chemotherapie erforderlich sein wird, lässt sich erst nach dem Eingriff sagen; vermutlich aber können die Ärzte darauf verzichten.

Verzichten muss nun auch Kronprinz Haakon, denn er hat das Staatsoberhaupt während der Behandlungszeit zu vertreten. Die wird sicher über den vermutlichen Geburtstermin seines ersten Kindes am 22. Januar 2004 hinaus andauern. Der junge Vater in spe kann daher nicht wie geplant den üblichen 14-tägigen Vaterschaftsurlaub nehmen, auf den er sich so gefreut hat. Die verfassungsmäßigen Pflichten gehen jedoch vor, und Haakon stellt sich ihnen schon aus menschlicher Solidarität mit dem Vater und aus politischem Verantwortungsbewusstsein.

Auch beim Hochadel gibt man sich modern und liberal: Der blonde Marius ist der uneheliche Sohn Mette-Marits.

Die gesundheitlichen Probleme des Königs sind eine doppelte Bewährungsprobe für ihn, der nun weniger Zeit für seine Frau hat und zeigen muss, dass er die Königsrolle auszufüllen in der Lage ist.

Angeheirateter Königsenkel wird ABC-Schütze

Morgen feiert die schwangere Mama Mette-Marit ihren dreißigsten Geburtstag. Da möchte sie ihr Mann Kronprinz Haakon nicht allein lassen, wenn sie am 18. August 2003 ihren Sohn Marius in der Janslökka-Schule in Asker bei Oslo zur Einschulung bringt. Und so kommt es zur Begegnung zwischen Morten Borg (42), dem Vater des Kindes, und dem Stiefvater. Eine pikante Situation, offensichtlich aber eine gewollte. Das junge Paar will demonstrieren, dass es modern und vorurteilsfrei mit der

Vergangenheit umgeht und dass es sich mehr Toleranz in der Gesellschaft wünscht. Dazu gehört Mut, zumal da die Vergangenheit auch anderweitig Probleme bereitet: Am gleichen Tag steht Espen Höiby, Bruder von Mette-Marit, vor Gericht, weil er seine Freundin krankenhausreif geschlagen haben soll. Er bestreitet die Tat. Sollte er jedoch verurteilt werden, wäre die königliche Familie mit einem Straftäter verschwägert. Stimmen werden laut, die eine klare Distanzierung der Kronprinzessin von ihrer Familie verlangen.

Bürgerliche Nachkommin von Queen Victoria

Einmal Prinzessin – immer Prinzessin. Auf diese Formel kann man den Jubel bringen, mit dem die Norweger auf die Geburt der Tochter von Königstochter Märtha Louise reagieren. Am 29. April 2003 hat Frau Behn, so heißt die Mutter seit ihrer Eheschließung mit dem Schriftsteller Ari Behn, Maud Angelica zur Welt gebracht, 50 Zentimeter groß, 3516 Gramm schwer, ein Prachtkind und erstes Enkelkind von König Harald V. und somit Urururur-Enkelin der britischen Königin Victoria. Dass Märtha Louise aus Liebe auf ihren Status einer Königlichen Hoheit verzichtet hat, schmälert ihre Prominenz nicht, eher im Gegenteil, wobei es natürlich auch eine Rolle spielt, dass sie mit ihrem Nachwuchs der schönen Kronprinzessin Mette-Marit zuvorgekommen ist. Man munkelt zwar, dass auch beim Thronfolger bald Kindersegen erwartet wird, doch noch wird eifrig dementiert. Immerhin haben Reporter die Schwägerin nach einem Besuch am Wochenbett von Märtha erwischt und von Mette-Marit zu hören bekommen: „Es war so wunderbar. Ich muss das Baby morgen gleich wiedersehen!" Dabei hatte die Kronprinzessin Tränen in den Augen. Ein Schelm, der Schönes dabei denkt.

Auszeit von anstrengendem Studieren

Wundern wird man sich ja wohl dürfen, haben sich die Journalisten gedacht, die am 13. April 2003 König Harald bei dessen Pressekonferenz zuhören. Als dann Fragen zugelassen sind, wollen einige wissen, warum das Kronprinzenpaar in diesem Jahr nicht an der Familienzusammenkunft zu Ostern teilnimmt. „Ferien vom Lernen", ist die Antwort. Warum nicht daheim? Der Bescheid, die jungen Leute wollten mal ein wenig Sonne in Brasilien tanken nach den dunklen Monaten im nasskalten London, findet nicht das rechte Verständnis, da der London-Aufenthalt angeblich 13 000 Euro im Monat kostet und deshalb wohl kaum so belastend sein kann, dass Südamerika der Heimat vorzuziehen wäre. Der König aber verweist auf die hohen Lebenshaltungskosten in Großbritannien und findet, dass sich fleißige Nachwuchs-Monarchen eine Erholung verdient haben. Kein Wunder, dass dann Fragen kommen wie die, warum bei einer jährlichen Apanage von 570 000 Euro für Haakon und Frau die laufenden Kosten im luxuriösen Londoner Earl's Court vom Hof bezahlt werden und nicht aus eigener Ta-

Prinzessin Märtha Louise mit ihrem Mann Ari Behn, der die kleine Tochter Maud Angelica am Tag ihrer Taufe am 2. Juli 2003 auf dem Arm hält.

(„Jimmy") Earl Carter den Friedensnobelpreis entgegen.	
Drei Tage nach ihrem ersten Hochzeitstag zieht die Kronprinzenfamilie nach London.	28.08.
Das Kronprinzenpaar mietet in London eine Wohnung in Earl's Court: Mette-Marit hat sich dort an der School of Oriental and African Studies eingeschrieben; Haakon wird an der London School of Economics studieren.	04.07.
Kronprinz Haakon bereist eine Woche lang den ostafrikanischen Staat Mosambik.	Juni
Kirchliche Trauung von Prinzessin Märtha Louise und Ari Behn in der Nidaros-Kathedrale von Trondheim.	24.05.
Ohne seine Frau tritt Kronprinz Haakon eine fünftägige Deutschlandreise an.	12.05.

Undiplomatisches vom Bräutigam

So ganz glücklich sind König Harald und Königin Sonja nicht mit der Partnerwahl ihrer Kinder. Mette-Marit hat sich zwar in die Herzen der Norweger gelächelt, doch Ari Behn ist ein Mann, und Männer haben es da schon schwerer. Es sind außerdem Video-Aufnahmen bekannt geworden, die den Bräutigam von Prinzessin Märtha Louise beim Koksen mit Prostituierten in Las Vegas zeigen, was noch als derbe Junggesellenausschweifung hingehen könnte. Doch dass der künftige Schwiegersohn öffentlich den amerikanischen Präsidenten Bush als wenig glaubwürdig geschmäht und „die Deutschen" pauschal als „schlechte Menschen" qualifiziert hat, mag wohl bei manchem klammheimlich Zustimmung finden, ein Zeichen von diplomatischem Geschick sind solche Äußerungen nicht.

Die Braut aber steht unbeirrt zu ihrem Ari, und die hochadlige Jugend Europas lässt sich vom Genörgel über den vorlauten Schriftsteller und TV-Filmer nicht abschrecken. Aus aller Herren Länder kommen Prinzen und Prinzessinnen und aus Dänemark sogar die Königin höchstselbst zur Trauung nach Trondheim am 24. Mai 2002. Auch die Menschen an den Straßen um den Nidaros-Dom sehen nur Jubelanlass, schwenken Fähnchen und freuen sich am hochkarätigen Aufmarsch. Er reicht zwar nicht ganz an den Trubel heran, der vor einem Dreivierteljahr die Hochzeit des Kronprinzen ausgelöst hat. Doch als die Kutsche das frisch vermählte Paar entführt, rauscht begeisterter Beifall auf. Er gilt dem jungen Glück und drückt zugleich Respekt davor aus, dass Prinzessin Märtha auf ihren Status als Königliche Hoheit und auf ihre Apanage verzichtet. Die gelernte Physiotherapeutin will künftig ihr Geld als „Kultur-Vermittlerin" verdienen. Ihr Mann als

08.05.	Bei einem Fernsehinterview erleidet Mette-Marit Gesichtsverbrennungen.
März	Beim Skifahren zieht sich Kronprinzessin Mette-Marit einen Bruch des rechten Fußknöchels zu.
Feb.	Kronprinz Haakon und seine Frau Mette-Marit halten sich während der Olympischen Winterspiele in Salt Lake City (US-Bundesstaat Utah) auf.

Kronprinz Haakon und Mette-Marit beim Bummel durch Londons Hyde-Park, 2002.

Königin Sonja bei der Ankunft im Nidarosdom in Trondheim vor der kirchlichen Trauung ihrer Tochter Märtha Louise im Mai 2002.

sche. Das sei so vereinbart, wird erklärt, weil das junge Paar hohe Aufwendungen für die Instandhaltung von Schloss Skaugum bei Oslo habe. So richtig glücklich aber sind die Journalisten mit der Auskunft nicht. Der Hof wird sich bessere Argumente einfallen lassen müssen.

Das norwegische Königshaus

Medienprofi wird ihr da sicher einige Wege ebnen können.

Schneeblind im Wonnemonat

Der Himmel lacht, die Prinzessin lächelt und Interviewerin Sandra Maischberger vom Sender n-tv strahlt am 8. Mai 2002. Es strahlen aber auch die Scheinwerfer, und zusammen mit dem Sonnenlicht ergibt das eine Helligkeit, die zur Vorsicht mahnen müsste. Mette-Marit und ihr Mann Haakon aber sind so nett ins Gespräch gekommen mit der netten Frau Maischberger, dass sie nicht merken, wie sie allmählich sonnengeröstet werden. Während es den Kronprinzen, der etwas seitlich sitzt, nur unwesentlich erwischt, erleidet die Prinzessin schwere Hautverbrennungen. Auch die Augenhornhaut ist beschädigt wie bei Schneeblindheit. Kronprinz Haakon muss die geplante Deutschlandreise allein antreten. Im Kommuniqué des Hofes heißt es:

„Die vom Kronprinzenpaar erlittenen Sonnenverbrennungen haben zu einer Verbrennung ersten Grades, aber bei der Kronprinzessin auch stellenweise zu Bläschenbildungen wie bei Verbrennungen zweiten Grades geführt. So schwere Hautverletzungen sind in den letzten 20 Jahren nur zwei Mal in der dermatologischen Abteilung der Universitätsklinik festgestellt worden und in beiden Fällen nach Verwendung von Höhensonnen älterer Art. Aufgrund der Hautverletzungen darf die Kronprinzessin

Das Brautpaar, Prinzessin Martha Louise und Ari Behn, genießt ein Stück Hochzeitstorte beim Hochzeitsball nach ihrer Trauung, 2002.

keinem UV-Licht ausgesetzt werden. Das hat zur Folge, dass die Kronprinzessin selbst bei bewölktem Wetter sich nicht außer Haus aufhalten darf."

Kronprinz Haakon und seine Frau Mette-Marit beim Interview des TV-Senders n-tv am 8. Mai 2002. In praller Sonne erlitt die Kronprinzessin so starke Verbrennungen, dass sie ihren Besuch in Deutschland absagen musste.

Jahreschronik 2001

31.12. Der Hof gibt offiziell die Verlobung von Prinzessin Märtha Louise mit dem Schriftsteller Ari Behn bekannt.

16.09. Rückkehr des Kronprinzenpaars von der Hochzeitsreise mit der ersten Linienmaschine New York–Oslo nach dem Terroranschlag vom 11. September.

10.09. Nach einer Wahlschlappe der Sozialdemokraten unter Ministerpräsident Jens Stoltenberg beauftragt König Harald V. den Konservativen Kjell Magne Bondevik mit der Regierungsbildung.

25.08. Trauung von Kronprinz Haakon mit der bürgerlichen Mette-Marit Tjessem Höiby.

22.08. In einem Interview bekennt sich die künftige Kronprinzessin Mette-Marit zu früherem Drogenkonsum und dazu, dass sie „als Jugendliche

öffnet hat. Trotz der ungemein scharfen Sicherheitsvorkehrungen nach dem Terroranschlag vom 11. September 2001 werden es fröhliche Wettkämpfe, die am Ende Deutschland auf Rang eins vor den USA sehen. Schon an dritter Stelle aber kommt das kleine Norwegen und lässt sogar das riesige Russland hinter sich. Entscheidend dazu bei trägt Ole Einar Björndalen, der zum „König der Spiele" wird. Der Biathlet siegt in allen vier Disziplinen souverän und lässt die nordische Medaillenbilanz golden glänzen. Er ist nach Lidija Skoblikowa (Sowjetunion) 1964 und Eric Heiden (USA) 1980 erst der dritte Wintersportler, dem ein solches Kunststück glückt. Zum norwegischen Triumph steuert auch sein alpiner Landsmann Kjetil-Andre Aamodt zwei weitere Goldmedaillen bei, die den passionierten Skiläufer Haakon besonders freuen: Aamodt siegt im Super-G und in der Kombination. Der Kronprinz hat mit Gratulieren alle Hände voll zu tun, eine der angenehmsten Pflichten beim Repräsentieren.

König Harald V. beim Langlauf-Ski am Holmenkollen nahe Oslo, 2000.

ein ausschweifendes Leben jenseits des Akzeptierten" geführt habe. Das Bekenntnis solle klar machen, dass sie einen klaren Schlussstrich gezogen habe.

2000

01.12. Offizielle Bekanntgabe der Verlobung von Kronprinz Haakon mit der bürgerlichen alleinerziehenden Mutter Mette-Marit Tjessem Höiby, die einen vierjährigen Sohn aus einer früheren Beziehung hat.

Aug. Kronprinz Haakon absolviert ein Praktikum im Osloer Außenministerium.

16.04. Königspaar und Kronprinz nehmen an den Feierlichkeiten zum 60. Geburtstag der dänischen Königin Margrethe II. teil.

Zärtlich streichelt Kronprinzessin Mette-Marit ihren frisch angetrauten Gatten Kronprinz Haakon kurz nach der Trauung am 25. August 2001 vor dem Dom in Oslo.

Triumph für ein kleines Land

Ganz Norwegen hat kaum mehr Einwohner als Berlin, gehört also zu den kleinen Nationen. Im Wintersport aber ist sie ganz groß. Das erleben im Februar 2002 Kronprinz Haakon und seine Frau in Salt Lake City bei den XIX. Olympischen Winterspielen, die US-Präsident George W. Bush am 8. des Monats um 21.08 Uhr er-

Schöpferkraft der Liebe

Man könnte den Eindruck haben, als sei die Monarchie in Europa die herrschende Staatsform, so strömen die Hoheiten am 25. August 2001 in den Olsoer Dom. Es fehlt auch nicht eines der regierenden Häuser, und trügen alle ihre Repräsentanten Kronen, es gäbe ein schier blendendes Gefunkel. Schon so bietet sich den Zuschauern, die zu Zehntausenden die Straßen zum Dom säumen und zu Millionen an den Fernsehschirmen sitzen, ein farbenprächtiges Schauspiel von bunten Schärpen, blitzenden Orden, leuchtenden Roben, schneidigen Uniformen, Blumengebinden und glitzernden Diademen. Der Hochadel feiert sich selbst, und das zu einer Gelegenheit, die ihm eigentlich eher gegen den Strich gehen müsste, und insofern hat das Spektakel unübersehbar auch eine trotzige Note: Wenn einer der ihren, in diesem Fall Kronprinz Haakon, eine Bürgerliche heiraten will und noch dazu eine mit viel kritisierter Vergangenheit, dann stehen die hohen Herrschaften gerade zu ihm.

Dabei spielt natürlich mit, dass die Braut ausnehmend schön ist und man sich gern mit ihr sehen lässt. Auch will niemand den anrührenden Moment des Ja-Wortes versäumen und teilhaben an den Freudentränen, die spätestens dann fließen, als Bischof Gunnar Stalsett in seiner Predigt von der „Schöpferkraft der Liebe" spricht, die an dem jungen Paar Wunder gewirkt habe. Ja, der Geistliche weiß sogar den angeblichen Makel des unehelichen Kindes, das Mette-Marit in die Ehe mitbringt, in eine Stärke zu verwandeln: „Als alleinerziehende Mutter hast du einen Weg auch für andere Mütter gezeigt", sagt er zur sichtlich mit den Gefühlen kämpfenden Braut, die neben dem stattlich-uniformierten Kronprinzen in ihrem weißen Kleid zerbrechlich zart wirkt. Eine Stütze hat sie aus Jugendtagen mitgebracht: ihre Trauzeugin und beste Freundin, die Friseuse Linda Taanevik; für ihren Mann übernimmt der dänische Kronprinz Frederik diese Rolle.

Unter Orgelnachspiel und Glockengeläut verlassen Brautpaar und Gästeschar den Dom und zeigen sich den Menschen, die im Regen ausgeharrt haben. Mit viel Gewinke geht es in einem Oldtimer zum Schloss, wo die Zuschauermenge nicht ruht, bis Mette-Marit und Haakon sich mit dem kleinen Marius auf dem Balkon zeigen. Der blonde Bub auf dem Arm der anmutigen Mutter bewegt die Herzen kaum weniger als der hochzeitliche Anlass selbst. Und könnten die Leute die Worte hören, mit denen Haakon beim Festbankett vor 400 hochkarätigen Gästen seine Tischrede beschließt, es würden noch mehr Augen feucht als ohnedies schon: „Ich war noch nie so schwach und noch nie so stark wie in diesem Moment – Mette-Marit, ich liebe dich!"

07.03. Nach zweieinhalb Jahren im Amt hat die bürgerliche Regierung des Christdemokraten Bondevik eine Abstimmungsniederlage erlitten und ist zurückgetreten; König Harald überreicht dem Sozialdemokraten Jens Stoltenberg als Führer einer Minderheitsregierung die Ernennungsurkunde.

Kronprinz Haakon und seine Braut Mette-Marit treffen am Tag vor ihrer Trauung zum Festbankett ein, das die norwegische Regierung für das Brautpaar gibt.

21.02. König Harald V., ein begeisterter Skiläufer, weiht eine Loipe am Holmenkollen ein.

1999	Jahreschronik
Dez.	Prinzessin Märtha Louise weiht in Viet Tri bei Hanoi ein SOS-Kinderdorf ein.

20.10.	König Harald V. reist zur Einweihung der nordischen Botschaften nach Berlin.
1998	
Dez.	Wegen einer Zyste an der Wange muss sich König Harald V. in ambulante chirurgische Behandlung begeben.
30.01.	Das Königspaar reist zur Feier des 60. Geburtstags von Königin Beatrix in die Niederlande.
1995	
03.11.	An der einwöchigen Jahrestagung der International Yacht Racing Union in Hamburg nimmt auch König Harald V. teil.
1994	
28.11	Mit über 52 Prozent lehnen die Norweger den Beitritt zur Europäischen Union ab.

Hilfe zur Selbsthilfe

Trotz des Sieges über den Süden und die verbündeten USA hat Vietnam schwere Folgeschäden zu verkraften. Durch Minen und gefährliche Kampfstoffe verlieren auch zwanzig Jahre nach Ende des Waffengangs Menschen ihr Leben, werden Kinder zu Waisen. Für sie und für Kinder, die aus anderen Gründen nicht im eigenen Familienverband aufwachsen können, sind mehrere SOS-Kinderdörfer errichtet worden. Der Grundstein für das in Viet Tri, etwa achtzig Kilometer nordwestlich von Hanoi, wurde 1997 gelegt. Im Dezember 1999 ist es bezugsfertig. Prinzessin Märtha Louise nimmt an der Eröffnung teil, um auch durch ihren guten Namen für Unterstützung zu werben. Sie kommt in traditionsreiche Gegend, denn unweit der Anlage aus 15 Familienhäusern liegt der Tempel des Hung King, eine berühmte touristische Attraktion. Er ist nach einem der frühen Könige Vietnams benannt, also nach einem fernöstlichen „Kollegen" von Märthas Vater Harald V. Schulen, die auch für Kinder der Umgebung geöffnet sind, gehören zum Komplex des Kinderdorfs mit den adretten roten Ziegeldächern im traditionellen Stil des Landes. Hier bekommen Heranwachsende die Hilfe, die sie brauchen, damit sie sich als Erwachsene selbst zu helfen und zurechtzufinden verstehen.

Ein neues Band zum Volk

Lange hat König Olav V. gezögert mit der Einwilligung zur Verbindung seines Sohnes und Thronfolgers Harald mit seiner Auserwählten Sonja. Obwohl die junge Frau, ausgebildet als Schneiderin, sich inzwischen weitergebildet, Abitur in der Schweiz nachgemacht und Sprachen sowie Kunstgeschichte studiert hat, befürchtet der König Konflikte mit dem Parlament wegen der unstandesgemäßen Ehe. Als er sich am 19. März 1968 dann doch zu der Wahl seines Sohnes bekennt, wird der Verlobungstag für ihn zur großen Überraschung. Die Menschen nehmen die Meldung nicht

Prinzessin Märtha Louise begrüßt am 31. Mai 2001 Königin Elisabeth, die auf einem Staatsbesuch in Norwegen weilt, mit einem Hofknicks.

nur hin, sie reagieren begeistert darauf und bringen dem Paar Ovationen dar. Da wächst der Mut, nun auch den letzten Schritt,

Das norwegische Königshaus

Das Kronprinzenpaar Prinzessin Sonja und Kronprinz Harald mit ihren Kindern Märtha Louise und Haakon Magnus nach der Taufe des kleinen Prinzen im September 1973.

den zum Altar zu gehen. Am 29. August des Jahres ist Hochzeit im Osloer Dom, der in reichem Blumenschmuck prangt und fast tausend geladenen Gästen Platz bietet. Es sind nahezu ausnahmslos hochadelige, doch gerade ihr Kommen zeigt genau das, was Bischof Birkeli mit Bezug auf die Herkunft der Braut in seiner Predigt ausführt: „Heute ist ein neues und festes Band zwischen der königlichen Familie und dem Volk geknüpft worden." Man ist sich längst auch in allerhöchsten Kreisen bewusst, dass nur Anpassung an die modernen Zeiten die Institution Monarchie mit neuem Leben zu erfüllen vermag und ihre Zukunft sichert.

Bei den jubelnden Menschen spielt natürlich auch eine Rolle, dass nun mehr über die Romanze zwischen dem Prinzen und der „Nähmamsell" bekannt geworden sind: Auf einem Sommerball haben sie einander erstmals gesehen und beide Feuer gefangen, so heißt es. Sonjas Mutter berichtet gern, wie die Tochter in dieser Nacht heimgekommen ist und vom neuen Schwarm erzählt hat. Als es ihr gedämmert hat, um wen es sich da handelte, sei sie heftig erschrocken und habe die Tochter angefleht, den jungen Mann zu vergessen: „Er ist ein Prinz und wird einmal König werden. Heiraten kann er dich niemals", habe sie geklagt. Doch er kann. Dieser hohe helle Augusttag im festlich aufgeputzten Oslo beweist es.

Von einem Alptraum befreit

Es ist herrschende Ansicht, dass Monarchen als Symbol staatlicher Souveränität nicht in Feindeshand fallen sollten, ja dies nicht einmal riskieren dürften. Genau aber das tut König Haakon VII. nach der Landung deutscher Truppen in seinem Land am 9. April 1940: Er empfiehlt, befehlen kann er nichts, seiner Regierung, das deutsche Ultimatum zur Waffenstreckung nicht zu akzeptieren und begibt sich auf eine abenteuerliche Flucht durch noch immer verschneite Täler und abgelegene Hochebenen, verfolgt von Fliegern und Fallschirmjägern des Feindes. Wohin

Kronprinz Harald und seine frisch angetraute Sonja nach ihrer kirchlichen Trauung im Dom von Oslo am 29. August 1968.

95-jährig stirbt Dagny Haraldsen, die Mutter von Königin Sonja.	16.10.
In der Kathedrale von Trondheim erhält der seit einem halben Jahr amtierende König Harald V. den Segen der Staatskirche.	23.06.
König Harald V. bricht zum ersten offiziellen Staatsbesuch außerhalb Skandinaviens nach Deutschland auf, dort besucht er Berlin, Dresden, Jena, Meißen, Bonn, Düsseldorf.	18.04.

1991

Nach dem Tod des Vaters Olav V. besteigt Harald V. den norwegischen Thron (21.1. vor dem Parlament vereidigt).	17.01.

1989

Norwegens Kronprinz Harald nimmt an den Feierlichkeiten zum 800. Hafengeburtstag in Hamburg teil.	03.05.

1973

Mette-Marit erblickt in Kristiansand (Süd-Norwegen) als Tochter von Sven Olav Bjarte Höiby, Journalist, und Marit Tjessem, Sparkassenangestellte, das Licht der Welt.	19.08.

1971 20.07.	Kronprinzessin Sonja bringt in Oslo ihr zweites Kind, Sohn Haakon Magnus, zur Welt.
1968 22.09.	Geburt des ersten Kindes des Kronprinzenpaares, Prinzessin Märtha Louise. Nach ihr wird im Jahr darauf ein Hilfsfond benannt, der behinderte Kinder unterstützt.
1968 29.08.	Eheschließung von Kronprinz Harald mit seiner verlobten Sonja, geborener Haraldsen.
19.03.	Verlobung von Kronprinz Harald und der Bürgerlichen Sonja Haraldsen, die fortan den Titel Kronprinzessin führt.
1957 21.09.	Durch Ableben des Vaters Haakon VII. erbt Olav V. den Thron; er wird am 20.01.1958 vor dem Parlament vereidigt und erhält am 22.06.1958 den kirchlichen Segen.
1953 10.05.	Großes Familientreffen im königlichen Schloss anlässlich der Konfirmation von Erbprinz Harald.
1945 07.06.	Rückkehr König Haakons VII. nach Oslo aus dem durch die deutsche Besetzung seines Landes erzwungenen Exil.

er kommt, schürt er den Geist des Widerstands und erlebt die Freude, dass englische Truppen und polnische Einheiten seinem Volk zur Hilfe kommen.

König Haakon VII. im Jahr 1905 mit seiner Frau Königin Maud und ihrem Sohn Prinz Olav.

Der Kampf wogt lange unentschieden hin und her, das Kriegsglück scheint sich aber Ende Mai zugunsten der Alliierten zu neigen: In Narvik können die deutschen Truppen unter General Dietl zurückgedrängt werden. Doch dann trifft die Hiobsbotschaft von der belgischen Kapitulation am 28. Mai ein und wenig später die vom Ende der britischen Expeditionsarmee durch Flucht aus dem Kessel von Dünkirchen unter Verlust aller schweren Waffen. König Haakon beendet seine Odyssee durch schwedisches Grenzgebiet und von alliierten kontrollierte Küstenregionen, rettet sich im letzten Moment auf einen englischen Kreuzer und geht ins Exil. Dass es fast volle fünf Jahre dauern wird, ahnt er nicht.

Immerhin hat er mit seiner wochenlangen Flucht zusammen mit einem immer kleiner gewordenen Häuflein von Anhängern und seinem Sohn Olav ein Zeichen gesetzt. Unbeugsam und unter Einsatz seines Lebens hat er deutsche Offerten samt und sonders abgelehnt und sich strikt geweigert, die von den Besatzern installierte Regierung des Faschisten Vidkun Quisling zu akzeptieren. Das wird ihm nach Ende des Exils hoch angerechnet. Als er am 7. Juni 1945 nach dem Sieg der Alliierten wieder in seine Hauptstadt einzieht, feiern ihn die Menschen wie einen Fronthelden und atmen auf nach der Befreiung von dem brutalen Unterdrückungsregiment des deutschen Reichskommissars Terboven, der sich per Selbstmord aus dem Staub gemacht hat.

Skandinavische Ehebande

Die neue Dynastie in Norwegen hat sich nach 1905 rasch zu einer geachteten Institution entwickelt, denn König Haakon versteht es, sich seinen Untertanen freundlich und doch würdig zu präsentieren. Seine Frau Maud, eine Tochter des britischen Königs Eduard VII., ist ihm dabei freilich keine sehr große Hilfe, denn sie lernt die Landessprache nie ganz korrekt und hält sich mit Vorliebe in England auf. Der gemeinsame Sohn Olav hingegen, der bis zum zweiten Lebensjahr Alexander hieß, entwickelt sich zu einem nordischen Prachtburschen. Und er bemüht sich um das einst mit Norwegen vereinte Nachbarland Schweden, indem er dort erfolgreich auf Brautschau geht. 1925 wird die Verlobung des

Das norwegische Königshaus

Kronprinzen mit der schwedischen Prinzessin Märtha gemeldet, eine Kusine ersten Grades von Olav – dessen Vater Haakon und Märthas Mutter sind Geschwister.

Diplomatische Gründe mögen bei der Wahl der Ehefrau eine Rolle gespielt haben, doch auch Liebe ist im Spiel, wie Olav später nicht müde wird zu betonen, wenn er von den Brautjahren als der „glücklichsten Zeit meines Lebens" spricht. 1929 gehen sie zu Ende durch die Hochzeit am 21. März. Die ersten Ehejahre verlaufen nicht minder harmonisch: 1930 und 1933 stellen sich zwei Prinzessinnen, Ragnhild und Astrid, ein, 1937 folgt der Thronfolger Harald. Kurz nach der Silberhochzeit aber ist das Eheglück vorbei: Kronprinzessin Märtha stirbt am 5. April 1954. Drei Jahre später besteigt ihr Mann als Witwer den Thron, den er bis 1991 innehat.

Schlussstrich nach langem Kriseln

Richtig populär ist die Union mit Schweden in Norwegen nie gewesen. Schon am Beginn stand Erbitterung, als der schwedische Kronprinz Karl XIV. Johann, ein ehemaliger Marschall Kaiser Napoleons I., die Vereinigung der Länder 1814 erzwang. Trotz eines weiten Autonomiespielraums rieben sich die Norweger immer wieder an den als Gängelung empfundenen Weisungen aus Stockholm. Je besser sich die eigene Wirtschaft entwickelt hat dank der aufblühenden Handelsschifffahrt, desto selbstbewusster ist Christiania (heute Oslo) aufgetreten. 1899 hat das norwegische Parlament, das Storting, entschieden, dass norwegische Schiffe nicht mehr das Unionszeichen in der Flagge führen sollen. Der Einspruch König Oskars II. dagegen hat sich nicht durchsetzen lassen. 1905 wird es dann endgültig Ernst: Das Storting beschließt im Mai die Einrichtung eigener norwegischer Konsulate im Ausland, doch der König verweigert die Unterschrift. Die norwegische Regierung tritt daraufhin zurück. Doch auch diesen Rücktritt genehmigt der König in Stockholm nicht.

Staatsminister Michelsen begrüßt den künftigen norwegischen König Prinz Carl von Dänemark, der seinen Sohn Prinz Olav auf dem Arm trägt. Er wurde am 18. November 1905 vom Storting zum König gewählt und unter dem Namen Haakon VII. in Trondheim gekrönt.

Die Minister aber verweigern sich weiter. Daher zieht das Parlament am 7. Juni die Notbremse und kündigt die Union mit Schweden auf. Eine Volksabstimmung am 13. August stimmt dieser Kündigung mit großer Mehrheit zu. König Oskar II. bleibt nur die Abdankung als norwegisches Staatsoberhaupt.

Jahreschronik

1944
01.07. Kronprinz Olav wird von der Exilregierung und vom Vater König Haakon VII. zum Oberbefehlshaber der norwegischen Streitkräfte ernannt, die allerdings nur in symbolischen Einheiten existieren.

1940
10.06. Erlöschen des letzten Widerstands norwegischer und alliierter Truppen gegen die deutschen Invasionsstreitkräfte.

09.04. Landung von Verbänden der Deutschen Wehrmacht längs der Küste von Oslo bis Narvik und durch Fallschirmjäger.

1937
04.07. Sonja Haraldsen, die spätere Königin, kommt nur knapp fünf Monate nach ihrem späteren Ehemann Harald V. (geb. 21.02.) in Oslo zur Welt.

1929
21.03. Kronprinz Olav (28) heiratet Märtha Prinzessin von Schweden (31).

1906
22.06. Der bisherige dänische Prinz Carl, im November zuvor zum Monarchen gewählt, wird im Dom von Trondheim als Haakon VII. zum König gekrönt.

1905
07.06. Das Storting beschließt die Auflösung der Union mit Schweden.

1898	**Jahreschronik**
	Einführung des allgemeinen Männerwahlrechts und damit Stärkung der Legitimation des Storting.
1884	
26.06.	Zum Ausgleich der Ernennung eines radikalen Kabinetts unter Johann Sverdrup anerkennt dieses das Recht der Krone an, das Storting bei Konflikten aufzulösen.
1872	
18.09.	Nach dem Tod von König Karl XV. besteigt sein Bruder Oskar II. den schwedisch-norwegischen Thron; Krönung in Trondheim 18.7. 1873.
03.08.	Geburt des dänischen Prinzen Carl, der als Haakon VII. 1905 erster König des selbstständigen Norwegens werden wird.
1864	
04.11.	Feiern des 50. Jahrestags der schwedisch-norwegischen Union werden vom deutsch-dänischen Krieg überschattet.
1848	
03.08.	Nach 23-jähriger Bauzeit wird das königliche Schloss in Christiania fertiggestellt.
1844	
08.03.	Der Begründer der Dynastie Bernadotte und der Union Schweden-Norwegen König Karl XIV. Johann stirbt in Stockholm; Nachfolger wird sein Sohn Oskar I. (1799–1859).
1838	
	Norwegische Schiffe erhalten die Erlaubnis zur Führung der eigenen Nationalflagge mit Unionszeichen.

Lange nur sporadisch genutzt

König Karl XIV. Johann, der Mann der Norwegen für Schweden gewonnen hat, macht 1822 darauf aufmerksam, dass dem Staatsoberhaupt auch im norwegischen Reichsteil ein angemessenes Domizil zur Verfügung stehen sollte. Drei Jahre später beginnen die Bauarbeiten in Christiania nach mehrmals geänderten Entwürfen des Architekten Linstow. Er hat einen dreistöckigen klassizistischen Bau vorgesehen, dessen zweites Geschoss die eigentlichen Repräsentationsräume beherbergt. Sie sind fünfeinhalb Meter hoch, der Festsaal sogar fast doppelt so hoch. Von außen wirkt der Komplex wie ein nüchterner Zweckbau. Er hat einen großen Vorplatz, auf dem sich bei besonderen Ereignissen große Menschenmengen versammeln können. Die Innenausstattung ist verhalten prächtig, was vielleicht daher rührt, dass das Gebäude in den ersten fünfzig Jahren nur dann benutzt wird, wenn der gemeinsame Monarch von Schweden-Norwegen in der norwegischen Hauptstadt weilt. Später wird das Schloss zur Dauerresidenz, spielt aber heute wieder eine geringere Rolle, weil die königliche Familie bevorzugt das Schloss Skaugum in Asker, einer Osloer Vorortgemeinde bewohnt.

Die Sommerresidenz der Königsfamilie in Skaugum.

Pochen auf die Eigenständigkeit

Nur lose ist das Band, das die beiden Länder auf der Halbinsel Skandinavien seit 1814 verbindet. In Stockholm hofft der seit 1818 amtierende König Karl XIV. Johann, dass die Zeit der Gemeinsamkeit allmählich engere Bindungen entstehen lassen wird. Die norwegischen Patrioten dagegen pochen auf die unterschiedliche Verfasstheit der Gesellschaften und suchen gerade das Trennende herauszuarbeiten. Die Verfassung von Eidsvoll ist dazu ein gutes Instrument, trägt sie doch für ihre Zeit ausgeprägt demokratische Züge. In Schweden gilt dagegen ein aris-

Das norwegische Königshaus

Der schwedische König Karl XIV. Johann regiert von 1818 bis 1844 auch Norwegen.

tokratisch bis feudales Gesellschaftsmodell. Folgerichtig setzen die norwegischen Abgeordneten im Storting auf Vertiefung des Grabens und beschließen schon 1815 die Abschaffung des Adels. Zweimal überstimmen sie ein Veto des schwedischen Königs, und auch ein drittes Mal weisen sie den Einspruch des neuen Königs Karls XIV. Johann zurück, so dass mit Jahresbeginn 1821 die Abschaffung des Adels im norwegischen Teil des schwedischen Reiches in Kraft tritt. Dass hier Taktik im Spiel ist, wird spätestens 1905 rückblickend deutlich, als sich die nun endgültig unabhängigen Norweger mehrheitlich für die Monarchie entscheiden. Man hat gar nichts gegen den Adel, nur etwas gegen die schwedische Oberhoheit.

Liberal, aber doch monarchisch

Die Norweger wollen Tatsachen schaffen, ehe der schwedische Kronprinz Karl Johann vom Kontinent heran ist, wo er die Rückführung seiner siegreichen Truppen organisiert. Zwar hat die bisherige Schutzmacht Dänemark im Frieden von Kiel im Januar 1814 der Abtretung des Nordlandes an Schweden zugestimmt, doch wenn man schnell ist, schafft man vielleicht dennoch die Unabhängigkeit. In Eidsvoll in der Provinz Akershuis treffen sich Delegierte und beschließen eine liberale Verfassung. Der darin vorgesehene König ist auch sogleich gefunden, der bisherige dänische Statthalter Prinz Christian, der die Verfassung am 19. Mai 1814, zwei Tage nach der Verabschiedung, beschwört. An dänische Herren sind die Norweger seit Jahrhunderten gewöhnt. Sie lieben sie vielleicht nicht sonderlich, aber sie kennen sie. Von den Schweden hingegen weiß man nicht, was sie mit dem per Federstrich angeeigneten Land im Schilde führen.

Auf jeden Fall sind sie nicht gesonnen, es wieder herzugeben. Das wird als erstes klar. Der schwedische Kronprinz rückt mit Truppen in Norwegen ein, dem dänischen Thronprätendenten bleibt mangels eigener Streitkräfte nur die Kapitulation, die am 14. August 1814 in Moss besiegelt wird. Der „Dreimonatskönig" dankt ab, der schwedische Kronprinz sichert den Norwegern Achtung vor ihrer Verfassung zu und erreicht so am 4. November 1814 die Wahl Karls XIII. von Schweden auch zum norwegischen König. Fünf Tage später zieht der Kronprinz im Triumph in Christiania ein und legt am Tage darauf im Storting den Eid auf die Verfassung ab. Sie bleibt liberal, nur der Monarch ist ein anderer als der, den sich die Norweger gewünscht haben.

Endgültige Abschaffung des Adels, nachdem das Storting das königliche Veto dreimal überstimmt hat.	**1821**
	1814
Das Storting wählt einstimmig den schwedischen König Karl XIII. auch zum norwegischen Monarchen.	04.11.
Nachdem am 14.2. die norwegische Unabhängigkeit proklamiert worden ist, wird die Verfassung von Eidsvoll beschlossen.	17.05.
Im Frieden von Kiel tritt Dänemark unter dem Druck der Truppen des schwedischen Kronprinzen Karl Johann Norwegen an Schweden ab.	14.01.
Lex regia, das Grundgesetz Friedrichs III., legt einen absolutistischen Staat in Dänemark fest.	**1665**
Friede im Krieg zwischen Schweden und Dänemark und Einführung der Erbmonarchie.	**1660**

Friedrich III. ist König von Dänemark und Norwegen.	**1648**
Unter der Regentschaft Christians IV. entstehen viele Städte, u.a. Christiania (Oslo).	**1588**

 Blick in die Geschichte

Jahreschronik

1536 Reformation und Säkularisation unter Christian III.

1523 Wahl Friedrichs I. zum König, nach Vertreibung Christians II.

1481 Christians Sohn Johann wird König bis zu seinem Tod im Jahr 1513.

1450 Unionsvertrag von Bergen legt ewige Verbindung von Dänemark und Norwegen mit gemeinsamer Königswahl fest, Norwegen bleibt aber ein selbstständiger Staat.

1387 Als Regentin auch für den unmündigen Schwedenkönig kontrolliert Margrethe alle drei nordischen Länder und schließt sie 1397 in der Kalmarer Union zusammen.

1363 Haakon, Sohn von Magnus VII., heiratet die Dänenprinzessin Margrethe, die beim Tod des Ehemanns 1380 Regentin wird und auch über Dänemark herrscht.

1312 Durch die Ehe von Ingeborg, der Tochter Haakons V., mit einem Bruder des Schwedenkönigs, gewinnt das Nachbarland Einfluss auf Norwegen. Unter ihrem Sohn Magnus VII. (1319–1369) kommt es sogar zu einer Union der Länder.

1263 König Haakon IV. stirbt und hinterlässt seinem bis 1280 regierenden Sohn Magnus IV. dem Gesetzesverbesserer ein blühendes Land.

1111 Tod König Sigurds des Jerusalemfahrers, dessen Beiname schon auf kriegerische Politik hindeutet, die eine Zeit der Wirren auslöst. Sie wird erst 1184 durch Sverre Sigurdsson beendet.

1067 Mit König Olaf dem Stillen setzt eine ruhige Entwicklung ein, die auch unter den Söhnen bis 1107 andauert.

Vergebliche Waffengänge

Nicht nur Norwegen gehörte lange zum dänischen Reich, die deutschen Herzogtümer Schleswig und Holstein waren ebenfalls bis ins 19. Jahrhundert der dänischen Krone unterworfen. Und so kam es, dass Dänemark in den Dreißigjährigen Krieg hineingezogen wurde. Norwegen als Reichsteil musste die Verluste mittragen, denn König Christian IV. (1577–1648, regierte seit 1588) rekrutierte auch hier Soldaten und kassierte Steuern, die ihm die Norweger nicht einmal besonders widerwillig gewährten, denn der Monarch war beliebt. Alljährlich ließ er sich bei seinen nördlichsten Untertanen blicken, förderte ihre Handelsschifffahrt und übertrug ihnen Expeditionen nach Grönland, wohin schon vor Urzeiten norwegische Seefahrer gereist waren. Doch zurück zum Krieg auf deutschem Boden, der nicht den Verlauf nahm, den sich der König und seine Völker erhofft hatten: Schon früh war die Brand-

Der dänisch-norwegische König Christian IV. regierte seit 1588 und starb 1626.

fackel der blutigen Kämpfe nach Norddeutschland getragen worden. Sie bedrohte die südlichen Randländer Dänemarks nicht nur militärisch, sondern auch konfessionell, denn das Land war protestantisch, und ein katholischer Siegeszug hätte den religiösen Frieden und damit den Zusammenhalt des Reiches gefährdet. König Christian sicherte sich daher französische und englische Unterstützung und griff 1625 in den Krieg ein. Doch es war kein Segen bei dem, was seine Feldherren unternahmen. Sie verloren so gut wie alle Schlachten und Gefechte, und 1627 besetzte ein kaiserliches Herr sogar Jütland. Zwar gelang dem kaiserlichen Heerführer Wallenstein, der sich schon hoffärtig als „General des Ozeanischen und Baltischen Meeres" bezeichnete, auch nicht der entscheidende Durchbruch, doch konnte er die Dänen 1629 zum Frieden von Lübeck zwingen.

Christian, der in der dänischen Nationalhymne als Kriegsheld gefeiert wird („König Christian stand an hohem Mast") konnte froh sein, dass er den Bestand seines Reiches hatte wahren können. Er riskierte ihn noch einmal, als er 1643 gegen Schweden vorging, das er von den schweren Verlusten in Deutschland hinreichend geschwächt glaubte. Auch diese Rechnung ging nicht auf, nach knapp zwei Jahren musste er aufgeben und verlor im Frieden von Brömsebro die Inseln Ösel und Gotland an den siegreichen Nachbarn. Auch Norwegen war betroffen, denn Jämtland und Härjedalen mussten ebenfalls abgetreten werden.

Das norwegische Königshaus

Wikinger

Die Norweger stammen von Volksstämmen ab, die oft zusammenfassend als Wikinger bezeichnet werden. Gemeint sind im engeren Sinne die Skandinavier, die seit dem Ende des 8. Jahrhunderts bis zur Mitte des 11. Jahrhunderts übers Meer Westeuropa angriffen, im weiteren Sinne die skandinavische Geschichte und Kultur dieser Periode. Das Wort „viking" stammt vermutlich aus Skandinavien, es erscheint aber auch in altenglischen Texten. Die Wortherkunft ist umstritten. Als erste Ableitungsmöglichkeit bietet sich „wic", entsprechend dem lateinischen „vicus" (= Gehöft, Handelsplatz, Dorf) an; Wikinger wären danach Personen, die Handelsorte angreifen. Gleichfalls ist eine Ableitung von „vic" (= Bucht) möglich; Wikinger wären also Personen, die in Buchten fremden Schiffen auflauern. Denkbar auch ein Zusammenhang mit der südnorwegischen Landschaft Viken, die dann als eigentliches Herkunftsland zu gelten hätte. Schließlich gibt es noch das altnordische Verb „vigja" (= schlagen, Krieg führen), das hier zugrunde liegen kann; „viking" ist der Kriegszug (zur See). Die zeitgenössischen Quellen

Es war Leif Eriksson, der um 1000 von Grönland aus die Küsten von Labrador und Neufundland entdeckte.

verwenden meist andere Bezeichnungen für die Wikinger. In den lateinischen Chroniken heißen sie „Nordmanni" (= Nordleute), woraus Normannen wurde, „Ascomanni" = Eschenleute (wohl wegen des im Schiffbau verwendeten Eschenholzes) oder „Dani" = Dänen.

Kolumbusse aus Norwegen

Dass nicht Christoph Kolumbus (Cristobál Colón) der erste Europäer war, der einen Fuß auf amerikanischen Boden setzte (Landung auf Guanahani am 12. Oktober 1492), sondern dass diese Ehre nordischen Seefahrern gebührt, galt den Kennern schon immer als ausgemacht. Zu genau, präziser als es sonst die großen Erzählungen aus der Wikingerzeit tun, zeichnen die Grönland-Saga und die Saga von Erik dem Roten die verschiedenen Unternehmen nach. Am bekanntesten wurde die Expeditionen von Leif Eriksson (um 975 – um 1020), der um die Jahrtausendwende an der Ostküste der Neuen Welt landete. Er schaffte damit die zweite Etappe, denn die erste von Norwegen nach Island und schließlich nach Grönland bewältigte bereits der Vater Erik der Rote, der seine Heimat wegen diverser Kapitalverbrechen hatte verlassen müssen. Den vollen Beweis für die wikingische Erstentdeckerschaft erbrachten allerdings erst die Ausgrabungen in L'Anse aux Meadows an der Küste Neufundlands (Kanada) in den 1960er-Jahren, bei denen eine unzweifelhaft wikingische Siedlung zu Tage kam. Richtig Fuß fassen konnten die Nordmänner in dem von ihnen Vinland genannten Gebiet freilich nicht; nach Auseinandersetzungen mit eingeborenen Indianern gaben sie ihre Ansiedlungen auf und kehrten von Grönland aus nur sporadisch dorthin zurück, um sich Holz für ihren Schiffbau zu besorgen – der Baustoff war rar im Norden und lohnte auch weite Schiffsfahrten zum äußerst waldreichen Nordamerika.

1047 Harald II. der Strenge, Sohn des vorigen, gründet Oslo, scheitert aber mit dem Griff nach dem englischen Thron (1066 gefallen).

1035 Die Norweger rufen Magnus den Guten, Sohn Olafs des Heiligen, aus Russland nach Hause, wo er bis 1047 herrscht und Dänemark durch Erbvertrag gewinnen kann.

1030 Tod des 35-jährigen König Olafs II., der fünfzehn Jahre lang regierte und die heidnische Zeit durch (gewaltsame) Einführung des Christentums beendete; daher der Beiname „der Heilige".

872 Harald I. Schönhaar, der die kleinen Stämme des Landes einte und sie bis 930 führte, gilt als erster gesamtnorwegischer Herrscher.

Schweden

Das

Auch im Adel sind die Maßstäbe nicht mehr so streng. Nach früherem Dafürhalten nämlich könnte die schwedische Dynastie Bernadotte, wenn überhaupt, allenfalls als zweitklassig gelten. Heute aber fragt niemand mehr danach, dass der Vater des Begründers ein schlichter Anwalt aus der Provinzstadt Pau im französischen Pyrenäenvorland war. Der Dynastie-Ahne Jean Baptiste Jules Bernadotte selbst hätte zudem in anderen Zeiten nie die Karriere gemacht, die ihn den Schweden vor knapp zweihundert Jahren als geeigneten Thronfolger hatte erscheinen lassen.

Doch dazu gleich in der Geschichte des Hauses. Hier ist zunächst einmal festzuhalten, dass es gerade die verblüffende Karriere war, die dem schwedischen Königshaus Aufmerksamkeit und Sympathie gesichert hat. Der Wechsel der Dynastie im 19. Jahrhundert hing nämlich zusammen mit einer dramatischen und anrührenden Liebesgeschichte, die im Tagebuch-Roman „Désirée" (1951) der österreichisch-dänischen Schriftstellerin Annemarie Selinko unvergleichlich fesselnd erzählt ist. Damit kann ein Sachbuch natürlich nicht konkurrieren. Daher der Lesetipp. Wer sich für das schwedische Königshaus interessiert, kann keine bessere Einführung wählen.

Das Königliche Schloss Drottningholm mit seiner wunderschönen Parkanlage außerhalb Stockholms ist der Wohnsitz der königlichen Familie. Für offizielle Anlässe steht dem König der Palast im Herzen Stockholms zur Verfügung.

Haus Bernadotte

Das schwedische Königshaus heute

Die schwedische Königsfamilie mit König Carl XVI. Gustaf, Königin Silvia, Kronprinzessin Victoria, Prinz Carl Philip und Prinzessin Madeleine posiert am 30. April 2003, dem 57. Geburtstag des Königs, für die Fotografen.

Gemeinsam mit Bruder Carl Philip und Schwester Madeleine trifft Kronprinzessin Victoria am 25. August 2001 im Dom zu Oslo ein, um an der Hochzeit des norwegischen Kronprinzenpaars teilzunehmen.

Und es ist auch eine romantische Liebesgeschichte gewesen, die maßgeblich zur Beliebtheit der heutigen königlichen Familie beigetragen hat: Inzwischen nichts Besonderes mehr, hat es seinerzeit doch allerlei Bedenken gegeben, als ruchbar wurde, dass der schwedische Thronerbe Carl Gustaf ein mehr als freundschaftliches Verhältnis zu einer Bürgerlichen und dazu noch zu einer Deutschen unterhielt. Schon mit adeligen deutschen Ehefrauen haben die schwedischen Könige nicht immer Glück gehabt, und nun gar eine einfache Dolmetscherin. Silvia Sommerlath aber hat bestimmt nicht ihren Traumprinzen gesucht, als sie 1972 bei den Olympiabetreibern in München als Hostess anheuerte. Als sie dann aber Carl Gustaf begegnet ist, gab es für beide bald keinen

Das schwedische Königshaus

Vater und König Gustav VI. Adolf war immerhin Jahrgang 1882; wer konnte wissen, dass er über 90 Jahre alt werden würde. Bertil verzichtete daher jahrzehntelang auf die Ehe mit seiner bürgerlichen Freundin, der englischen Kabarettistin Lilian Davis. Fortschritt hin oder her – die monarchischen Uhren gehen doch ein wenig gemächlicher.

Dass sie nun längst in der Gegenwart angekommen sind, hat nicht zuletzt mit Carl Gustafs Bekenntnis zu seiner Liebe zu tun. Zwar hat er vor der Thronbesteigung die Heirat aufschieben müssen, weil es sonst ungute Turbulen-

Prinzessin Madeleine ist eine charmante junge Dame, die sich schon sicher auf dem gesellschaftlichen Parkett zu bewegen weiß, 2003.

Mit ihrem neuen Freund Jonas Bergström zeigt sich Prinzessin Madeleine erstmals im März 2003 in aller Öffentlichkeit beim Einkaufsbummel im Wintersportort Are.

Zweifel mehr, dass sie zusammen gehören. Zweifel mögen höchstens insofern aufgekommen sein, als die königliche Zukunft der jungen Frau Ängste bereitete, die ihr Liebster so leicht nicht zerstreuen konnte.

Er selbst wird mit einigem Bangen der eigenen Familie seine Pläne mit Silvia offenbart haben. Schweden ist zwar ein ausnehmend fortschrittliches Land und auch in Sachen Monarchie bestimmt keine reaktionäre Hochburg. Doch am Schicksal des Onkels Bertil konnte der künftige König ablesen, dass manches Vorurteil noch zu besiegen sein würde, ehe seine Braut akzeptiert würde. Bertil war nach dem Unfalltod des Kronprinzen Gustav Adolf seit 1947 eine Art Ersatzvater für den in der Thronfolge nachrückenden kleinen Carl Gustaf. Während dessen Unmündigkeit musste Bertil damit rechnen, die Regentschaft für ihn zu übernehmen, denn der

Prinz Carl Philip und seine Freundin Emma Pernald amüsieren sich bei einem sommerlichen Hochzeitsfest einer Freundin, 2003.

Als Teil ihrer dreiwöchigen militärischen Grundausbildung hebt Kronprinzessin Victoria im März 2003 in der Kaserne der Stadt Södertälje bei einer Übung zur Bergung Verletzter eine Trage an.

zen um seinen Status als Kronprinz gegeben hätte. Doch die Wartezeit hielt sich in Grenzen. Der hochverehrte Großvater Gustav VI. Adolf ist 1973 gestorben, so dass Carl Gustav die Krone geerbt hat. Nach einer angemessenen Frist war dann im Juni 1976 Hochzeit und kein Mensch verstand mehr, warum es überhaupt Bedenken gegen sie gegeben hatte. Silvia eroberte die Herzen ihres angeheirateten Volkes im Sturm, zumal sie die Zeit vor der Eheschließung genutzt hatte, perfekt Schwedisch zu lernen, für sie als gelernte Dolmetscherin keine sonderliche Hürde. Eine so schöne Königin hatte man selten gesehen. Sie versteht es zudem, sich eine jugendliche Note zu bewahren. Sie hat nichts gravitätisch Majestätisches. Übrigens: Bertil, inzwischen über 60 Jahre alt, machte es dem Neffen nach. Noch im gleichen Jahr wie er heiratete er endlich seine große Liebe Lilian; noch über zwanzig gemeinsame Jahre sind ihnen vergönnt gewesen.

Hochzeiten werden im Himmel geschlossen, und zum Glück ist das heute auch bei Monarchen meistens so. Bei ihnen steht aber ein weiterer Gedanke im Vordergrund, der bei anderen Paaren nicht immer diesen Stellenwert hat: Fortsetzung der Dynastie. Das

Mit dem Marschall kam der Frieden

In Begleitung ihres Freundes Daniel Westling sieht sich Kronprinzessin Victoria im Oktober 2003 ein Basketball-Spiel schwedischer Mannschaften in Stockholm an.

Das angestammte Herrscherhaus der Schweden, die Wasa, war schon Mitte des 17. Jahrhunderts erloschen. Danach regieren deutsche Geschlechter wie Pfalz-Zweibrücken, Hessen-Kassel und Holstein-Gottorp. 1809 kam der kinderlose Karl XIII. auf den Thron, in einer Zeit also, als der Marschtritt der Armeen Napoleons durch ganz Europa hallte. Man beschloss, einen Thronfolger zu wählen, und da die Epoche so kriegerisch war, suchte man nach einem fähigen Militär.

war natürlich auch Carl Gustaf und seiner Braut klar, und der Himmel bescherte ihnen auch dieses Glück. Ihre Kinder, Kronprinzessin Victoria, Sohn Carl Philip und das Nesthäkchen Madeleine, die Mutters Schönheit und Charme geerbt haben, stehen heute fast mehr noch im Mittelpunkt des öffentlichen Interesses als die königlichen Eltern. Und was beschäftigt die Fantasie am heftigsten? Genau, Gerüchte über Liebesdinge bei Hofe oder auf Reisen, bei Studienaufenthalten oder in den Ferien. Gespannt vor allem sind die Schweden und alle Freunde der königlichen Familie, wer denn Herz und Hand der Kronprinzessin gewinnen wird. Seit 1979 nämlich gilt das Erstgeburtsrecht unabhängig vom Geschlecht des ersten Kindes.

Königin Silvia ist der strahlende Mittelpunkt auf jedem Empfang, wie hier beim jährlichen Diner für das schwedische Parlament im Königsschloss am 27. November 2002.

Königin Silvia und Kronprinzessin Victoria bei der Verleihung der Jubiläumsnobelpreise am 10. Dezember 2001 in Stockholm.

Anlässlich eines dreitägigen Staatsbesuches des Königspaars in Mexiko im November 2002 spielt Königin Silvia in einem Heim für Straßenkinder in Mexiko-Stadt eine Partie Tischtennis. Die Tischtennisplatte hat Königin Silvia gespendet.

Neben dem Kaiser der Franzosen hatte sich in dessen Kriegen vor allem ein baumlanger Mann namen Jean Baptiste Bernadotte einen derartigen Namen gemacht, dass ihn Napoleon 1804 zum Marschall und zum Fürsten von Pontecorvo erhoben hatte. So einer würde die besten Beziehungen zum übermächtigen Frankreich mitbringen und zudem das nötige Feldherren-Genie. Eine Abordnung des Reichsrats reiste 1810 nach Paris.

Das schwedische Königshaus

Dort stellte sie zwar fest, dass die Sache mit den vorzüglichen Beziehungen nicht ganz stimmte, denn der Marschall hatte 1798 die einstige Verlobte Désirée des späteren Kaisers geheiratet, und dessen Eifersucht war nie ganz erloschen. Doch nun war man schon einmal da und wollte nicht unverrichteter Dinge kehrt machen. Der 47-jährige Marschall willigte ein und stellte sich in Stockholm vor, wo er zum Kronprinzen Karl XIV. Johann gewählt wurde, seine Frau erhielt den Namen Desideria. Nun hatte man einen Offizier als künftigen König, und der engagierte sich sogleich in der antifranzösischen Koalition. In den Befreiungskriegen befehligte der Kronprinz die Nordarmee der Alliierten, die den Kaiser in der Völkerschlacht bei Leipzig 1813 entscheidend schlagen konnte.

Das aber war das letzte Mal bis heute, dass Schweden zu den Waffen griff; selbst in den Weltkriegen blieb es neutral. Mit dem Marschall zog der Frieden ein, der nur noch einmal auf der Kippe stand: Im Folgejahr bedrohte der Kronprinz mit seinem Heer Dänemark, den einstigen Vasallen Napoleons, und erzwang den Anschluss des bis dahin dänischen Norwegens an Schweden. Bei dieser Union blieb es bis 1905. 1818 bestieg der Marschall den schwedischen Thron und regierte beide Länder bis 1844. Seine Nachfolger sahen sich einem zunehmenden Demokratisierungsprozess gegenüber und zogen sich mehr und mehr auf eine repräsentative Rolle als Staatsoberhäupter zurück; die Macht ging an das Parlament und die von ihm bestellte Regierung über.

Prinzessin Lilian, die Witwe von Prinz Bertil, unterhält sich angeregt mit Prinz Carl Philip. Sie nimmt alljährlich an den Nobelpreisverleihungen teil.

Königin Silvia beim Staatsbesuch in der belgischen Hauptstadt Brüssel im Mai 2001.

Der König ist zuständig für die Akkreditierung von Botschaftern und Gesandten anderer Staaten, vertritt Schweden auf Auslandsreisen, eröffnet alljährlich den Reichstag, leitet bei Regierungswechseln die Staatsratssitzung und hat den höchsten militärischen Rang, obwohl der Oberbefehl und die

Das schwedische Königshaus

Gegenüber: Prinzessin Madeleine feiert am 1. Juni 2001 mit ihren Klassenkameraden ihr bestandenes Abitur.

König Carl Gustaf, Prinz Carl Philip und dessen Freundin Emma Pernald im Sommer 2000.

Entscheidungen über Krieg und Frieden bei Reichstag und Regierung liegen. Ins Rampenlicht der Weltöffentlichkeit tritt der schwedische König jedes Jahr im Dezember, wenn er in glanzvoller Zeremonie die Nobelpreise überreicht.

Zum traditionellen Diner am Tag nach der Nobelpreisverleihung treffen König Carl Gustaf und Königin Silvia im Königsschloss in Stockholm ein, 2000.

Drei Tage vor ihrem 18. Geburtstag präsentiert sich Prinzessin Madeleine den Fotografen, 2000.

Chronik der wichtigsten Ereignisse

2003	Jahreschronik
27.11.	Kronprinzessin Victoria besucht anlässlich einer Preisverleihung Stadt Hamburg.
07.11.	Das Königshaus reicht Verleumdungsklage gegen drei deutsche Boulevard-Blätter ein, die von einer Schwangerschaft Prinzessin Victorias berichtet haben.
28.10.	Gerüchte um Kronprinzessin Victoria: Will sich ihr Freund von ihr trennen?
15.09.	König Carl XVI. Gustaf begeht sein dreißigstes Thronjubiläum in aller Stille.
08.09.	Prinzessin Madeleine (21) bekennt sich zu ihrem Freund Jonas Bergström (23).
21.08.	Der schwedische Hof rügt in scharfer Form die Veröffentlichung von heimlich geschossenen Bikini-Fotos von Prinzessin Madeleine im Schweizer Herrenmagazin „Slitz".
29.07.	Mit ihrer Yacht brechen König und Königin zu einem Urlaubstrip auf.
15.07.	Die Kronprinzessin besucht einen Tag nach ihrem 26. Geburtstag heimlich mit ihrem Freund Daniel Westling dessen Eltern in Ockelbo.

Volles Programm in der Hansestadt

Auch im schwedischen Königshaus tritt allmählich die nächste Generation in den Vordergrund. Jedenfalls finden sich mindestens so viele Schaulustige ein, wenn etwa Kronprinzessin Victoria zu Besuch kommt, wie das bei der Mutter der Fall wäre. In Hamburg wird der Auftritt der Thronfolgerin sogar zu einer Art Heimspiel, denn hier lassen sich Mitglieder der königlichen Familie öfter blicken und faszinieren mit ihrem Charme die sonst so republikanischen Hanseaten. Sie jubeln auch am 27./28. November 2003 der strahlenden jungen Frau zu, die hier an der Elbe den nationalen Exportpreis 2003 an zwei schwedische Firmen verleiht und ein umfangreiches, aber locker absolviertes Programm bewältigt.

Kronprinzessin Victoria wird bei ihrem ersten offiziellen Hamburg-Besuch im November 2003 begeistert von Kindern einer schwedischen Schule begrüßt.

Gegen Mittag einflogen, geht es ins Gästehaus des Senats und von dort in die Handelskammer, wo das Thema „Schweden und Hamburg – Kräfte des Nordens" auf der Tagesordnung steht. Es folgen Preisverleihung und Festbankett. Am nächsten Morgen ist Rathaus-Termin, denn hier trägt sich die Prinzessin ins Goldene Buch der Stadt ein, das schon Unterschriften ihrer Eltern aufzuweisen hat. Ein Senatsfrühstück schließt sich an, bei dem Hirschmedaillons mit Thymiankartoffeln gereicht werden. Etwas frische Luft bringt die danach angesetzte Hafenrundfahrt. Und zum Abschluss des Besuchs begutachtet die junge Frau mit dem energischen Kinn die Frühjahrs- und Sommerkollektion der schwedischen Modekette Hennes & Mauritz. Am Flughafen verabschieden sie mehrere Hundert Zuschauer mit Applaus. „Victoria, Kronprinzessin von Hamburg" titelt eine Lokalzeitung.

Angst vor der königlichen Zukunft?

Mutter Silvia hat es geahnt, als sie 1979 bedauerte, was der Reichstag in Sachen Monarchie be-

Auf Einladung der schwedischen Handelskammer überreicht Kronprinzessin Victoria in Hamburg den Exportpreis 2003 an den Geschäftsführer der Securitas-Holding.

schlossen hatte: Seitdem gilt in Schweden die Thronfolge des ersten Kindes der königlichen Familie unabhängig vom Geschlecht. Bis dahin erbte den Thron stets der Sohn, sofern vorhanden. Carl XVI. Gustaf beispielsweise hat noch vier ältere Schwestern. Silvia sorgt sich nun sehr um das Lebensglück ihrer Ältesten, denn sie fürchtet, dass eine angehende Königin es weit schwerer haben dürfte, einen Lebenspartner zu finden. Der wird ja immer nur in der zweiten Reihe stehen und dennoch

Das schwedische Königshaus

König Carl Gustaf und Königin Silvia treffen am 15. September 2003 zu dem Essen anlässlich der Feiern zum 30. Thronjubiläum des Königs im Schloss ein, an der Mitarbeiter des Schlosses und die Mitglieder des Parlaments teilnehmen.

ständig in der Öffentlichkeit. Das dänische Beispiel macht nicht unbedingt Mut. Es scheint, als sollten sich die Sorgen als nicht unbegründet erweisen. Seit langem ist die 1977 geborene Prinzessin Victoria mit dem 30-jährigen Daniel Westling befreundet, einem smarten Fitness-Trainer. Je näher die Entscheidung rückt, die Beziehung zu legalisieren, desto klarer ist er sich offenbar geworden, dass ihm Rampenlicht in keiner Weise liegt. „Er hat einfach die Nase voll", sagt eine Bekannte. „Er will keine öffentliche Person mehr sein."

Der Kummer zehrt offenbar an Victoria, und man macht sich schon Sorgen, sie könne wieder in die endgültig überwunden geglaubte Magersucht verfallen. Victoria jedoch kämpft. Ende Oktober sind sie und ihr Freund mit unbekanntem Ziel verreist. Vielleicht klären sich die Probleme beim gemeinsamen Erholen.

Von tiefer Trauer überschattet

Eine Gelegenheit zu stolzer Rückschau ist es zwar immer noch, das 30-jährige Thronjubiläum König Carl XVI. Gustafs, doch nach Feiern ist niemandem zumute. Wenige Tage zuvor hat ein Attentäter die beliebte Außenministerin des Königreichs, die 46-jährige Anna Lindh, so schwer mit Messerstichen verletzt, dass sie am 11. September 2003 in den Morgenstunden ihren Verwundungen erlegen ist. Tief erschüttert haben auch Königin und König an den von Zigtausenden besuchten und landesweit übertragenen Trauerfeierlichkeiten teilgenommen. Dass so etwas in ihrem Lande möglich ist, wissen die Menschen eigentlich seit dem noch immer nicht aufgeklärten Mord an Olof Palme 1986, dem damaligen nicht minder beliebten Ministerpräsidenten. Fassen können sie die sinnlose Bluttat dennoch nicht. Der König hat daher die Feiern zu seinem Ehrentag, denn es ist wahrlich einer, auf Kirchenandacht, Konzert und einfaches Mittagessen reduzieren lassen. Die abendliche Gala auf Schloss Drottningholm fällt aus. Sicher sein kann sich der Monarch dennoch, dass sein Volk gerade in diesen schweren Tagen dankbar dafür ist, dass ihm ein König vorsteht, der mit den Jahren sichtlich gereift ist. Ihm und seiner Familie gelten auch in der Trauer die besten Wünsche.

Königin Sirikit von Thailand, Königin Silvia mit König Carl Gustaf und König Bhumibol in der Chakri-Thronhalle des Großen Palastes in Bangkok, 2003.

Kronprizessin Victoria absolviert eine dreiwöchige militärische Grundausbildung.	März
Das königliche Paar bricht zu einem dreitägigen Deutschland-Besuch auf; auf dem Programm stehen Hamburg und Berlin.	14.03.
Reise des Königspaars nach Thailand, Besuch bei König Bhumibol und Königin Sirikit.	25.02.
Königin Silvia nimmt in Hamburg am traditionellen Matthiae-Mahl teil.	21.02.
Das Erste Deutsche Fernsehen strahlt einen Beitrag aus mit dem Titel „Victoria. Lehrjahre einer Königin".	06.01.
Prinzessin Madeleine beginnt in Stockholm ein Studium der Kulturwissenschaften.	Jan.
	2002
Das Königspaar wird in Mexico City von Präsident Vicente Fox empfangen. Bei einem Gala-Diner würdigt der Gastgeber den Einsatz beider Länder für die Achtung der Menschenrechte.	10.11.

König Carl Gustaf und Königin Silvia bei einer offiziellen Reise nach Helsinki in Finnland im August 2003.

12.10.	In Berlin nimmt Königin Silvia an der Spendengala der „Mentor Foundation" teil.
04.10.	Papst Johannes Paul II. würdigt die schwedische Heilige Birgitta in einer ökumenischen Vesper, an der auch Kronprinzessin Victoria teilnimmt.
Okt.	Königin Silvia und König Carl XVI. Gustaf besuchen die Bundesrepublik Deutschland; Stationen sind u. a. Berlin und Gotha.
10.09.	Beim schwedischen Außenwirtschaftsrat in Berlin beginnt Thronfolgerin Victoria ein zweimonatiges Praktikum.
Aug.	Die schwedischen Truppen im Kosovo freuen sich über einen Besuch von Kronprinzessin Victoria.
29.05.	König Carl XVI. Gustaf eröffnet in seiner Sommerresidenz Solliden auf der Insel Öland den Schlosskrug.
März	Kronprinzessin Victoria bereist zwei Wochen lang Ostafrika: Uganda, Kenia, Äthiopien.

Wunderschöne deutsche Ostsee-Küste

Einfach so Ferien machen, das können Staatsoberhäupter nicht, und königliche schon gar nicht: Trotz Tarnung mit Baseball-Kappen und dunklen Brillen hat ein Reporter der „Ostsee-Zeitung" das oberste schwedische Ehepaar Silvia und Carl Gustaf am 30. Juli 2003 vor der Küste Mecklenburg-Vorpommerns bei Greifswald gesichtet. Natürlich fragt er sofort bei der schwedischen Botschaft in Berlin an, ob Offizielles geplant sei. „Sie machen ein paar Tage einen Bootsausflug, ganz privat", teilt ein Sprecher mit und ergänzt: „Ihre Majestäten finden die deutsche Ostseeküste einfach wunderschön." Und die reichgegliederte bei Rügen und Usedom natürlich besonders. Ob und wo sie wann an Land gehen unterliegt der Geheimhaltung. Das macht aber nichts, denn schon die bloße Anwesenheit ist für das Land eine erfreuliche touristische Aufwertung.

Zwei Königinnen in der Hansestadt

Das älteste Festessen der Welt strahlt in diesem Jahr im Glanz zweier schöner Hoheiten: Zum Matthiae-Mahl am 21. Februar 2003 im Hamburger Rathaus kommen Schwedens Königin Silvia und Tennis-Königin Steffi Graf. Der Erste Bürgermeister Ole von Beust begrüßt sie ganz besonders und dankt für ihr karitatives Engagement: „Sie stellen die Bekanntheit Ihrer Person, Ihre Popularität, in den Dienst der guten Sache. Sie sorgen nicht nur für die finanzielle Ausstattung von Stiftungen und Projekten, sondern die Kinder sind Ihnen ein ganz persönliches Anliegen." Er bezieht sich damit auf den Besuch der beiden Damen im Zentrum für Drogenprävention bei Kindern. Gemeinsam sind beide auch bei der von Steffi Graf 1998 gegründeten Stiftung „Children for Tomorrow" gewesen und haben Fragen der Kinder beantwortet. So wollte ein Mädchen wissen, wo Silvia denn ihre Krone habe. Lächelnd erklärte die Königin, dass die zum Mitnehmen auf Reisen einfach zu schwer ist.

Ehrengäste beim traditionellen Matthiae-Mahl am 21. Februar 2003 in Hamburg sind Königin Silvia und Deutschlands erfolgreichste Tennisspielerin Steffi Graf, hier mit Bürgermeister Ole von Beust.

Deutschlands erfolgreichste Tennisspielerin ist ganz begeistert von der Offenheit ihrer „Kollegin": „Ich bin sehr beeindruckt von der Persönlichkeit der Königin. Unser gemeinsames Anliegen, den Kindern in der Welt zu helfen, verbindet uns." Beim anschließenden Festbankett stehen beide natürlich auch im Mittelpunkt. Hundert Kellner reichen ihnen und 400 weiteren Gästen unter anderem „Grüne Spargelspitzen an Mousseline von der Bachforelle" und „Medaillons vom Hirschrücken an Schokoladen-Rotwein-Sauce".

Königin Silvia, Gründungsmitglied der „Mentor Foundation", die sich gegen Drogenmissbrauch engagiert, auf einer Gala zu Gunsten des Vereins in Berlin.

Verbesserung der Lebensqualität

Es ist nicht immer ein Staatsbesuch, wenn eine Königin in die deutsche Hauptstadt kommt. Doch wenn es sich dabei um Königin Silvia handelt, dann unterscheidet sich der Auftrieb auch bei eher privaten Reisen von offiziellen kaum. Am 12. Oktober 2003 weilt Silvia in ihrer Eigenschaft als Präsidentin der „Mentor Foundation" in Berlin, wo eine Spendengala für diese Organisation veranstaltet wird. Dabei erhofft man sich Einnahmen für das große Ziel einer Verbesserung der Suchtprävention bei Jugendlichen in aller Welt. Da der Drogenkonsum von Minderjährigen in den letzten Jahrzehnten bedrohlich zugenommen hatte, hat sich 1994 eine Gruppe von prominenten Persönlichkeiten zusammengefunden, die dem nicht länger tatenlos zusehen wollten. Das gemeinsame Ziel ist es, Drogenmissbrauch durch die Senkung der Nachfrage bei jungen Leuten zu reduzieren. „Mentor International" ist unabhängig, unparteiisch und finanziert sich durch freiwillige Beiträge.

Zu den Gründern gehörte auch die Königin, die ihren guten Namen und die Strahlkraft ihrer Krone zur Verfügung gestellt hat, damit sich möglichst viele Menschen zur Hilfe aufgerufen fühlen. Inzwischen hat Mentor als eine der wenigen privat unterhaltenen Hilfsorganisationen mit der Weltgesundheitsorganisation (WHO), einer Unterorganisation der Vereinten Nationen, ein Abkommen zur Kooperation geschlossen. Ebenso bestehen Beziehungen zur UNESCO. Dies erlaubt die Zusammenarbeit mit Experten und Fachleuten von internationalen Organisationen, was den Zugang zu Erfahrungen und Ressourcen auf beiden Seiten gewährleistet. Keine Organisation kann das globale Drogenproblem gänzlich lösen. Aber durch die Konzentration auf Realistisches und Machbares, die andere Bemühungen ergänzt, anstatt mit ihnen in Konkurrenz zu treten, kann Mentor wirklich die Lebensqualität von jungen Menschen verbessern.

Ernst und nachdenklich zeigt sich Prinzessin Victoria, die zukünftige Königin, ein paar Tage vor ihrem 25. Geburtstag im Juli 2002.

Jahreschronik 2001

25.11. Teilung des Familienvermögens unter König und Königin, so dass beide über je ca. 32 Mio. Euro verfügen können.

Okt. Bei einem Japanbesuch wird die Thronfolgerin Victoria auch im Kaiserhaus empfangen.

19.06. Das königliche Paar begeht seine Silberhochzeit mit einem Galakonzert in Schloss Drottningholm.

15.05. Kronprinzessin Victoria eröffnet im Düsseldorfer Stadtmuseum die Ausstellung „Schweden – Glück".

21.04.	Auf ihrem Deutschlandbesuch kommt Königin Silvia nach Essen.
2000	
10.12.	Bei der 100. Verleihung der Nobelpreise tritt Prinzessin Madeleine erstmals öffentlich auf.
Sep.	Königin Silvia weilt als Ehrengast bei den Olympischen Spielen in Sydney.
01.07.	Eröffnung der Öresundbrücke durch die dänische Königin Margrethe II. und König Carl XVI. Gustaf.
14.06.	Auf ihrer Deutschlandreise besucht Königin Silvia auch die Expo in Hannover (erneut Anfang September).

Vorbild für die Gleichberechtigung

Schweden ist ein protestantisches Land. Dennoch pflegt es natürlich auch das Andenken der großen geistlichen Vorbilder aus der Zeit vor der Reformation. Zu denen gehört in ganz besonderer Weise Birgitta von Schweden, eine Mystikerin und Philosophin aus dem 14. Jahrhundert, die schon 1391 heilig gesprochen worden ist. Der von ihr 1346 gestiftete Birgittenorden (Erlöserorden) hat Niederlassungen in Europa, in den USA und Asien sowie auf Kuba. Er setzt sich für die Ökumene mit den protestantischen Kirchen ein. Aus Anlass der 700. Wiederkehr ihres Geburtstages sind daher lutherische und katholische Bischöfe aus ganz Skandinavien in allerhöchster Gesellschaft nach Rom gefahren. Zu ihrer Delegation gehören nicht nur Politiker, sondern auch Kronprinzessin Victoria und Prinzessin Benedikte von Dänemark. Sie alle nehmen an einer Vesper teil, die Papst Johannes

Papst Johannes Paul II. empfängt am 4. Oktober 2002 im Vatikan die schwedische Kronprinzessin Victoria.

Paul II. am 4. Oktober 2002 im Petersdom zelebriert. Er würdigt dabei die Heilige als ein Vorbild für eine volle Gleichberechtigung der Frau. Ihr Leben biete ein Beispiel, wie Frauen auch heute in geeigneter Weise Familie, christliches Leben und soziale Verpflichtungen vereinbaren könnten. Sicher fühlen sich von diesen Worten die beiden Prinzessinnen auch direkt angesprochen; ihre hohe Stellung ruft gerade sie zu sozialem Engagement und zu vorbildlichem Familienleben.

Prinzessin Madeleine lauscht beim Bankett interessiert den Worten ihres Tischherrn, des amerikanischen Nobelpreisträgers für Medizin Paul Greengard, 2000.

Zaungast bei der Nobelpreis-Gala

Natürlich spielt sie nur eine kleine Nebenrolle, aber eine trotz der hochrangigen und illustren anderen Gäste viel beachtete: Prinzessin Madeleine, das königliche Nesthäkchen, vor einem halben Jahr 18 geworden, hat ihren ersten öffentlichen Auftritt am 10. Dezember 2000 bei den Feierlichkeiten zur 100. Verleihung von Nobelpreisen. Während ihr Vater den Wissenschaftlern und dem chinesischen Schriftsteller Gao Xingjan die Urkunden überreicht, haben die Fotografen noch reichlich Gelegenheit, die Debütantin auf dem vornehmen Parkett abzulichten. In ihrer Aufregung dürfte Madeleine allerdings kaum mitbekommen haben, wer genau wofür ausgezeichnet worden ist. Etwa bei der Vergabe des Preises für Physik an den in den USA lebenden 62-jährigen Deutschen Herbert Kroemer für den „Heterostruktur-Transistor" wird sie allenfalls das zweite Wort verstanden haben. Darum aber geht es bei solchen Auftritten ja auch nicht, sondern um das Einüben des Umgangs mit der Öffentlichkeit. Zu Gesprächen mit den Preisträgern und deren Angehörigen sowie anderen Gästen ist dann beim Festbankett Gelegenheit. Den leuchtenden Augen der Prinzessin sieht man an, dass sie keine Angst vor dem Rampenlicht hat und das Ganze nicht bloß als Pflichtveranstaltung empfindet.

Schweden rückt näher an Mitteleuropa heran

Mit berechtigtem Stolz auf die Leistungen ihrer Ingenieure können das dänische und das schwedische Königspaar neun Jahre nach der Unterzeichnung der Verträge am 1. Juli 2000 das letzte Teilstück der Straßen- und Eisenbahnverbindung zwischen Kopenhagen und der drittgrößten schwedischen Stadt Malmö im südlichen Schonen freigeben. Sechzehn Kilometer sind zu überbrücken gewesen, und das ist durch ein Tunnelstück auf dänischer Seite, die vier Kilometer breite künstliche Insel Peberholmen und eine über acht Kilometer lange Brücke geschehen. Damit ist die drittgrößte Meeresstraßen-Überquerung in Europa geglückt. Wesentlich länger ist nur der Fünfzig-Kilometer-Tunnel unter dem Ärmelkanal und etwas länger die achtzehn Kilometer messende Verbindung über den Großen Belt. Brauchte man bisher fast eine Stunde für die Fahrt zwischen den beiden Städten mit der Fähre, von den Wartezeiten nicht zu reden, so ist man nun in zehn Minuten auf der anderen Seite. Züge von Hamburg nach Stockholm brauchen ein Stunde weniger. Sorgen bereitet nur die Tatsache, dass sich ganze Vogelschwärme von der nachts erleuchteten Schrägseilkonstruktion mit den 204 Meter hohen Pylonen angezogen fühlen und sich oft auch auf der Fahrbahn niederlassen. Ornithologen denken über Gegenmaßnahmen nach.

Ein traditionelles Brot überreichen in Tracht gekleidete ukrainische Schulkinder aus der Gegend um Tschernobyl Kronprinzessin Victoria in Lappland, 2000.

Gut gelaunt begrüßen sich Königin Margrethe von Dänemark, ihr Cousin König Carl Gustaf mit Königin Silvia und Prinz Henrik von Dänemark zur feierlichen Einweihung der Öresund-Verbindung, 2000.

Das Königspaar nimmt in Kopenhagen an den Feierlichkeiten zum 60. Geburtstag von Margrethe II. teil.	18.04.
Treffen von Königin Silvia mit den Verantwortlichen des Deutschen Kinderschutzbundes in Essen.	18.02.

1999	**Jahreschronik**
13.11.	Papst Johannes Paul II. empfängt das Königspaar in einer Privataudienz.
20.10.	Im Beisein der drei Monarchen und ihrer Ehepartner wird in Berlin die gemeinsame Botschaft Schwedens, Norwegens und Dänemarks eröffnet.
1998	
10.12.	Der Schriftsteller José Samarago aus Portugal ist Tischherr von Königin Silvia beim Gala-Diner der Nobelpreisträger des Jahres.
24.10.	König Carl XVI. Gustaf und seine Frau Silvia gehören zu den prominenten Gästen beim 350. Jahrestag des Westfälischen Friedens in Münster.
1997	
23.11.	Königin Silvia eröffnet in Münster die Ausstellung „Christina, Königin von Schweden".
Aug.-Okt.	Kronprinzessin Victoria absolviert Volontariate im Parlament und in diversen Ministerien.

Der Norden unter einem Dach

Fünf Staatsoberhäupter, gekrönte und gewählte, geben sich am 20. Oktober 1999 ein Stelldichein am Klingelhöfer Dreieck in Berlin-Tiergarten. Zweck des Gipfeltreffens: Einweihung eines einmaligen Gebäudekomplexes, der sich äußerlich geschlossen und innen doch eigenwillig gegliedert präsentiert. Die fünf nordischen Länder Island, Norwegen, Dänemark, Schweden und Finnland haben auf einem Gelände ihre Botschaften versammelt und damit ein exterritoriales Gebiet geschaffen, das keiner einzelnen Nation untersteht, sondern Gemeinschaftsland ist. Ein grünes Kupferband umschlingt das Areal und fasst zusammen, was nach dem Willen der Bauherren zusammengehört. Dabei hat jeder für individuelle Gestaltung des eigenen Gebäudes gesorgt und dabei doch Brüche vermieden, die den Eindruck der Beliebigkeit erwecken könnten. Die Fassaden sind angenähert, und Wasserbassins zwischen ihnen symbolisieren die Meere, die die Nordländer in der Realität trennen. Die hohen Herrschaften sind äußerst angetan, was da für 110 Millionen Mark entstanden ist, und lauschen in bester Stimmung den Reden und konzertanten Darbietungen. Kulinarisches kommt natürlich auch nicht zu kurz, und das Lob der vielen Gäste aus zahllosen Ländern über das wundervolle Ensemble auf dem 7290 Quadratmeter großen Areal schmeichelt dem skandinavischen Selbstbewusstsein, zumal da es völlig ehrlich gemeint ist. Die Nordischen Botschaften sollten Schule machen und auch zu anderen Zusammenschlüssen führen, die Wege verkürzen und das Miteinander intensivieren können.

Kronprinzessin Victoria macht im Rahmen ihrer „Ausbildung" auch Stat bei der schwedischen UN-Delegation in New York, 1997.

König Carl Gustaf und Königin Silvia bei der Eröffnung der Nordischen Botschaften in Berlin, 1999.

Eine Prinzessin als Auszubildende

Als Prinz oder Prinzessin wird man geboren, doch die richtige Rolle will gefunden werden. Insbesondere wenn die Vorsilbe Kron- hinzukommt, heißt es lernen, lernen, lernen für den hohen Beruf, der auf einen zukommt. Victoria muss nicht nur die Schule mit Erfolg besuchen und ein möglichst nützliches Studium für ihre Rolle als künftige Königin absolvieren, sondern sie will

Das schwedische Königshaus

auch verstehen lernen, wie der Staatsapparat funktioniert. Nach ihrem 18. Geburtstag wird das dringlicher denn je, denn es kann nun durchaus der Fall eintreten, dass sie ihren Vater vertreten muss als Staatsoberhaupt. Im Herbst 1997 unterwirft sich die Kronenträgerin in spe daher einem Crash-Kurs: Nach einem Treffen mit IOC-Präsident Juan Antonio Samaranch in der Schweiz Ende August, bei dem sie diplomatische Erfahrungen sammeln kann, folgt am 16. September ein viertägiges Praktikum im Stockholmer Parlament, das ihr ein Gefühl für die demokratischen Spielregeln im Hohen Haus vermitteln soll. Vom 1. Oktober an schließen sich dann immer mehrere Tage dauernde Lernbesuche in diversen Ministerien an, zunächst in dem für Justiz, dann im Auswärtigen Amt. Nach einem einwöchigen Zwischenspiel bei den Vereinten Nationen in New York und einem zweiwöchigen Praktikum bei der Europäischen Union in Brüssel vollendet ein Volontariat im Finanzministerium diese Phase des Blockunterrichts. Er wird später in weiteren Ressorts fortgesetzt und vor allem vertieft, damit sich Victoria völlig sicher im politischen Betrieb zu bewegen versteht und Routine im Umgang mit den Mächtigen gewinnt.

Besuch beim „Löwen aus Mitternacht"

Die Dynastie Bernadotte ist jung, steht aber in der langen Tradition des schwedischen Königtums. Einer der größten Monarchen, den es hervorgebracht hat, war Gustav II. Adolf, dessen 400. Geburtstag 1994 begangen wird. König Carl XVI. Gustaf und seine Frau Silvia weilen in den Tagen davor in Deutschland und besuchen diverse Städte. Sie nutzen die Gelegenheit, für den großen Vorgänger zehn Tage vor dessen rundem Jubiläum (19.12.) am 9. Dezember auf dem einstigen Schlachtfeld von Lützen südwestlich von Leipzig, wo er 1632 gefallen ist, einen Kranz niederzulegen. Der Tod fern der Heimat hatte den König ereilt, weil er in den auf deutschem Boden tobenden Dreißigjährigen Krieg auf Seiten der Protestanten eingegriffen hatte; durch den Vormarsch der Katholischen unter Wallenstein sah er die schwedische Großmacht bedroht.

Nachdem er 1630 in Deutschland gelandet war, siegte er in allen Schlachten, auch in der, die ihm zum Verhängnis wurde. Seine zupackende Kampfesweise und sein wilder Mut, der seine Soldaten mitriss, bescherten ihm den Beinamen „Löwe aus

In schwedischer Nationaltracht nimmt die Königsfamilie im Juni 1987 an den Feierlichkeiten des schwedischen Nationaltags teil.

Kronprinzessin Victoria und Prinz Carl Philip an der Wiege ihrer jüngsten Schwester Prinzessin Madeleine, nachdem diese getauft wurde, 1982.

Jahreschronik

1995
14.07. Mit dem 18. Geburtstag wird Kronprinzessin Victoria volljährig und Stellvertreterin des Vaters als Staatsoberhaupt.

1994
09.12. Aus Anlass des 400. Geburtstags von König Gustav II. Adolf besucht das Königspaar das Schlachtfeld von Lützen.

1989
24.02. König und Königin nehmen in Tokio an der Beisetzung des japanischen Kaisers Hirohito teil.

1982
10.06. Geburt von Prinzessin Madeleine („Madde") Thérèse Amelie Josephine auf Schloss Drottningholm.

1980
01.01. Aufgrund eines Parlamentsbeschlusses rückt Prinzessin Victoria an die erste Stelle in der Thronfolge.

1979
13.05. Im Stockholmer Schloss kommt Prinz Carl Philip („Gepe") Edmund Bertil zur Welt.

Jahreschronik

1977
14.08. Die künftige Kronprinzessin Victoria wird im Karolinska Krankenhaus von Stockholm geboren.

1976
19.06. König Carl XVI. Gustaf heiratet Silvia Sommerlath nach Verlobung am 12.03.

1972
26.08. Bei der Eröffnung der Olympischen Spiele in München wird Kronprinz Carl Gustaf die Chefhostess Silvia Sommerlath vorgestellt.

1973
15.08. Nach dem Tod von Großvater Gustav. VI. Adolf besteigt Carl XVI. Gustaf den Thron.

1950
29.10. Dem verstorbenen Gustav V. Adolf folgt sein Sohn als Gustav VI. Adolf als König.

1947
26.01. Erbprinz Gustav Adolf, Vater von Prinz Carl Gustaf, kommt bei einem Flugzeugabsturz ums Leben.

Mitternacht". Ein zeitgenössischer Politiker sagte über ihn: „Ich kann nicht genug die heroischen Tugenden dieses Mannes preisen, seine Frömmigkeit, Klugheit und Entschlusskraft. In Europa hat er nicht seinesgleichen." Wäre ihm längeres Wirken vergönnt gewesen, dann wäre das mörderische Ringen vielleicht viel eher beendet gewesen. So aber erholte sich die kaiserliche Seite rasch und setzte den Krieg fort. Er wurde zu einem jahrhundertelangen Trauma der Deutschen. Aber auch Schweden trauerte lange über den Verlust des Königs und über die enormen Opfer, die der weitere Verlauf des Krieges auch auf ihrer Seite bis 1648 forderte.

Kurz nach seiner feierlichen Inthronisation spricht König Carl XVI. Gustaf am 19. September 1973 vor dem versammelten Kabinett.

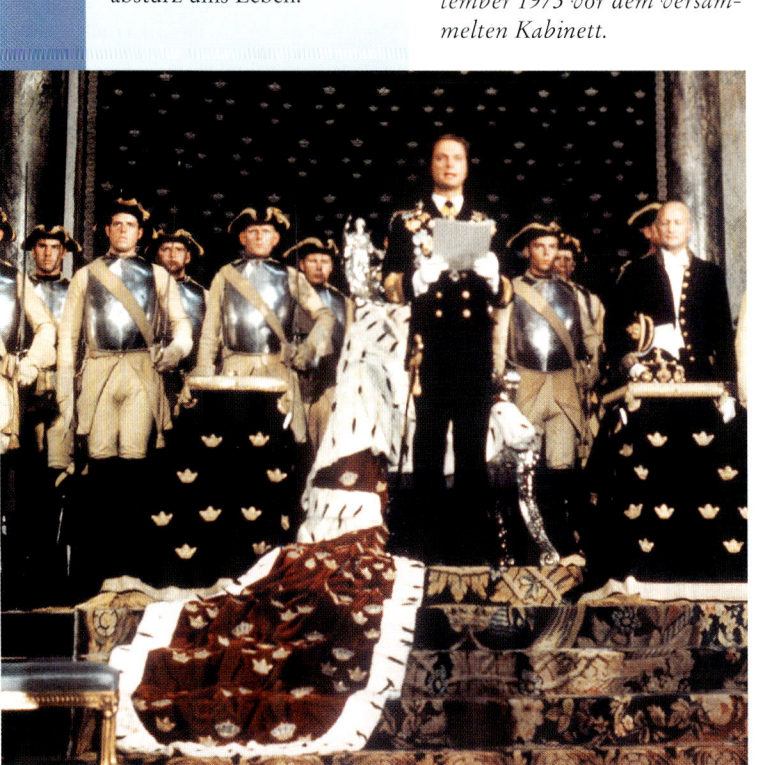

Mit Orchideen, Maiglöckchen und Jasmin

Der 19. Juni 1976 ist ein nationaler Freudentag: Der seit drei Jahren amtierende König Carl XVI. Gustaf heiratet in der

Strahlend vor Glück posieren König Carl Gustaf und Silvia, eingerahmt von ihren Blumenkindern, für das offizielle Hochzeitsfoto nach ihrer Vermählung am 19. Juni 1976.

Stockholmer Storkyrka Silvia Sommerlath, die seit vier Jahren amtierende Königin seines Herzens. Die schöne Braut hat längst alle Bedenken von konservativen Schweden zerstreut, die eigentlich nur eine Hochadlige für angemessen gehalten und eine Deutsche schon aus Prinzip abgelehnt haben. Wie die künftige Königin im elfenbeinfarbenen Satinkleid nun engelgleich dahinschwebt, in der Hand den Brautstrauß aus Orchideen, duftenden Maiglöckchen und mit ihnen in Süße wetteifernden Jasminblüten, schmelzen alle Einwände wie Schnee in der Sonne dahin. Nicht einmal Kritik daran wird laut, dass der König als Verneigung vor dem Volk, dem er sein Lebensglück verdankt, das Großkreuz des Verdienstordens der Bundesrepublik Deutschland trägt.

Zur allgemeinen Friedfertigkeit hat sicher nicht unwesentlich beigetragen, dass inzwischen Einzelheiten der Romanze des Paares durchgesickert sind: Die beiden sind einander erstmals auf dem Empfang des Bundespräsidenten Heinemann zur Eröffnung der Olympischen Spiele 1972 am 26. August begegnet. NOK-Präsident Willi Daume hat Silvia als Chefhostess dem damaligen Kronprinzen vorgestellt, und es muss zwischen den beiden sofort gefunkt haben. Bereits nach der Veranstaltung machten sie einen Bummel durchs warme nächtliche München, schwangen in einer Disco das Tanzbein und amüsierten sich bei ein paar Longdrinks. Es folgte eine lange Zeit des Versteckspiels, das ständig in Gefahr war aufzufliegen. Und natürlich gab es auch sogleich jede Menge Gerüchte, weil sich gemeinsame Ski-Urlaubstage oder Aufenthalte im Schloss Solliden auf Öland nicht ohne weiteres verheimlichen ließen. Erst seit der Thronbesteigung 1973 geht der König etwas offener mit seinem süßen Geheimnis um. Im März 1976 macht er es durch die Verlobung öffentlich. Und nun läuten die Hochzeitsglocken.

Die Witwe von Erbprinz Gustaf Adolf, Sibylla Prinzessin von Sachsen-Coburg-Gotha, mit ihrem Sohn Prinz Carl Gustaf bei einer Hundeschau in Stockholm, 1949.

Halbwaise im Kinderbett

Er hat zwar schon vier Kinder, aber eben „nur", so denkt man noch immer, Töchter. Nach 14 Ehejahren ist daher die Freude bei Erbprinz Gustav Adolf groß, als seine Frau Sibylla am 30. April 1946 einem Knaben das Leben schenkt. Der Kleine bekommt den Namen Carl Gustaf und wird am 7. Juni getauft. Was so froh begonnen hat, mündet in eine Katastrophe: Schon länger hat Prinz Bernhard der Niederlande den schwedischen Thronfolger zur Jagd in Holland eingeladen. Im Januar 1947 schließlich reist Gustav Adolf zum Freund und vergnügt sich mit ihm und anderen Gästen auf der Pirsch und bei deftigen Mahlzeiten. Am 26. Januar tritt er den Rückflug an, kommt aber daheim nicht mehr an: Beim Landeanflug auf den Kopenhagener Flughafen Kastrup schmiert die Maschine ab, schlägt auf und brennt aus. Es gibt keine Überlebenden. Vaterlos wird das nun in der Thronfolge an die zweite Stelle nach Großvater Gustav VI. Adolf rückende Baby Carl Gustaf aufwachsen. Das geschieht in noch größerer Zurückgezogenheit, als das schon bisher der Fall gewesen ist. Im Schloss Haga am Stadtrand von Stockholm bleibt Mutter Sibylla mit ihren Kindern weitgehend allein. Öffentliche Auftritte vermeidet sie, so gut es geht; eine gewisse Schüchternheit beim kleinen Kronprinzen ist die natürliche Folge. Vielleicht spielt sie dabei eine Rolle, dass er und seine künftige Familie von Skandalen weitgehend verschont bleiben werden.

Am 12. März 1976 stellt König Carl Gustaf seine Verlobte Silvia Sommerlath, die er als Chefhostess auf den Olympischen Spielen 1972 in München kennen gelernt hatte, der Öffentlichkeit vor.

Jahreschronik

1946
30.04.
Auf Schloss Haga in Stockholm kommt Prinz Carl Gustaf, der künftige König, zur Welt.

1943
23.12.
Alice Sommerlath, geborene de Toledo, schenkt in Heidelberg einer Tochter das Leben, die den Namen Silvia erhält.

1932
19.10.
Erbprinz Gustav Adolf heiratet Sibylla von Sachsen-Coburg-Gotha.

1914
06.02.
Die so genannte Schlosshofrede von Gustav V. Adolf löst eine Verfassungskrise aus.

1907
08.12.
Gustav V. wird Nachfolger seines verstorbenen Vaters Oskar II. (geboren 1829).

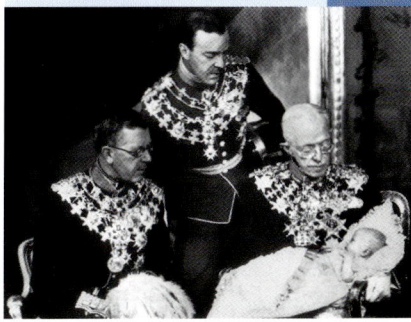

Jahreschronik

1896
10.12. In San Remo stirbt der schwedische Unternehmer und Multimillionär Alfred Nobel. Testamentarisch hat er den bedeutendsten Wissenschafts-, Literatur- und Friedenspreis gestiftet.

1888
Jan. Wie im Deutschen Reich setzten sich allmählich die Anhänger einer Schutzzollpolitik durch. König Oskar II. trägt dem Rechnung, indem er den Führer der Opposition Baron Bildt mit der Regierungsbildung beauftragt.

1866
01.09. Erste Wahlen zum Reichstag nach dem neuen allgemeinen Männerwahlrecht.

22.06. Annahme einer Wahlrechtsreform, die dem Volk Mitbestimmung in der Zweiten Kammer des Parlaments sichert.

Lange nachleuchtender Glanz

Bei der Testamentseröffnung platzt seine letzte Bombe: Alfred Nobel, der am 10. Dezember 1896 gestorbene Erfinder des Dynamits, hinterlässt einen großen Teil seines gewaltigen Vermögens, genau 31 Millionen Kronen, einer Stiftung. Sie soll alljährlich von den Zinserträgen die herausragenden Wissenschaftler der Welt auf den Gebieten Medizin, Chemie und Physik sowie die besten Verfasser von literarischen Werken und solche Menschen prämieren, die sich in besonderer Weise um den Frieden verdient gemacht haben. Vor allem mit dem letztgenannten Preis will der Verblichene offenbar sein geplagtes Gewissen besänftigen. Seine Erfindung, von hohem Segen bei friedlicher Nutzung, spielt eine weit größere militärische Rolle und ist verantwortlich für den Tod unzähliger Menschen. Mit diesem Vermächtnis versucht Nobel im Nachhinein sein Image als Kriegsgewinnler zu schönen und sich als Philanthropen zu präsentieren, der er zweifelsohne auch gewesen ist.

Alljährlich verleiht nun der schwedische König am Todestag Nobels die Preise, die in den kommenden hundert Jahren Höhen von mehreren Millionen Euro erreichen werden. Nur der Friedenspreis wird von einem Ausschuss des norwegischen Storting (dem Parlament) zuerkannt und vom König in Oslo überreicht. Wohl keine Auszeichnung hat einen solchen Nimbus und ist unter Gelehrten wie Literaten so begehrt wie der Nobelpreis. Alljährlich kocht die Gerüchteküche über, wer denn wohl dieses Mal den Ritterschlag im Namen Nobels erhalten wird. Damit nämlich ist nicht nur die hohe Dotierung verbunden, sondern auch ein nicht unbeträchtlicher Folgenutzen: Wer zu den buchstäblich Nobilitierten gehört, hat einen deutlich höheren Marktwert als andere Sterbliche. Das königliche Ambiente bei der Verleihung leuchtet noch lange nach.

Alfred Nobel hinterließ ein gewaltiges Vermögen, aus dem bis heute der Nobelpreis in verschiedenen Gebieten gestiftet wird.

Desideria wurde in Marseille geboren und kam durch die Heirat mit General Bernadotte auf den schwedischen Thron.

Das schwedische Königshaus

Die Frau, die sich schwer mit der Kälte tat

Schon der dritte König ihrer Dynastie regiert, als die Stammutter des Hauses Bernadotte, Königin Desideria, am 17. Dezember 1860 den letzten Atemzug tut. Als Désirée Eugénie Bernhardine Clary in Marseille am 8. November 1777 geboren, war die hübsche und wohlhabende Seidenhändlerstochter zunächst die große Liebe des späteren Kaisers Napoleon, dessen Bruder Joseph die Schwester Julie geheiratet hatte. Die Liebesglut aber schwand in dem Maße, in dem der Désirée-Verlobte in Paris Karriere machte und für diese die einflussreiche Joséphine Beauharnais heiratete. Das erfuhr die zurückgelassene Braut in Marseille erst mit Verspätung und schrieb traurige Briefe. Da alte Liebe nicht rostet, bemühte sich der korsische Feldherr um eine vorteilhafte Partie für seine Verflossene.

Als Désirée sich für den General Jean Baptiste Bernadotte entschied, war das zwar ein Glücksgriff für sie, doch dem großen Eroberer war nicht ganz wohl dabei. Zum einen war Bernadotte ein Hüne, während er, Napoleon, körperlich wenig vorteilhaft gewachsen war. Schlimmer aber: Bernadotte konnte ihm als militärischem Genie durchaus das Wasser reichen. Das erkannten auch andere: Das schwedische

General Jean Baptist Jules Bernadotte, Fürst von Pontecorvo, wurde vom schwedischen Parlament zum Kronprinzen gewählt und regierte als König Karl XIV. Johann von 1818 bis 1844.

Parlament wählte Bernadotte 1810 zum Kronprinzen für den kinderlosen König Karl XIII. Wenn sich die Begeisterung darüber nicht sogleich einstellen wollte, dann weil der künftige König zunächst ohne Frau und Sohn nach Stockholm kam. Als Désirée dann doch Weihnachten 1810 anreiste und zu Desideria wurde, hellte sich die Lage nicht auf, denn die künftige Königin wollte nur noch eins: zurück in die warme Heimat. Erst zwölf Jahre später kam sie endgültig nach Schweden und gewann nach und nach die Herzen ihrer Untertanen. Als ihr Tod bekannt wird, trauert nicht nur die königliche Familie, sondern auch das ganze Land.

Oskar I., Sohn von Desideria, mit seiner Gemahlin Josephine von Leuchtenberg, war König von Schweden und Norwegen von 1844 bis 1959.

Jahreschronik

1860
17.12. 83-jährig stirbt in Stockholm Königin Desideria, Mutter von König Oskar I., den sie um fast anderthalb Jahre überlebt hat.

1855
25.11. Im so genannten Novembertraktat schließt König Oskar I. mit Großbritannien und Frankreich ein Schutzbündnis gegen russische Übergriffe.

1848
18.03. Unruhen in Stockholm wegen der von König Oskar I. verweigerten Parlamentsreform.

1844
08.03. Im Alter von 81 Jahren schließt König Karl XIV. Johann für immer die Augen; Nachfolger wird sein einziger Sohn als Oskar I.

1829
21.01. In Stockholm kommt Oskar als dritter Sohn des gleichnamigen Königs zur Welt; später als Oskar II. von 1872 bis 1907 selber König.

1818
05.02. Nach dem Tod von König Karl XIII. besteigt sein adoptierter Kronprinz als Karl XIV. Johann den Thron.

1810
02.11. König Karl XIII. adoptiert den gewählten Kronprinzen, der den Namen Karl Johann annimmt.

21.08. Das schwedische Parlament wählt den französischen Marschall Bernadotte zum Kronrinzen.

Blick in die Geschichte

Jahreschronik

1809 Karl XIII. besteigt den Thron.

1771 Gustav III. stärkt die Macht des Königs, beschneidet die Privilegien des Adels.

1751 Adolf Friedrich aus dem Haus Holstein-Gottorf wird König.

1697 1697 Karl XII. führt das Land mit dem Nordischen Krieg in eine Krise. Die schwedische Vormachtstellung geht verloren.

1654 Unter Karl X. Gustav erreicht das schwedische Reich seine größte Ausdehnung.

1632 Königin Christine dankt zugunsten ihres Vetters Karl Gustav 1654 ab, konvertiert zum Katholizismus und geht nach Rom.

1611 Gustav II. Adolf greift in den Dreißigjährigen Krieg ein. Er fällt in der Schlacht bei Lützen.

1560 Unter Erich XIV. beginnt die schwedische Expansionspolitik im Baltikum gegen Russland, Polen und Dänemark.

1523 Gustav Wasa verjagt die dänischen Statthalter und wird zum König gewählt.

1520 Nach dem Versuch, die dänische Vorherrschaft in Schweden wiederherzustellen, lässt sich Christian II. in Stockholm zum erblichen König krönen. Die adlige Opposition lässt er hinrichten („Stockholmer Blutbad").

1397 Für den inzwischen 14-jährigen Erich schließt Margrethe die drei skandinavischen Reiche in der Kalmarer Union zusammen; Schweden bleibt daher bis 1523 dänisch beherrscht.

1389 Auch Schweden fällt Margrethe als Regentin für einen

Unbeschreibliche Tapferkeit

Trotz der schweren Verluste Schwedens im Dreißigjährigen Krieg blieb das Land eine Ostsee-Großmacht und hatte die Mittel, auf dem Kontinent zu intervenieren. Der erst 18-jährige König Karl XII. wollte im Jahr 1700 durch einen großräumig angelegten Feldzug ein für alle Mal die schwedischen Besitzungen an der südlichen und östlichen Küste der Ostsee (z. B. Livland) sichern und setzte zum Schlag gegen Russland an, das allerdings mit Dänen und Sachsen verbündet war. Mit ungeheurem Elan warf Karl alle Gegner nieder und drang tief ins Zarenreich vor, dem Peter der Große gerade eine kraftraubende Reformphase verordnet hatte. Der so geschwächte Gegner schien leichte Beute, doch am 8. Juli 1709 kam es bei

Karl XII. regierte als König von Schweden von 1697 bis 1718 das Land.

Poltawa in der Dnjepr-Niederung ganz anders. Die Russen schlugen die siegverwöhnten, aber nach jahrelangen Kämpfen erschöpften Truppen Karls und vernichteten alle Großmachtsträume des Königs. In der russischen Meldung über den Sieg hieß es:

„Ich berichte Euch von einer gewaltigen und unerwarteten Viktorie, die Gott der Herr uns durch die unbeschreibliche Tapferkeit unserer Soldaten bei einem geringen Blutverlust unserer Truppen in folgender Weise gewährte: Früh am Morgen attackierte der hitzige Feind unsere Kavallerie mit seiner gesamten Hauptmacht. Die Unseren haben sich zwar wacker geschlagen, waren aber gezwungen zurückzugehen, doch mit großen Verlusten für den Feind. Dann stellte sich der Gegner zur Schlachtfont gegen unser Lager, gegen den wir sofort unser gesamtes Fußvolk aus der Verschanzung herausführten und vor seinen Augen aufstellten, die Kavallerie zu beiden Flanken. Der Feind griff unverzüglich an. Die Unsrigen gingen ihm entgegen und trafen ihn so, dass sie ihn sofort aus dem Felde schlugen und eine Menge Fahnen und Kanonen eroberten. Mit einem Wort, die ganze feindliche Armee hatte ein Ende genommen."

Die fliehenden Schweden wurden verfolgt und fast gänzlich aufgerieben. König Karl blieb nichts anderes übrig, als auf türkisches Gebiet in Bender am Dnjestr auszuweichen. Erst 1714 konnte er in die Heimat zurückkehren, wo er sogleich neue Kriegspläne schmiedete, dieses Mal gegen Norwegen. Doch das Glück hatte ihn und Schweden verlassen: Am 11. Dezember 1718 fiel der König vor der Festung Fredrikshald.

Wasa – durch Tiefschnee in die Freiheit

Anderthalb Jahrhunderte lang war Schweden ein dänisches Teilkönigreich, doch zu Beginn des 16. Jahrhunderts regte sich nationaler Widerstand, den König Christian II. vergeblich zu brechen suchte, indem er 1520 Hunderte schwedischer Adliger hinrichten ließ („Stockholmer Blutbad"). Auch auf Gustav Erikson Wasa aus einem uppländischen Geschlecht wartete dieses Schicksal. Anders als seinen Leidensgenossen aber gelang dem Draufgänger die Flucht aus dem Kerker und vor seinen Verfolgern, die seine Spur im Tiefschnee nicht lange genug erkennen konnten, weil Neuschnee sie auffüllte. Noch heute wird alljährlich zum Gedenken an diese dramatische Jagd der so genannte Wasalauf, ein internationaler Skimarathon über 90 Kilometer, veranstaltet.

Gustav entfesselte einen Aufstand gegen die Dänen, konnte sie verjagen und sich 1523 vom Reichstag zum neuen König wählen lassen. Bis 1560 herrschte er als Gustav I. und festigte seine Dynastie, die 1587 mit einer katholischen Nebenlinie auch den polnischen Thron besetzen konnte (bis 1668). Gustavs Nachfolger machten Schweden zur beherrschenden Großmacht im Ostseeraum, die unter Gustav II. Adolf (regierte 1611–1632) in den Dreißigjährigen Krieg eingriff und die schon am Boden liegenden Protestanten rettete. Der König aber hatte nur eine Tochter, die zwar noch bis 1654 regierte, dann aber abdankte. Damit war die Dynastie Wasa erloschen.

Gustav I. Wasa, König der Schweden von 1523 bis 1560. Nach ihm ist der bekannte Wasalauf, ein Skimarathon, benannt.

Königin Christine

Sie war erst sechs Jahre alt, als ihr Vater König Gustav II. Adolf 1632 auf dem Schlachtfeld von Lützen bei Leipzig den Tod fand. In den folgenden Jahren führte die Regierungsgeschäfte ein Regentschaftsrat, dann übernahm Christine am 17. Dezember 1644, ihrem 18. Geburtstag, selbst das Zepter. Ihre politischen Maßnahmen waren von wenig Weisheit geprägt und stießen immer wieder auf den Widerstand der Großen des Reiches. Um so intensiver kümmerte sich die Königin um kulturelle Angelegenheiten, gab Impulse für die Begründung eines Zeitungswesens und organisierte ein Schulsystem. An ihren Hof zog sie bedeutende Gelehrte, darunter als berühmtesten den französischen Philosophen Descartes. Innerlich näherte sie sich mit der Zeit katholischen Positionen an, wohlwissend, dass dies nicht mit ihrer Rolle als Herrscherin über ein evangelisches Reich vereinbar war. 1654 zog sie daraus die Konsequenz, dankte zugunsten ihres Vetters Karl Gustav von Pfalz-Zweibrücken ab, reiste nach Rom und konvertierte zum römisch-katholischen Glauben. Vielleicht war dies auch Ausdruck einer seelischen Zerrissenheit. Christine, die nie einen Draht zu ihrer geistig gestörten Mutter gefunden hatte, klagte oft darüber, dass sie nicht als Mann zur Welt gekommen sei, und pflegte einen Kult um ihren „Heldenvater". Sie starb 1689 nach 35-jährigem Exil in der Ewigen Stadt.

Totenmaske der schwedischen Königin Christine, die als 18-Jährige 1644 den Thron bestieg und 1689 in Rom starb.

unmündigen Herrscher zu, den 1382 geborenen Enkel Erich ihrer Schwester Ingeborg.	
Nach dem Tod Haakons regiert Margrethe auch Norwegen als Regentin für ihren unmündigen Sohn Olaf.	1380
Magnus VII. überlässt Norwegen dem Sohn Haakon VI. und billigt dessen 1363 geschlossene Ehe mit Margrethe von Dänemark.	1355
Durch Bestellung des unmündigen Königs Magnus VII. Eriksson wächst die Macht der Großen des Reiches, die eine Union mit Norwegen durchsetzen und sich erhebliche Privilegien sichern (u.a. Steuerfreiheit, Wahlkönigtum).	1319
Unter Magnus Birgersson (1275–1290) bestimmt das Statut von Alsnö die Steuerfreiheit aller zu Pferde dienender Krieger als neuem Adelsstand. Gegen den Adel pflegt der König zugleich die Beziehung zu den freien Bauern.	1280
Der erste Folkunger Birger Jarl hinterlässt ein geordnetes Reich mit blühenden Handelsstädten, darunter das aufstrebende Stockholm.	1266
Mit dem Tod von König Erich Eriksson endet auch das Haus Erichs des Heiligen, und es steigen die Folkunger auf, die als Befehlshaber der Streitkräfte zur Macht gekommen sind.	1250
Mit König Johann (auf dem Thron seit 1216) erlischt das Geschlecht der Sverker.	1222
Ermordung des frommen Königs Erich, um den sich ein Märtyrerkult bildet und der als Nationalheiliger verehrt wird; seine Gebeine ruhen in einem Silberschrein in Uppsala.	1160

Luxemburg

Das

Unter den regierenden Dynastien in Europa macht wohl die luxemburgische am wenigsten von sich reden. Bei ihr ist es gute Tradition, dass die Chefs des Hauses die Amtspflichten noch zu Lebzeiten in jüngere Hände legen, und dort hat man keinerlei Sorge, dem Haus Nassau könne der Nachwuchs ausgehen. Pünktlich zum Jahrtausendwechsel, genau: Anfang Oktober 2000 hat der bis dahin regierende 79-jährige Großherzog Jean das Szepter an seinen Sohn Henri, einen Mittvierziger, weiter gereicht. Natürlich „regiert" der luxemburgische Großherzog nicht im engeren Sinn, doch als Staatsoberhaupt prägt er maßgeblich das Erscheinungsbild seines kleinen Landes, das aber immer noch tausendmal größer ist als Monaco. Und die wichtige Rolle des Monarchen machte auch Regierungschef Juncker deutlich, als er dem scheidenden Großherzog für seine Dienste dankte und dann auf gut Letzeburgisch, einem deutschen Dialekt, ein Hoch auf ihn ausbrachte: „Dir wart e gudde Grand Duc!"

Schloss Colmar-Berg in Luxemburg ist der Wohnsitz der großherzoglichen Familie. Für offizielle Anlässe nutzt der Großherzog das Stadtpalais von Luxemburg.

Haus Nassau

Das Großherzogtum heute und gestern

Großherzogin Maria Teresa und Großherzog Henri treffen am 12. April 2003 zur kirchlichen Trauung von Prinz Laurent von Belgien mit Claire Coombs in der Kathedrale St. Michael und Gudula in Brüssel ein.

Auch an der Trauung des Kronprinzen Haakon mit Mette-Marit im Dom zu Oslo im August 2001 nimmt Großherzog Henri mit seiner Gattin teil.

Gefeiert wurde beim Thronwechsel sehr zurückhaltend, denn der jüngste Bruder Guillaume (Jahrgang 1963) des neuen Herrschers war kurz zuvor zusammen mit seiner Frau, der reizenden Milliardärstochter Sibilla Weiller, auf der Autobahn schwer verunglückt. Der Schock hat tief gesessen, doch nun ist er überstanden, und die große Familie kann sich wieder auf Schloss Colmar-Berg, Schloss Betzdorf oder im Stadtpalais zusammenfinden: Der Ex-Monarch mit Frau Josephine von Belgien und seinen fünf Kindern, darunter der neue Großherzog, der seinerseits bereits fünf Kinder hat mit der kubanischen Gutbesitzerstochter Maria Teresa Mestre. Jeans Töchter bringen anders als die Söhne hochadlige Ehepartner und Kinder mit: Marie-Astrid (Jahrgang 1954) hat Carl Christian Erzherzog von Österreich geheiratet, die drei Jahre jüngere Margaretha ist von Nikolaus Prinz von und zu Liechtenstein zum Traualtar geführt worden. Sie hat einen Zwillingsbruder, der den Vaternamen Jean trägt und 1987 die Studienfreundin Hélène Vestur geehelicht hat.

Der Name Luxemburg hatte im Mittelalter zeitweilig großen Klang: Er gehörte einer Dynastie, der immerhin drei deutsche Kaiser entstammten. Doch die Mittellage des zugehörigen Gebiets machte es zum

Das Großherzogtum Luxemburg

Nach seiner Nominierung zum Erbgroßherzog am 18. Dezember 2000 posiert Prinz Guillaume mit seinen Geschwistern und seinen Eltern im Palais Grand-Ducal. Der 19-Jährige wurde in einer kurzen Zeremonie als offizieller Nachfolger seines Vaters, des Großherzogs Henri, bestätigt.

ständigen Zankapfel, so dass die Bewohner rasch wechselnde Fremdherrschaften hinnehmen mussten. Auch nachdem Ende der napoleonischen Eingemeindung 1815 ging das weiter, denn nun bekam der niederländische König das Sagen; er war in Personalunion Großherzog von Luxemburg, obwohl das Gebiet zum Deutschen Bund gehörte. Auch später waren die Beziehungen zu Deutschland sehr eng, und als der niederländische König Wilhelm III. 1890 ohne männlichen Erben starb, erhielt Luxemburg eine eigene Dynastie in Gestalt des Grafen Adolf aus einem Zweig des auch in Holland regierenden Hauses Nassau. Er starb 1905, und der Nachfolger Wilhelm IV. auch schon 1912. Da er sechs Töchter, aber keinen Sohn hatte, hatte er bereits 1907 die weibliche Thronfolge einführen lassen.

Sie brachte die Tochter Marie-Adelaide auf den Thron und in schwere Probleme, denn der Erste Weltkrieg brach aus. Sich gegen die Deutschen zu stellen wäre selbstmörderisch gewesen, gewiss. Aber musste die Großherzogin unbedingt Ergebenheitsadressen an Kaiser Wilhelm richten? Gleichviel, sie wurde nach der deutschen Niederlage abgestraft und dankte 1919 zugunsten ihrer Schwester Charlotte ab; fünf Jahre später war die verbitterte kaum 30-jährige Ex-Großherzogin tot. Die Schwester aber führte 45 Jahre lang ein strenges Regiment, unterbrochen freilich durch die deutsche Besetzung 1940–44, die Charlotte mit ihrem Mann Felix Prinz von Bourbon-Parma und den sechs gemeinsamen Kindern ins Londoner Exil zwang. Ihre Rückkehr wurde ein wahrer Triumphzug. 1953 heiratete der Erprinz Jean Prinzessin Josephine-Charlotte von Belgien, und 1964 dankte die Mutter zu seinen Gunsten ab; sie konnte noch zwei Jahrzehnte lang ihren Ruhestand genießen.

Das Großherzogenpaar Henri und seine Frau Maria Teresa mit ihren Kindern Guillaume, Felix, Louis, Alexandra und Sébastien in ihrer Residenz.

Chronik der wichtigsten Ereignisse

Jahreschronik

2003
- **20.10.** Bei einem Staatsbesuch in Kopenhagen lernt Großherzog Henri Mary Donaldson, Verlobte des dänischen Kronprinzen Frederik, kennen.

2002
- **24.05.** Prinz Guillaume und seine Frau Sibilla nehmen im Nidarosdom von Trondheim an der Hochzeit der norwegischen Prinzessin Märtha Louise teil.
- **25.04.** Offizieller Staatsbesuch des großherzoglichen Paares in der Schweiz.

2001
- **10.09.** Großherzog Henri besucht das benachbarte rheinland-pfälzische Mainz.
- **06.04.** Paraden und Feuerwerk zum Regierungswechsel vor einem halben Jahr werden nachgeholt.

Fürsorgliche Beziehungspflege

Staatsbesuche gehören zum Alltag von Staatsoberhäuptern, aktiv wie passiv. Nicht immer sind das angenehme Termine, denn das Protokoll ist streng, das Terminkorsett eng und die Gesprächspartner nicht alle sehr sympathisch. Als es für die Großherzogin Maria Teresa und ihren Mann Henri im April 2002 heißt: Besuch in der Schweiz, da kommt allerdings wirkliche Freude auf. Gewiss, auch dort müssen Besichtigungen und Empfänge absolviert und allerhand Ansprachen durchgestanden werden, doch am Ende der Reise

Großherzog Henri und seine Frau Großherzogin Maria Teresa beim Besuch eines Festkonzertes im Luxemburger Konservatorium am 7. April 2001 anlässlich der Thronbesteigung im vergangenen Jahr.

Prinz Guillaume, hier mit Ehefrau Sibilla, hat sich von seinem schweren Unfall wieder gut erholt.

wartet eine Begegnung mit der Weltstadt Genf beiderseits des Rhône-Ausflusses aus dem Genfer See. Dort haben die beiden Besucher seinerzeit studiert, und im nahen Wallis haben sie mehrmals Urlaub gemacht. Die Schweiz ist für Luxemburger ohnehin eine Art zweite Heimat, haben doch beide Länder als wichtige Bankenplätze ähnliche Interessen. Zudem nutzt die Schweiz die guten Beziehungen zum kleinen Luxemburg sozusagen als Fuß in der Tür der Europäischen Union, von der die Alpenrepublik ringsum umgeben und entsprechend abhängig ist. Über die luxemburger Bande kann sie viele Vorteile der großen Gemeinschaft nutzen, ohne ihre Selbstständigkeit aufgeben zu müssen. Es gibt allerhand zu besprechen für die Politiker mit dem großherzoglichen Paar.

Knapp an der Katastrophe vorbei

Ein Moment der Unachtsamkeit und schon ist es passiert: Prinz Guillaume, jüngster Sohn von Großherzog Jean und seiner Ehefrau Josephine, steuert seine Limousine in der Nacht zum 11. September 2000 südlich von Paris Richtung französische Hauptstadt, neben sich seine Frau Sibilla. Wer nun den Fahrfehler begangen hat, der Prinz oder der Fahrer des neben ihm auftauchenden Wagens, ist noch nicht endgültig geklärt. Jedenfalls kommt es zu einem leichten Zusammenstoß, der schwere Folgen hat. Der Prinz verliert die Herrschaft über sein Fahrzeug, das sich mehrmals überschlägt. Mit erheblichen äußeren Verletzungen und einem Schädel-Hirn-Trauma wird Guillaume aus dem Wrack gezogen; seine Frau hat es weniger schwer, vor allem am Bein, erwischt. Beide kommen ins Henri-Mondor-Hospital von Créteil.

Während Prinzessin Sibilla nach einer Operation schnell auf dem Weg der Besserung ist, macht der Prinz den Ärzten Sorgen, so große, dass die für den 28. September geplanten Feierlichkeiten zur Thronübergabe von Großherzog Jean an den Sohn Henri abgesagt werden. Erst zwei Wochen nach dem Unfall können die Mediziner Entwarnung geben: Der zunächst ins Koma gefallene Patient ist außer Lebensgefahr. Zwar steht ihm noch eine lange und schwierige Zeit der Rekonvaleszenz bevor, doch er wird wieder ins aktive Leben zurückfinden. Erleichtert setzt der Großherzog die geplante Thronübergabe auf den 7. Oktober fest. Feiern aber soll es nur stille und bescheidene geben; zu tief sitzt der Schock.

Unter königlicher Aufsicht

Für Monarchen gibt es keine feste Pensionsgrenze. In einigen Ländern ist eine solche sogar tabu; da wird der Thron erst mit dem Ableben des Staatsoberhaupts frei. Die Luxemburger haben sich da ein anderes, gnädigeres Vorbild gewählt, nämlich das niederländische Königshaus, das bis 1890 ja auch das Großherzogtum regiert hat. Seitdem ist das Haus Nassau, eine Nebenlinie am Ruder. Die ersten beiden Großherzöge aus diesem Haus, Adolph und Wilhelm IV., hatten den Thron bis zum Tod 1905 beziehungsweise 1912 inne. Die Nachfolgerin Marie-Adelaide entsagte der Krone im Jahr 1919 nur gezwungenermaßen, ihre Schwester Charlotte hin-

Der neue Großherzog Henri und seine Frau Maria Teresa nehmen am 7. Oktober 2000 auf dem Balkon des Palais in Luxemburg mit dem bisherigen Großherzog Jean die Huldigung der Bevölkerung entgegen.

Großherzog Jean und seine Frau Josephine-Charlotte am 5. Mai 1993 im Garten von Schloss Colmar-Berg.

Jahreschronik

2000

- **18.12.** Guillaume (19), ältester Sohn von Großherzog Henri, wird offiziell zum Erbprinzen erhoben.
- **09.11.** Bundestagspräsident Wolfgang Thierse wird vom Großherzogspaar empfangen.
- **10.10.** Die erste Auslandsreise nach Amtsantritt führt Großherzog Henri nach Berlin.
- **07.10.** Großherzog Jean übergibt seinem Sohn Henri die Regierungsgeschäfte.
- **11.09.** Bei einem Autounfall werden Prinze Guillaume und seine Frau Sibilla schwer verletzt.

1998

- **04.03.** Erprinz Henri wird zum offiziellen Stellvertreter seines Vaters, Großherzog Jean, ernannt.
- **31.01.** Das großherzögliche Paar nimmt an den Feierlichkeiten zum 60. Geburtstag der niederländischen Königin Beatrix teil.

1989

- **12.11.** Zeichen der Stabilität: Großherzog Jean kann sein silbernes Thronjubiläum feiern.

Jahreschronik

1986
09.07. Auf Schloss Fischbach bei Luxemburg stirbt Ex-Großherzogin Charlotte im Alter von 90 Jahren.

Mai Für alle Luxemburger nimmt Großherzog Jean den Aachener Karlspreis entgegen, der erstmals einem ganzen Volk verliehen wird.

1981
11.11. Pünktlich neun Monate nach der Hochzeit bringt Erbprinzessin Maria Teresa den Stammhalter Guillaume zur Welt.

gegen gab sie 1964 im Alter von 68 Jahren freiwillig auf, und ihr Sohn Jean folgt ihrem Beispiel im Jahr 2000, allerdings nun schon 79-jährig. Übergabetag an den Sohn Henri sollte der 28. September sein, doch der Unfall des Bruders Guillaume und seiner Frau Sibilla legte eine Verschiebung auf den 7. Oktober nahe (siehe oben). Zwar will man auch jetzt noch nicht die große Jubelfeier inszenieren, doch ein bisschen Volksfeststimmung kommt schon auf, als sich der frisch gebackene Großherzog Henri mit seiner Frau Maria Teresa auf dem Schlossbalkon zeigt. Er hat soeben seinen Amtseid vor dem Parlament abgelegt und im Beisein des belgischen Königs Albert II., eines Bruders seiner Mutter, und der niederländischen Königin Beatrix die Verfassung beschworen. Benelux also auch unter den Monarchen. Dass das einmal eine schwierige Nachbarschaft gewesen ist, vermag sich heute niemand mehr vorzustellen.

Silbernes Thronjubiläum

Nach 25 Jahren an der Spitze des Staates ist eine fundierte Bilanz möglich: Großherzog Jean hat an

Großherzog Jean und Großherzogin Josephine-Charlotte mit ihren Kindern und Enkelkindern im Juli 1990 auf ihrem Sommersitz an der französischen Mittelmeerküste.

diesem 12. November 1989 alle Ursache, zufrieden zurückzublicken. In engem Kontakt mit den Regierungen und mit dem Parlament, in ständigen Gespräch mit Wirtschaftsführern und Gewerkschaften hat sich seine vermittelnde Fähigkeit rundum bewährt. Nun ist sein Land nicht gerade krisengeschüttelt gewesen, als er es übernommen hat, doch der rasche europäische Einigungsprozess hat auch den Geld- und Wirtschaftsstandort Luxemburg gefordert. Gerade als kleiner Partner kann es zwischen den Großen moderierend agieren und helfen, Kompromisse zu schmieden. Der Monarch spielt dabei

Großherzog Jean mit Gattin Josephine-Charlotte treffen zur schwedischen Königshochzeit am 19. Juni 1976 in Stockholm ein.

zwar nur eine repräsentative Rolle, doch er prägt das Klima von Verhandlungen maßgeblich mit. Das kann für Erfolg oder Misserfolg ausschlaggebend sein. Nicht von Ungefähr ist Luxemburg Standort zahlreicher Einrichtungen der Europäischen Union wie Sekretariat des Europäischen Parlaments, Dienststellen der Kommission der EU, Europäischer Gerichtshof, Europäischer Rechnungshof, Europäische Investitionsbank.

Kurz: Klein, aber oho, könnte das Motto des von Großherzog Jean geführten Staates sein. Seine Leistung haben auch die Juroren er- und anerkannt, die den Internationalen Karlspreis der Stadt Aachen, Herrschaftszentrum Kaiser Karls des Großen vor 1200 Jahren, zu vergeben haben: Im Mai 1986 kann Jean für sein Land und sein Volk die renommierte Auszeichnung entgegennehmen.

Frühes Ende in der Fremde

Sie ist erst 18 Jahre alt, als das 1907 geschaffene neue Thronfolgerecht erstmals greift: 1912 erbt Marie Adelaide als erste Frau die Krone von ihrem Vater Großherzog Wilhelm IV. Das wäre schon in normalen Zeiten eine schwierige Lage für eine junge Frau, die kaum den Mädchenjahren entwachsen ist. Doch die Zeiten sind alles andere als normal. Die Zeichen in Europa stehen auf Sturm, und ein winziges Großherzogtum muss in solcher Situation zum Spielball der Großen werden. Nicht einmal wenn man wüsste, wer letztlich die Oberhand behalten wird, könnte sich die Monarchin auf die richtige Seite schlagen. Sie hat gar keine andere Wahl, als auf die deutsche Karte zu setzen, denn der übermächtige östliche Nachbar besetzt ganz Belgien und belässt Luxemburg nur formal seine Selbstständigkeit. Marie-Adelaide muss sich mit dem „Weltpolitiker" Wilhelm II. in Berlin gutsellen. Vielleicht übertreibt sie ein wenig ihre prodeutschen Stellungnahmen, doch sie bewahrt ihr Land damit vor Schlimmerem, meint sie. Das

Die vier ältesten Kinder von Großherzogin Charlotte: Prinzessin Elisabeth, Erbprinz Jean, Prinzessin Marie-Adelaide und Prinzessin Marie-Gabriele.

sehen ihre Kritiker ganz anderes. Für sie kann es Schlimmeres als Preußentum gar nicht geben, und als 1919 ihre Stunde nach der Niederlage des Deutschen Reiches schlägt, schlagen sie zu und setzen die Abdankung der Großherzogin zugunsten ihrer zwei Jahre jüngeren Schwester Charlotte durch. Marie-Adelaide fällt in tiefe Selbstzweifel, sie verlässt ihr Land und stirbt schon mit 30 Jahren in der bayerischen Fremde.

Eheschließung von Erbprinz Henri mit der Exilkubanerin Maria Teresa Mestre.	14.02. 1964
Großherzogin Charlotte übergibt die Regierung an ihren Sohn Erbprinz Jean.	12.11. 1955
Erbprinzessin Josephine-Charlotte bringt auf Schloss Betzdorf den künftigen Erbprinzen Henri zur Welt.	16.04. 1953
Erbprinz Jean heiratet die belgische Prinzessin Josephine-Charlotte.	09.04. 1944
Rückkehr der großherzoglichen Familie aus dem Londoner Exil.	10.09. 1940
Großherzogin Charlotte flieht mit ihrer Familie vor dem Angriff der deutschen Wehrmacht.	10.05. 1921
Auf Schloss Colmar-Berg kommt Prinz Jean als erstes Kind von Großherzogin Charlotte und Felix von Bourbon-Parma zur Welt.	05.01. 1919
Nach Abdankung der Schwester Marie-Adelaide legt Charlotte ihren Amtseid als Großherzogin ab.	15.01. 1919
Mit dem Tod von Großherzog Wilhelm IV. stirbt das Haus Nassau in männlicher Linie aus; Nachfolgerin wird die älteste Tochter Marie Adelaide.	25.02.

Liechtenstein

Das

Dass die Uhren im kleinen Land Liechtenstein zwischen der Schweiz und Österreich anders gehen als anderswo wird wieder einmal im März 2003 deutlich. Fürst Hans Adam II. fühlt sich schon lange in seiner Position nicht wohl, weil er sich gegen die Volksvertretung nicht genügend profilieren kann, wie er meint. Er kann zwar Gesetze blockieren und per Notrecht regieren, aber auf Sicht behalten die Abgeordneten doch die Oberhand. Er verlangt daher, dass er die Regierung jederzeit entlassen kann, ohne Angaben von Gründen. Darüber soll eine Volksabstimmung entscheiden, die aber zugleich eine über die Monarchie ist. Der Fürst hat nämlich verkündet, dass er bei einer Niederlage das Land verlassen und nach Wien ziehen werde, woher seine Vorfahren gekommen sind. Er geht nur ein geringes Risiko ein, denn die Liechtensteiner wissen: „Ohne Fürst sind wir nichts", will sagen: Wohlstand und Sicherheit hängen an der Monarchie. 64 Prozent der Wähler sehen das so, und daher werden sie auch weiterhin ihrem Landesherrn und seiner Familie im Schloss hoch über der Haupt-„Stadt" Vaduz zujubeln können.

Das Fürstenschloss ist ein gewaltiger historischer Baukomplex, der am Hang oberhalb von Vaduz gelegen ist.

Haus Liechtenstein

Das Fürstenhaus heute und gestern

Fürst Hans Adam II. von Liechtenstein, seine Frau Fürstin Marie, sein Sohn Erbprinz Alois mit Gattin Erbprinzessin Sophie am 15. August 2003 beim Feldgottesdienst in Vaduz. Vorne stehen die Kinder von Alois und Sophie, Prinzessin Marie Carolin und Prinz Joseph Wenzel.

Der in New York lebende Prinz Maximilian und seine Frau Prinzessin Angela mit ihrem Sohn Alfons Constantin kommen alljährlich zum Staatsfeiertag nach Vaduz.

Hans Adam hat das Heft seit 1984 in der Hand, auch wenn er damals noch nicht regierender Fürst wurde. Sein zu der Zeit 78-jähriger Vater Franz Joseph II. übergab ihm nur die Amtsgeschäfte, ohne formell abzudanken. Erst als er fünf Jahre darauf aus Kummer über den Krebstod seiner Frau Georgine starb, war der heutige Fürst regulärer Nachfolger. Er ist Oberhaupt einer großen Familie, bestehend aus seiner Frau Marie, geborene Gräfin von Wchinitz und Tettau, und seinen vier Kindern, darunter Erbprinz Alois (Jahrgang 1968), der seinerseits mit der ihm 1993 angetrauten Sophie Herzogin in Bayern ebenfalls vier Kinder hat. Der Fürst hat noch zwei jüngere Brüder, Philipp und Nikolaus, und die Schwester Nora; ein dritter Bruder, Prinz Wenzel, ist 1991 unter nicht genau geklärten Umständen noch nicht dreißigjährig verstorben. Außer dem Erbprinzen hat Hans Adam zwei weitere Söhne, Maximilian und Constantin, sowie die Tochter Tatjana. Die Liechtensteiner hofften eine Weile, das 1973 geborene Nesthäkchen der Fürstenfamilie könne dereinst Königin von Spanien werden, denn Kronprinz Felipe zeigte mehr als Interesse. Daraus aber wurde nichts; Tatjana fand Trost beim bayerischen Adligen Philipp von Lattorff. Adel aber ist nicht unbedingt vonnöten: Ihr Bruder Maximilian etwa, geboren 1969, heiratete in aller Stille, die bei solchen Gelegenheiten natürlich nur in Maßen möglich ist, ein Jahr nach ihr die dunkle Schönheit Angela Brown, eine amerikanische Modemacherin.

Dass Liechtenstein trotz seiner nur 160 Quadratkilometer heute ein souveräner Staat ist, geht zurück auf ein Geschäft aus dem Jahr 1719: Fürst Johann Adam von und zu Liechtenstein kaufte damals vom Kaiser die Grafschaft Vaduz, ohne sie freilich je zu betreten. Sie wurde zum Fürstentum aufgewertet, und das erhielt vom Eroberer Napoleon 1806 die volle Souveränität. Es dauerte aber noch bis 1842, ehe sich Fürst Alois II. in seinem Land blicken ließ und es in enge Bindung mit Österreich führte, womit er dem wirtschaftlichen Aufschwung einen entscheidenden Impuls

Das Fürstentum Liechtenstein

gab. Mit dem Untergang des Habsburgerreiches im Ersten Weltkrieg war dann diese Bindung wenig bis nichts mehr wert, und der dann regierende Fürst Johann II. suchte und fand mit der Schweiz einen neuen Partner, dessen Währung heute in Liechtenstein gilt; auch Sicherheits- und Außenpolitik hat Bern übernommen. Gegen die große Machtfülle des Fürsten im Innern, die durch Verfassung von 1921 gesichert worden ist, haben die Eidgenossen nichts einzuwenden.

Die Anbindung an die neutrale Schweiz zahlte sich auch im Zweiten Weltkrieg aus: Liechtenstein konnte sich an sie anhängen und wie sie einer deutschen Besetzung entgehen. Anders als viele Kollegen ersparte das der Fürstenfamilie das bittere Exil. Nach dem Krieg führte der inzwischen regierende Fürst Franz Josef II. das Land in den Europarat und in die Vereinten Nationen und unterstrich damit die Staatlichkeit des gewöhnlich nur als Eldorado für Briefkastenfirmen und Geldwaschanlagen geltenden Ländchens.

Prinzessin Tatjana streift ihrem Mann Philipp von Lattorff am 5. Juni 1999 bei ihrer Trauung in der Kathedrale von Vaduz den Ring über.

Prinz Constantin und seine Braut Marie Kalnoky Korospatak strahlen nach ihrer Hochzeit in der römisch-katholischen Kirche.

Chronik der wichtigsten Ereignisse

	Jahreschronik
2003	
16.03.	Fast eine Zweidrittelmehrheit der Liechtensteiner votiert für eine Machtausweitung des Fürsten.
2002	
Juli	Auf Ibiza stirbt 70-jährig Vicente Marques de Marino, Ehemann der Fürstenschwester Nora (51).
1999	
Sep.	Tatjana, jüngste Tochter von Fürst Hans-Adam II., heiratet den Münchener Adligen Philipp von Lattorf.
18.07.	Eheschließung von Constantin, dritter Sohn des Fürsten, mit Marie Gräfin Kalnoky in Cicov (Slowakei).
1995	
25.05.	Erbprinzessin Sophie schenkt ihrem Mann Erbprinz Alois einen Stammhalter namens Josef Wenzel.
1993	
03.07.	Erbprinz Alois (25) wird mit der ein Jahr älteren Sophie Herzogin in Bayern getraut.
1991	
27.02.	Prinz Wenzel, jüngster Sohn von Fürst Franz Josef, wird tot aufgefunden.

Weniger Demokratie wagen

Wieder einmal wie schon bei vielen Referenden ist der beste Wahlhelfer des Fürsten die Sorge seiner Untertanen, ohne Monarchie könnte es mit dem Wohlstand und der Sicherheit im Ländle vorbei sein. Bisher jedenfalls ist man bestens gefahren mit den Fürsten. Warum dem jetzt regierenden eine Bitte abschlagen? Er will doch nur das Recht, Regierungen auch ohne Begründung entlassen zu können, und das ist doch immer noch besser als umgekehrt. Hans Adam, seit 15 Jahren Herrscher in Vaduz, hat angekündigt, er werde sich nach Österreich zurückziehen, wenn das Volk sich gegen ihn entscheide. Ein Machtkampf also im Wasserglas, denn immer noch ist in der winzigen Alpenmonarchie das Volk nicht der Souverän, sondern nur ein halber. Die andere Hälfte steht dem Fürsten zu, und die möchte er noch ein wenig arrondieren.

Er versichert zwar, er werde sein Entlassungsrecht nur in Notfällen einsetzen, doch gerade in solchen Fällen schlägt die Stunde der Verfassung, und die wäre bei einer Zustimmung zum fürstlichen Begehr eben keine demokratische mehr im eigentlichen Sinn. Das aber ist den Liechtensteinern scheint's egal oder für sie doch das kleinere Übel. Der Fürst muss bleiben. Dafür stimmen am 16.

Fürst Hans Adam II. winkt seinen Anhängern zu, nachdem ihm vom Volk in einem Referendum mehr Macht zugesprochen wurde, 2003.

März 2003 satte 64 Prozent, also fast eine Zweidrittelmehrheit. Der Verfassungsstreit aber dürfte damit noch nicht aus der Welt sein, sondern sich auch dann erneuern, wenn Hans Adam zugunsten seines Sohnes Alois vorzeitig vom Thron steigen sollte. Der Erbprinz ist vom selben Kaliber wie der Vater und für Kompromisse wohl kaum zu haben.

Mit Geduld zum Glück

Eine richtige königliche Hoheit darf sich zieren, wenn ein Fürst um ihre Hand anhält. Doch im Fall Sophie Herzogin in Bayern ist es nicht so sehr die Auserwählte, die dem Werben von Erbprinz Alois von und zu Liechtenstein so lange widersteht. Die Eltern der Braut, immerhin ihre älteste Tochter, zögern lange mit der Zustimmung, worüber man wieder in Vaduz etwas ungehalten ist. Wenn der Erbprinz nicht gut genug ist ... Doch der junge Mann teilt solche Empfindlichkeiten in keiner Weise, und auch die er-

Fürstin Marie von Liechtenstein und Erbprinzessin Sophie scheinen sich beim Staatsfeiertag am 15. August 2003 in Vaduz köstlich zu amüsieren.

Das Fürstentum Liechtenstein

sehnte Braut macht keinen Hehl aus ihrer Neigung für den großen schlanken Mann. Sie selbst ist recht hochgewachsen und freut sich, dass sie zu Alois aufschauen kann. Sieben Jahre lässt man die jungen Leute zappeln, ehe sich die Familien ins Unvermeidliche schicken. am 26. Juni 1993 wird standesamtlich in München geheiratet, vier Wochen später in der Pfarrkirche St. Florian in Vaduz. Der europäische Hochadel ist in großer Zahl erschienen, das Volk feiert auf den Straßen und jubelt der wie auf einer weißen Wolke schwebenden Braut zu. Der befrackte Prinz Alois lächelt bescheiden im Hintergrund.

Da haben sich zwei gefunden, die auf ihre künftigen Aufgaben als Eltern und Fürsten gut vorbereitet sind. Nach dem Abitur hat Alois ein Jahr auf der berühmten britischen Militärakademie Sanhurst verbracht, diente dann bei Gardeeinheiten in Honkong und London, ehe er ein Jurastudium absolviert hat. Seine frisch Angetraute ergänzt das Familien-Know-how durch ihre Kenntnisse aus einem Studium der Geschichte und Anglistik. Beide sind also mit der Weltsprache Englisch vertraut und können ihr Land bestens vertreten, wenn Fürst Hans-Adam den Stab an den Sohn übergeben wird. Im Moment nimmt dieser schon allerhand repräsentative Pflichten wahr – beispielsweise Bierausschank am Nationalfeiertag, dem 15. August. Sonst ist Familie angesagt, denn das Erbprinzenpaar hat bereits vier Kinder, darunter den künftigen Erbprinzen Josef Wenzel, der 1995 das Licht der Welt erblickt hat.

Mit dem Täufling auf dem Arm begibt sich Erbprinzessin Sophie mit ihrem Gatten Erbprinz Alois und den Kindern Prinz Georg Antonius Constantin, Prinz Joseph Wenzel und Prinzessin Marie Caroline am 31. Januar 2001 zum Taufbecken.

Tödliches Hobby oder Verzweiflungstat?

Fürst Hans Adam II. hat drei Brüder und eine Schwester – bis 1991. Am 27. Februar dieses Jahres wird der jüngste Bruder Josef Wenzel tot in seiner Junggesellenwohnung aufgefunden. Er war schon immer einer besonderer

Prinzessin Tatjana, die einzige Tocher des liechtensteinischen Fürstenpaares, und ihr Verlobter, der Münchner Geschäftsmann Philipp von Lattorff, 1999.

Jahreschronik 1989

05.12. Drei Wochen nach dem Tod des Vaters legt Fürst Hans Adam II. seinen Amtseid ab.

13.11. Im Alter von 83 Jahren stirbt der regierende Fürst Franz Josef II.

18.10. Fürstin Georgine (Gina) erliegt in einem Schweizer Hospital ihrem Krebsleiden.

1984

26.08. Fürst Franz Josef übergibt die Amtsgeschäfte an Erbprinz Hans Adam, ohne formal abzudanken.

1968

11.06. Erbprinzessin Marie bringt ein Jahr nach ihrer Hochzeit mit Erbprinz Hans-Adam in Zürich den Stammhalter Alois zur Welt.

1967

30.07. In der Schlosskirche von Vaduz geben sich Erbprinz Hans Adam (27) und die vier Jahre ältere Marie Gräfin von Wchinitz und Tettau das Ja-Wort.

Erbprinz Alois mit Sophie und ihren Kindern Prinz Josef Wenzel und Prinzessin Marie Carolin, die am 17. Oktober 1996 zur Welt kam.

einem Mantel des Schweigens zugedeckt. Was sonst aber nach einiger Zeit das Gerede verstummen lässt, gibt in dieser Tragödie immer neuen Stoff für Mutmaßungen und Gerüchte.

Sie kochen auch 1995 wieder hoch, als Erprinz Alois und seine Frau Sophie ihr erstes Kind nach dem verstorbenen Onkel Josef Wenzel nennen. Das lässt sich doch nur als ein Akt der Pietät verstehen und als ein Zeichen dafür, dass man das Unheil bannen will, dem der Prinz zum Opfer gefallen zu sein scheint. Ob sein Ende mit seiner seltsamen Vorliebe für Schlangen zu tun haben könnte, ob also ein Hobbyunfall dahinter steckt? Oder vielleicht Berufliches? Josef Wenzel war seinerzeit Assistenzarzt und soll Versuche an sich selbst unternommen haben, sei also womöglich an einer Überdosierung oder einem aus dem Ru-

der gelaufenen Experiment gestorben. Natürlich geht auch das Gerücht vom Freitod aus unerwiderter Liebe um. Spätestens, wenn dereinst sein Namensnachfolger den Thron erben wird, dürften erneut Spekulationen ins Kraut schießen.

Ein schicksalhaftes Jahr

Bei ihrer Silberhochzeit 1968 hat Fürstin Georgine oder Gina, wie sie der Fürst meist zärtlich nennt, in einer ihrer wenigen öffentlichen Äußerungen gesagt: „Mein Mann und ich sind eins geworden, jeder glaubt, ohne den anderen nicht mehr sein zu können." Ein pro-

Fürst Franz Josef II. mit seiner Frau Georgine anlässlich des 50. Amtsjubiläums am 14. August 1988.

phetisches Wort, wie sich 1989 zeigt. Die Fürstin weiß seit Kurzem, dass sie an Krebs erkrankt ist. Die Behandlungen scheinen aber anzuschlagen, obwohl sie sichtlich an der Patientin zehren. Fotografen gegenüber erklärt

	Jahreschronik
1945 14.02.	In Zürich bringt Fürstin Georgine („Gina") den Erbprinzen Hans Adam zur Welt.
1943 07.03.	Der seit 1938 regierende Fürst Franz Josef II. (37) wird mit der 15 Jahre jüngeren Georgine von Wilcek getraut.
1938 25.07.	Übernahme der Regierungsgeschäfte durch Franz Josef II., Sohn von Aloys Prinz von und zu Liechtenstein und Elisabeth, geborener Erzherzogin von Österreich.

Fall, allein schon durch die späte Geburt, zwölf Jahre nach dem nächst jüngeren Kind von Fürst Franz Josef II. und damit 17 Jahre nach dem ältesten Bruder. Die Mutter war bei der Geburt des Nachzüglers am 19. November 1962 immerhin schon 41 Jahre alt, der Vater 56. Woran der junge Mann gestorben ist, wird wie so vieles aus dem Privatleben der obersten Familie mit

sie ein ganz offenbar zu großes Kleid damit, dass sie es ausgeliehen habe. In Wirklichkeit hat sie stark abgenommen, ist aber guter Dinge und reist viel herum. Doch schließlich kommt es zum Kollaps: Eilends wird sie in das Hospital Grabs bei Sankt Gallen gebracht. Natürlich begleitet sie ihr Mann. Er kann aber nur noch hilflos dem Verfall der so viel jüngeren Partnerin zuschauen. Das geht dem 83-Jährigen so ans Herz, dass er sich selbst ins Krankenbett im gleichen Hospital legen lassen muss. Am 18. Oktober 1989 teilt man ihm mit, dass seine Gina ausgelitten hat. Inwieweit er das noch ganz verinnerlicht, lässt sich nur schwer sagen. Er liegt selbst in einer Art Todesschlaf. Der Lebensfunke flackert nur noch 26 Tage, dann erlischt auch er. Sohn Hans Adam, der nun zur Regierung kommt, hat die traurige Pflicht, gleich zweimal kurz nacheinander dem Volk einen Trauerfall in der Fürstenfamilie zu melden. 46 Jahre ist das verstorbene Paar verheiratet gewesen, über ein halbes Jahrhundert stand Franz Josef II. an der Spitze des Alpenländchens. Eine Epoche endet.

Fürst Franz Josef II., der den Thron 1938 besteigt, bei der Lektüre auf Schloss Vaduz, 1978.

Im Windschatten der Eidgenossen

Ginge es nach den Liechtensteinern, könnte es immer so weiter gehen. Sieben Jahrzente dauert nun schon die Amtszeit von Fürst Johann II., dem sie die Abschaffung der Wehrpflicht (1868) und zahlreiche kulturelle Einrichtungen verdanken. Wider aller Erwarten aber stirbt der Fürst 1929 dann doch und hinterlässt, weil ohne Sohn, den Thron dem Bruder Franz de Paula. Der muss das Staatsschiffchen durch schweres Wasser der Weltwirtschaftkrise steuern, was freilich bei weitem nicht so schwierig ist wie in größeren Staaten. Nach neun Jahren stirbt auch er, und so besteigt sein 32-jähriger Neffe als Franz Josef II. am 25. Juli 1938 den Thron. Die Zeiten sind nun fast noch schwieriger, denn Krieg zieht herauf. Hitler reicht sein Großdeutschland nicht mehr. Der neue Fürst lehnt sich daher konsequent an die Schweiz an und reist höchstselbst nach Berlin, um dem deutschen Diktator bei einer kurzen Audienz die Neutralität seines Landes zu versichern. Hitler interessiert das allerdings herzlich wenig, doch die Schweiz passt nicht in sein strategisches Konzept, im Gegenteil: Der Umschlagplatz für Präzisionsgeräte, Waffen, Gold und Agenten könnte noch nützlich sein. Und daher bleibt schließlich auch der kleine Ableger Liechtenstein unbehelligt und überlebt tapfer im Schutz seiner Berge. Franz Josef darf sich als Friedensfürst fühlen.

Das Brautpaar, Erbprinz Hans Adam von Liechtenstein und Erbprinzessin Marie am 30. Juli 1967 nach der Trauung.

Jahreschronik

1921 24.10.
Geburt Gina Fürstin von und zu Liechtenstein, geborene Georgine Gräfin von Wilczek.

1906 16.08.
In Frauenthal/Steiermark (Österreich) kommt Franz Josef, nachmaliger Fürst von Liechtenstein, zur Welt.

07.07.
Geburt Elisabeth Prinzessin von und zu Liechtenstein, geborene Erzherzogin von Österreich.

1869 17.06.
Geburt Aloys Prinz von und zu Liechtenstein (verzichtet 1923 auf die Thronfolge).

Monaco

Das

Den achtzigsten Geburtstag gibt es 2003 für Monacos Fürsten Rainier III. zu feiern, doch seit 21 Jahren ist ihm kaum zum Feiern zumute. 1982 hat er seine Frau, und die Menschen im Lande, ja in der Welt haben ein Idol verloren: Gracia Patricia, ehemals Grace Kelly, die Schönste der Schönsten Hollywoods. Sie verlieh seit 1956 als Fürstin dem 4000 mal 600 Meter messenden Mini-Staat einen Glanz, der bis heute nachleuchtet. Auch aus den Augen des alten Fürsten schimmert er noch, verdüstert freilich durch den anhaltenden Schmerz ob des Verlustes: „Die Wunde ihres Verschwindens hat sich nie ganz geschlossen", sagt Rainier in einem Interview.

Sonst gibt es doch allerhand zu feiern: In seiner Regierungszeit hat der Fürst das ohnedies gottgesegnete Land zu einem Paradies gemacht – allerdings nur für die Reichen und die Superreichen, die hier Schutz vor dem heimischen Fiskus finden. 45 Banken haben sich angesiedelt und verwalten 360 000 Konten, mehr als zehn pro Kopf der Einwohnerschaft. Die fürstlichen Taschen haben sich entsprechend gefüllt; Rainier gilt als einer der reichsten Menschen Europas. Außerdem ist er das am längsten amtierende Staatsoberhaupt des Kontinents, kam er doch schon 1949 und damit noch drei Jahre eher auf den Thron als die britische Queen.

Der Grimaldi-Fürstenpalast von Monaco in Monte Carlo liegt auf einem Felsen, der ins Meer hineinragt. Er ist nicht nur Wohnsitz des Hausherrn, sondern in den repräsentativen Räumen empfängt der Fürst der Monegassen Rainier III. auch offizielle Gäste und veranstaltet glanzvolle Feste.

Haus Grimaldi

Das Fürstenhaus heute

Fürst Rainier III., Prinzessin Caroline und Prinz Ernst August von Hannover bei der Verleihung des Großen Preises von Monaco am 1. Juni 2003 in Monte Carlo. Im Hintergrund Andrea, Carolines Sohn.

Erbprinz Albert mit dem Preisträger des Silbernen Clowns des Internationalen Zirkusfestivals 2003, dem Jongleur Victor Kee.

Die Grimaldis müssen zusehen, dass die ununterbrochene Thronfolge gesichert ist. Sonst bekommt Frankreich das Zugriffsrecht auf ihren Zwergstaat. Fürst Rainier hat daher zielstrebig für Nachkommenschaft gesorgt und deswegen sogar 1953 auf seine erste Liebe, die Schauspielerin Gisèle Pascal, verzichtet. Fruchtbarkeitstests hatten Zweifel ergeben, ob die junge Frau je Kinder bekommen könne. Rainier entschied sich daher drei Jahre später für Gracia Patricia, und schon im Jahr darauf kam die Tochter Caroline, ein gutes Jahr später der Sohn und Erbprinz Albert und 1965 die zweite Tochter Stéphanie. Zwar können die monegassischen Fürsten auch per Adoption für die Thronfolge sorgen, doch Blutsbande sind immer noch die beste Garantie.

Das monegassische Fürstenhaus

Fürst Rainier III. trifft mit seinen Töchtern Stéphanie und Caroline zum traditionellen Rosenball im März 2003 in Monte Carlo ein.

Prinz Albert begrüßt Mariah Carey zu einer Soirée am 11. Oktober 2003 in Monte Carlo am Vorabend der Verleihung der World Music Awards.

Sie können sich allerdings auch lockern, wie dies im Fall der jüngsten Tochter geschehen ist. Natürlich bekennt sich Vater Rainier weiter zu ihr, doch ihre Eskapaden mit Männern haben das Verhältnis ernsthaft gestört. Liest man die Spalten der Klatschpresse genau, kommt man auf mindestens achtzehn Lover, von denen sie zwei geheiratet hat: den einstigen Leibwächter Daniel Ducruet (geschieden 1996), mit dem sie zwei voreheliche Kinder hat, und den momentanen Ehemann, den zehn Jahre jüngeren Zirkusakrobaten Adans Lopez Perez. Diese gegen den Willen des Hofes im Jahr 2003 geschlossene Ehe und die Geburt der unehelichen Tochter Camille Marie 1998 (Vater Jean Raymond Gottlieb, ebenfalls ein Ex-Leibwächter) haben Wolken über den familiären Beziehungen aufziehen lassen, die die Prinzessin ohnedies mit Launenhaftigkeit und Sprunghaftigkeit strapaziert.

Prinzessin Stéphanie, ihr Ehemann Adans Lopez Perez und ihre Tochter Pauline bei der Abschlussfeier des 28. Internationalen Zirkusfestivals von Monaco am 20. Januar 2004.

Erbprinz Albert von Monaco und der Formel 1-Pilot Giancarlo Fisichella aus Italien kämpfen am 27. Mai 2003 bei einem Benefiz-Fußballspiel in Monte Carlo um den Ball.

Das monegassische Fürstenhaus

Glück mit Männern hat auch ihre Schwester nicht immer gehabt: Gegen den Rat der Eltern hat Caroline 1978 den Finanzmakler Philippe Junot geheiratet. 1980 schon kam das Aus für den Lebensbund. Drei Jahre später war Caroline, inzwischen nach dem Tod der Mutter First Lady von Monaco, Frau Casiraghi. Die Ehe mit dem Unternehmer schien zu halten, obwohl ihr die kirchlichen Weihen fehlten; für den Vatikan nämlich war Caroline noch mit Junot verheiratet. Drei Kinder rundeten die glückliche Familie ab. 1990 aber verunglückte der Ehemann tödlich mit dem Rennboot. Caroline war wieder allein. Sie lernte bald den drei Jahre älteren Prinzen Ernst August von Hannover kennen. Ihn heiratete sie 1999, und dieses Mal auch kirchlich, denn inzwischen hatte die Kurie ihre erste Ehe annulliert. Tochter Alexandra ist noch im Hochzeitsjahr geboren worden.

Bruder und Erbprinz Albert hat nun einen wirklich blaublütigen Schwager, eine Qualität, mit der es bei den Grimaldis nicht so weit her ist. Deswegen sieht man in Monaco auch großzügig darüber hinweg, dass besagter Ernst-August nicht selten durch aggressives Verhalten Schlagzeilen macht und zuweilen als „Prügel-Prinz" tituliert wird. Thronfolger Albert aber hat andere Sorgen, oder genauer: der Vater macht sich andere um ihn. Albert hat trotz zahlloser Frauenbekanntschaften (die Yellow Press weiß von 149) noch

Prinzessin Caroline verfolgt mit ihrem Mann Ernst August und ihrem Töchterchen Alexandra die Wettbewerbe beim 8. Internationalen Springreitturnier in Monaco, 2002.

Anlässlich des Nationalfeiertages am 19. November 2001 zeigen sich Fürst Rainier, Ernst August Prinz von Hannover, seine Frau Caroline und Töchterchen Alexandra sowie Prinz Albert auf dem Balkon des Fürstenschlosses.

Andrea Casiraghi, Carolines Sohn, mit der französischen Sängerin Khadia Nin beim Großen Preis von Monaco am 25. Mai 2002.

keine Lebenspartnerin gefunden und ist als Mittvierziger noch immer ledig. Gewiss, er ist in die politischen wie wirtschaftlichen Geschäfte des Vaters längst hineingewachsen und könnte im Fall der Fälle einen Erben adoptieren, beispielsweise eins der Kinder der Schwestern, doch ein dynastisch denkender Mann wie Rainier sieht darin nur einen unzureichenden Ersatz.

Das monegassische Fürstenhaus

Mit Gottes Hilfe

Prinzessin Stéphanie mit ihrem damaligen Lebensgefährten Franco Knie, Direktor und Elefantendompteur des Schweizer Nationalzirkus, und ihrer Tochter Camille im Europa-Park im badischen Rust, 2001.

Prinzessin Caroline und ihr Mann Ernst August beim traditionellen Ball zu Gunsten des Roten Kreuzes von Monaco am 4. August 2000.

Dreiunddreißig Herrscher zählt Monaco bis heute, doch illuster kann die Ahnenreihe nur bedingt genannt werden. Nach der Legende hat ein adliger Genueser namens Francesco Grimaldi die Festung Monaco im Jahr 1297 durch einen Trick geknackt: Als Mönch verkleidet erbettelte er sich mit einem Kumpan Einlass und überwältigte die Wächter dann zu nachtschlafender Zeit, so dass seine im Versteck wartenden Männer eindringen konnten. Wegen der frommen Maskerade ist noch heute „Deo Iuvante – mit Gottes Hilfe" der Wahlspruch der Grimaldis und auch der Name der fürstlichen Yacht. Das Fami-

Fürst Rainier III. überreicht dem schottischen Formel-1-Pilot David Coulthard am 4. Juni 2000 in der Fürstenloge den Siegerpokal des Großen Preises von Monaco.

lienwappen zeigt die beiden Schwerter schwingenden Mönche. Sie hatten sich damals festgesetzt, und ihre Nachkommen erlangten nach ein paar Jahrhunderten sogar die Erhebung in den Fürstenstand. Da war das Land allerdings noch zehnmal größer als heute. Es schrumpfte durch den Schutzvertrag mit Frankreich 1861, der wegen der diversen Begehrlichkeiten anderer Mächte notwendig geworden und nur durch Abtretung des Umlands zu erreichen gewesen war.

Das geschah in der Regierungszeit von Fürst Charles III., der auch wegen der Schrumpfung an die Erschließung neuer Einnahmequellen denken musste und daher das weltberühmt gewordene Casino gründete. Der Nachnachfolger Albert I. (regierte 1899–1922) gründete das Ozeanographische Institut, das dem Ländchen internationale Reputation brachte, und erließ 1911 eine Verfassung, die dem Fürsten weiterhin erhebliche, ja fast absolute Macht sicherte – in einem so winzigen Gebilde

Die Fürstenfamilie posiert beim Rot-Kreuz-Ball von Monaco: Eine Kusine von Prinz Albert, Prinz Ernst August, Prinzessin Caroline, Fürst Rainier und Prinzessin Stéphanie und Prinz Albert, 2000.

mit dem mächtigen französischen Schutzherren kein sonderliches Risiko. Immerhin aber ein Freibrief für den Erben Louis II., geboren 1870, seine amourösen Bedürfnisse auszuleben. Eine frühe Beziehung zu einer algerischen Wäscherin namens Juliette Louvet blieb nicht ohne Folgen: 1898 kam Tochter Charlotte zur Welt. Zwar durfte Louis die Mutter nicht heiraten, doch Vater Albert erhob wenigstens Charlotte 1919 zur Duchesse de Valentinois.

So wurde sie zur guten Partie und heiratete 1920 den Grafen Pierre de Polignac. Das schien zunächst ein Segen und wurde es auch für das Land, nicht aber für die Eheleute. Sie bekamen noch im Hochzeitsjahr die Tochter Antoinette und zweieinhalb Jahre später den Sohn Rainier, dann jedoch kriselte es jahrelang, ehe die Scheidung 1933 den Ehekrieg beendete. Unter ihm hat der heutige Fürst sehr gelitten. Er wurde auf britische Internate geschickt, wo er Hänseleien als „kleiner dicker Monaco" ausgesetzt war. Doch er biss sich durch und studierte in Montpellier und Paris.

Das monegassische Fürstenhaus

Prinz Ernst August, Prinzessin Caroline, Erbprinz Albert und Prinzessin Stéphanie applaudieren am Ende der Abschluss-Gala des Internationalen Zirkus-Festivals von Monaco am 26. Januar 2000.

Pauline, die Tochter von Prinzessin Stéphanie, mit Franco Knie nach ihrer Elefanten-Nummer im Zirkus Knie, 2000.

Da sich die Mutter im Zweiten Weltkrieg durch Sympathien für den italienischen Diktator Mussolini kompromittiert hatte, blieb ihr bei sich abzeichnender Niederlage der Achsenmächte zur Rettung des Thrones nur der Verzicht darauf zugunsten des Sohnes. Rainier, der sich als Offizier bei den freifranzösischen Truppen ausgezeichnet hatte, wurde 1944 Erbprinz; die Mutter starb 1964.

Im Land der engen Grenzen, aber offenbar unbegrenzter dynastischer Möglichkeiten kann es eben auch der Enkel einer Wäscherin zum Herrscher bringen. Und wenn er dann noch derartiges Liebesglück hat wie Rainier mit seiner Gracia Patricia, dann sind ihm Neid und Bewunderung sicher. Daraus hat er buchstäblich erhebliches Kapital geschlagen und das bei Machtantritt schwer kriegsbeschädigte Fürstentum gründlich saniert. Der „alte Löwe", so ein achtungsvoller Spitzname, hat auch noch mit achtzig Jahren die Zügel fest in der Hand.

Chronik der wichtigsten Ereignisse

Jahreschronik

2003

17.12. Wegen einer Grippe wird Fürst Rainier im Herz-Lungen-Zentrum von Monaco behandelt.

03.12. Prinzessin Caroline wird zur UNESCO-Botschafterin zur Verbesserung der Bildung von Frauen ernannt.

12.09. Prinzessin Stéphanie heiratet den ein Jahrzehnt jüngeren Zikusartisten Adans Lopez Peres.

31.05. Fürst Rainier III. begeht im engen Familien- und Bekanntenkreis seinen 80. Geburtstag.

23.03. Trotz des Irak-Krieges findet der traditionelle Rosenball statt; die fürstliche Familie erscheint jedoch einheitlich in Schwarz.

2002

04.10. Prinzessin Caroline besucht in Hamburg ein Konzert der Monte Carlo Philharmoniker.

April Zusammen mit Bruder Albert gründet Stéphanie eine Stiftung „Frauen gegen Aids".

Feb. Erbprinz Albert nimmt aktiv als Bobfahrer an den Olympischen Winterspielen in Salt Lake City teil und wird nach einem Sturz 28.

2001

Nov. Das Bundesverfassungsgericht bestätigt die Verurteilung der Zeitschrift „Gala" zu einer Geldstrafe von 200 000 DM wegen falscher Berichte über Prinzessin Caroline.

12.02. Bei einem Ski-Unfall erleidet Prinzessin Caroline einen Kreuzbandriss.

Eine Aura von Traurigkeit

Er wird tatsächlich 80 Jahre alt: Fürst Rainier III., seit 54 Jahren Alleinherrscher im kleinen Monaco, hat alle Unkenrufe Lügen gestraft, die nach seinen zahllosen Operationen, Herzanfällen und Infarkten das baldige Ende des „alten Löwen" verkündeten. Zeitweise fielen die Bulletins über seinen Zustand so Besorgnis erregend aus, dass die Menschen in Scharen vor dem Palast zusammenströmten, falls das Schlimmste eintreten sollte. Heute sind wieder viele Zuschauer da, denn an diesem festlichen 31. Mai 2003 ist damit zu rechnen, dass sich Rainier mit Familie auf dem Balkon zeigen wird, was vor allem für die vielen Touristen im sonnigen Monaco eine Attraktion ist. Nur Stéphanie, die Jüngste, könnte eventuell fehlen. Sie hat sich mit den Affären erst mit dem Zirkusdirektor Knie, dann mit dem Artisten Adans Lopez Peres den Unwillen des greisen Geburtstagskinds zugezogen.

Er kann ansonsten zufrieden auf sein Werk schauen, denn dieser Staat, wie er sich nun präsentiert, nämlich wie eine Art Geldmaschine, dieser Staat ist sein Werk. Gewiss, es gibt ein Parlament, doch das ignoriert Rainier souverän. Einmal hat er es qua Amtsgewalt des Staatsoberhaupts sogar in die Wüste geschickt und die Verfassung ausgesetzt. Da zwang ihn Paris schließlich zur Wiederzulassung, doch geändert hat das nichts an der Machtfülle des Fürsten, dessen Geschick ohnedies kaum Opposition aufkommen lässt. Seit dem tragischen Tod seiner von allen über alles geliebten Frau Gracia Patricia vor zwei Jahrzehnten umgibt ihn zudem eine Aura der Traurigkeit, die ihm das Mitgefühl der Menschen sichert. Sie rührt vielleicht aber auch daher, dass ihm sein Haus noch nicht bestellt scheint: Erbprinz Albert, schon ein Mittvierziger, macht keine Anstalten, sich zu verehelichen. Sicher übergäbe ihm Rainier gern die Regierung, doch ein Single an der Staatsspitze, das wäre denn wohl doch eine zu abenteuerliche Vorstellung für ihn.

Fürst Rainier III., seit mehr als 50 Jahren Herrscher über das kleine Fürstentum Monaco, feiert 2003 seinen 80. Geburtstag.

Hoch-Zeit für die Klatschpresse

Die schönen Töchter der schönen Fürstin Gracia Patricia sind schon von Jugend auf bevorzugte Objekte der Klatschreporter und Paparazzi. Ihre amourösen Abenteuer beschäftigen Heere von Schreibern und Fotografen, denn die Geschichten haben es oft

Das monegassische Fürstenhaus

Kronprinz Albert mit der russischen Tennisspielerin Anna Kurnikowa und dem deutschen Topmodel Heidi Klum bei der feierlichen Gala anlässlich der World Music Awards, 2003.

wirklich in sich. Eine neue bahnt sich Ende der 1990-er Jahre an. Caroline, die Älteste von Fürst Rainier, wird immer öfter mit dem Hannoverschen Prinzen Ernst August aus dem uralten Geschlecht der Welfen gesehen. Sollte sich ein so hochadliger Sproß zum eher wenig fundierten Adel der Grimaldis herablassen? Bald ist das amtlich und am 23. Januar 1999, dem 42. Geburtstag der Prinzessin ist dann tatsächlich Hochzeit im Fürstenpalast von Monaco. Gerüchte kommen auf, dass eine Schwangerschaft zur Eile beiträgt.

Für Caroline ist es die dritte, für Ernst August die zweite Ehe. Nach der gescheiterten Verbindung mit dem Unternehmer Philippe Junot hat die monegassische Prinzessin den zweiten Mann Stefano Casiraghi durch einen Bootsunfall verloren und lebt seit 1990 allein mit ihren drei Kindern aus dieser Ehe. Ernst August bringt zwei Söhne aus seiner 1997 geschiedenen Ehe mit der Schweizerin Chantal Hochuli in die neue Familie. Er macht nicht so sehr mit Schönheit Schlagzeilen, dafür ist seine Frau zuständig, sondern durch Unbeherrschtheiten, die bisher im Haus Grimaldi so nicht bekannt waren und ihm schon zwei Verurteilungen eingetragen haben. Aber Caroline ist ja nun auch keine Grimaldi mehr, sondern eine Prinzessin von Hannover, die froh sein kann, dass die britische Königin ihre Genehmigung zur Heirat erteilt hat. Traditionsgemäß wacht Elisabeth II., deren Dynastie auf die Welfen zurückgeht, auch über die entferntere Familie. Dass Ernst August sich bei seinen Attacken auf Fotografen oder Journalisten

Prinzessin Caroline nach ihrer Trauung mit Ernst August Prinz von Hannover am 23. Januar 1999 in Monaco.

Jahreschronik

2000
- 15.06. Fürst Rainier und Erbprinz Albert besuchen die Weltausstellung in Hannover.
- 02.02. Nach einer Lungenoperation muss Fürst Rainier zwei Wochen in einem Krankenhaus behandelt werden.

1999
- 20.07. Prinzessin Caroline bringt die Tochter Alexandra, Prinzessin von Hannover zur Welt.
- 19.05. Fürst Rainier III. kann sein 50. Thronjubiläum feiern.
- 23.01. Prinz Ernst August von Hannover aus dem Welfenhaus heiratet Prinzessin Caroline.

1996
- 04.10. Prinzessin Stéphanie wird von ihrem Ehemann Daniel Ducruet geschieden.

1995
- 01.07. Eheschließung zwischen Prinzessin Stéphanie und Daniel Ducruet, einem ehemaligen Leibwächter der Fürstenfamilie.

1992
- 27.02. Der Vatikan annulliert die Ehe von Prinzessin Caroline mit Philippe Junot.

1990
- 03.10. Stefano Casiraghi, zweiter Ehemann von Prinzessin Caroline, kommt bei einem Rennbootunfall ums Leben.

1983
- 29.12. Prinzessin Caroline heiratet den Unternehmer Stefano Casiraghi.

1982
- 14.09. Fürstin Gracia Patricia erliegt den bei einem Autounfall erlittenen Verletzungen.

1981
19.04. Das Fürstenpaar feiert mit alten Freunden Silberhochzeit im Haus von Frank Sinatra in Los Angeles.

1978
28.06. Prinzessin Caroline heiratet den Finanzmakler Philippe Junot; Ehe nach zwei Jahren gescheitert.

1965
01.02. Im Palast von Monte Carlo bringt Fürstin Gracia Patricia ihre zweiter Tochter Stéphanie zur Welt.

1958
14.03. Dem Fürstenpaar wird mit Sohn Albert der ersehnte Garant der Dynastie geboren.

1957
23.01. Fürstin Gracia Patricia bekommt im Grimaldi-Palast ihr erstes Kind, Prinzessin Caroline.

1956
18.04. Standesamtliche Hochzeit von Fürst Rainier III. mit der

Jahreschronik

darum wenig kümmert, mag ihr Kummer machen. Ändern kann sie es nicht, denn so weit reicht auch ihr Einfluss nicht.

Opfer der Sportbegeisterung

Die Fragen der Journalisten nerven Stefano Casiraghi allmählich: Ob er es denn mit seiner Rolle als Vater und Ehemann vereinbaren könne, einen so gefährlichen Sport aus-

Prinzessin Caroline mit Ehemann Stefano Casiraghi und den Kindern Charlotte Marie Pomeline, Täufling Pierre und Andrea Albert im Dezember 1987.

zuüben. Welches Risiko er als passionierter Pilot superschneller Katamarane geht, weiß er selbst nur zu genau: „Schon falsches Aufkommen auf eine Welle kann tödlich sein", sagt er. Nun soll aber endlich Schluss sein, verspricht Casiraghi seiner Frau Caroline 1990. Nur noch seinen Welt-

meistertitel will er am 3. Oktober beim Offshore-Rennen vor der monegassischen Küste verteidigen, dann steigt er aus. Das ist ihm nicht vergönnt. Bei Tempo 150 überschlägt sich sein tonnenschweres Schiff vor Cap Ferrat und treibt kieloben. Während der Co-Pilot ins Meer geschleudert wird, ist Casiraghi im Cockpit gefangen. Jede Hilfe kommt zu spät. Mit 33 Jahren ist Prinzessin Caroline Witwe, als Trost bleiben ihr die drei bezaubernden Kinder und als Stütze die Familie, die allerdings noch den vorigen Unfall kaum verarbeitet hat, den Tod der Mutter und Fürstin vor acht Jahren.

Weltweite Bestürzung

Stéphanie, Nesthäkchen des Fürstenpaars, hat sich in Paul Belmondo, den Sohn des berühmten Filmstars, verliebt. Die Eltern sehen mit Sorge, wie die erst Siebzehnjährige sich ganz in der Romanze zu verlieren droht. Daher organisieren sie 1982 einen gemeinsamen Urlaub von Mutter und Tochter auf ihrem Sommersitz La Turbie. Am 13. September 1982 gegen 9 Uhr 30 vormittags geht die Heimreise los. Die Strecke hat ihre Tücken. So gibt es an einer Stelle drei Haarnadelkurven, die volle Aufmerksamkeit verlangen. Als Gracia Patricia und Tochter die erste nehmen, ist hinter ihnen ein Lkw aufgetaucht, dessen Fahrer später berichtet: „Die ersten beiden Kurven nahm der Wagen ohne Schwierigkeiten, doch bei der dritten brach er aus, fiel in einen Schlinger-Kurs, den ich nicht zu Ende verfolgen konnte, weil der Felsen in der Kurve die Sicht versperrte." Erst nach der Biegung sieht der Mann das Unglück. Dreißig Meter tief ist der Wagen in eine Schlucht gestürzt und auf der Seite liegen geblieben.

Im Krankenhaus „Princess Grace" wird die Tochter rasch versorgt, alles halb so schlimm. Die Mutter aber fällt ins Koma. Sie hat eine schwere Wunde am Kopf, das rechte Bein ist gebrochen. Innere Verletzungen kommen hinzu.

Die Bemühungen der Ärzte bleiben ohne Erfolg. Am 14. September erliegt die Fürstin abends halb Elf den Blessuren. Weltweit wird getrauert, aus aller Herren Länder kommen Reporter, ranghohe Trauergäste und Neugierige zur Beerdigung. Sie sehen einen gebrochenen Fürsten Rainier und eine fassungslose Familie und lesen erschüttert die schlichte Inschrift auf dem Grabstein: „Gracia Patricia, Gemahlin von Rainier III., gestorben im Jahr des Herrn 1982." Trotz wilder Spekulationen, was denn den Unfall verursacht haben könne, bleibt als wahrscheinlichste Version die der Ärzte. Danach hat die Fürstin wohl einen leichten Schlaganfall erlitten, der in fast jeder anderen Situation ohne schwerwiegende Folgen geblieben wäre.

Ein Hauch von Ergriffenheit

Maßstäbe setzt der Medienauftrieb am 18. April 1956, dem Tag der Eheschließung von Fürst Rainier III. von Monaco (32) und der amerikanischen Filmdiva Grace Kelly (26), die als Fürstin fortan Gracia Patricia heißen wird. Die Hochzeit des Jahrhunderts, wie das Ereignis bereits im Vorgriff auf die nächste Hälfte des Säkulums genannt wird, will sich kein TV- und kein Rundfunksender, keine Zeitung und schon gar keine Illustrierte ent-

Fürstin Gracia Patricia von Monaco, die ehemalige Hollywoodschauspielerin Grace Kelly, starb bei einem Autounfall 1982.

gehen lassen. Zunächst aber haben bei weitem nicht alle Gäste, Kameraleute und Journalisten Zutritt, denn Schauplatz der standesamtlichen Zeremonie, vorgenommen vom Vorsitzenden des Staatsrates, ist der Thronsaal des Schlosses, der nur rund hundert Sitze hat. 3000 Menschen warten vor dem Palast, obwohl die Braut laut verkündet, sie sei „erst halb verheiratet", denn vor Gott gelte es den Bund noch zu besiegeln.

Dieser ihr und auch dem Bräutigam weit wichtigere Teil der Feierlichkeiten findet am Tag darauf in der Kathedrale St. Nicolas statt. Ein Schauer der Ergriffenheit weht durch das blumengeschmückte gotische Kirchenschiff, als

Das Brautpaar Fürst Rainier III. von Monaco und die Amerikanerin Grace Kelly während der Trauungszeremonie am 19. April 1956 in der Kathedrale von Monaco.

die Braut im leuchtend weißen Kleid an der Seite ihres Vaters zum Altar schwebt und ein Fanfarenstoß die Ankunft des fürstlichen Bräutigams ankündigt. Die Bänke sind besetzt vom europäischen Hochadel, der aber dieses Mal im Schatten der Glamour-Freunde der Braut steht: Ava Gardner und Gloria Swanson, Cary Grant und David Niven und zahllose andere, nach denen sich die Menge vor dem Gotteshaus die Hälse verrenkt. Drinnen erklärt Bischof Gilles Barthe nach dem Ja-Wort: „Ich erkläre euch nun für Mann und Frau im Namen des Vaters und des Sohnes und des Heiligen Geistes." Tränen der Rührung fließen, das Portal öffnet sich weit, Sonnenschein flutet herein. Hinaus aber schreitet ein Paar, wie es sich die Medien und die Menschen auf dem Vorplatz und an den Straßen nicht schöner wünschen können.

Das monegassische Fürstenhaus

US-Schauspielerin Grace Kelly; tags darauf kirchliche Eheschließung.

05.01. Frü(r)stenhaus und Familie Kelly geben die Verlobung von Rainier und Grace bekannt.

1951

28.07. Durchbruch für Grace Kelly: Sie erhält die Hauptrolle neben Gary Copper im Western „Zwölf Uhr mittags".

1949

19.05. Fürst Rainier III. tritt die Nachfolge seines Vaters Fürst Louis II. an.

1944

30.05. Erbprinzessin Charlotte verzichtet zugunsten ihres Sohnes Rainier auf ihre Thronrechte.

1923

31.05. Charlotte Erbprinzessin von Monaco schenkt ihrem Mann Pierre Grimaldi, Duc des Valentinois, den Sohn und Stammhalter Rainier.

Aamondt, Andre 186

Adolph, Großherzog von Luxemburg 225

Albert I., Fürst von Monaco 245

Albert I., König von Belgien 131, 138, 140, 141

Albert II., König von Belgien 17, 122–141, 226

Albert, Erbprinz von Monaco 238–242, 246, 247

Albert, Prinz von Großbritannien, geb. von Sachsen-Coburg-Gotha 21, 31, 40, 56, 57

Alexander III., Zar 166

Alexandra, Prinzessin von Dänemark, geb. Manley 146, 149, 154, 157, 160, 161

Alexandra, Prinzessin von Hannover 241, 242, 249

Alexandre, Prinz von Belgien 138

Al-Fayed, Emad (Dodi) 43

Alfons Constantin, Prinz von Liechtenstein 230

Alfons I. der Krieger 93

Alfons XII., König von Spanien 72, 90, 91

Alfons XIII., König von Spanien 62, 72–74, 79, 88–90

Alfonso, Prinz von Bourbon 88

Alois II., Fürst von Liechtenstein 230

Alois, Erbprinz von Liechtenstein 230, 232–234

Andrew, Prinz von Großbritannien, Herzog von York 22, 30, 40, 43, 46–51

Angela, Prinzessin von Liechtenstein, geb. Brown 230

Anne, Prinzessin von Großbritannien 22, 32, 34, 38, 45, 46, 49

Anne-Marie, Prinzessin von Dänemark 164

Anne-Marie, Königin von Griechenland 14

Armstrong-Jones, Antony, Earl of Snowdon 33, 49, 50

Astrid Maud Ingeborg, Prinzessin von Norwegen 176

Astrid, Königin von Belgien, geb. Prinzessin von Schweden 131, 133, 138–141

Astrid, Prinzessin von Belgien 124, 127, 138, 139

Augustus, Kaiser 7

Baudouin I., König von Belgien 124, 125, 131, 135, 137–139, 141

Beatrix, Königin der Niederlande 7, 38, 81, 94–117, 226

Becker, Boris 47, 48, 49

Behn, Ari 176–178, 183–185

Benedikte, Prinzessin von Dänemark 164, 210

Bergström, Jonas 199

Bernadotte, Jean Baptiste Jules, Fürst von Pontecorvo siehe Karl XIV. Johann

Bernhard, Prinz der Niederlande 96, 106, 108–111, 116, 215

Bertil, Prinz von Schweden 200

Beust, Ole von 208

Bhumibol, König von Thailand 207

Bismarck, Otto Fürst von 118, 167

Björndalen, Ole Einar 186

Bolland, Mark 37

Büren, Friedrich von 11

Burrell, Paul 38, 39

Cánovas del Castillo, Antonio 90, 91

Carey, George, Erzbischof von Canterbury 22

Carey, Mariah 239

Carl Christian Erzherzog von Österreich 222

Carl Philip, Prinz von Schweden 198, 200, 203, 204, 213

Carl XVI. Gustaf, König von Schweden 6, 81, 179, 198–215

Caroline Mathilde, Königin von Dänemark 169

Caroline, Prinzessin von Monaco, Prinzessin von Hannover 10, 11, 238, 239, 241, 242, 244, 246–250

Casiraghi, Andrea 238, 242

Casiraghi, Stefano 241, 249, 250

Castro, Fidel 80

Charles, Kronprinz von Großbritannien, Prinz von Wales 16, 17, 21, 22, 25, 26, 28, 31–33, 36, 37, 39, 40, 42–50, 52

Charlotte, Erbprinzessin von Monaco 251

Charlotte, Großherzogin von Luxemburg 223, 225–227

Charlotte, Kaiserin von Mexiko 143, 144

Chlodwig, König der Merowinger 12

Christian II., König von Dänemark und Schweden 218

Christian III., König von Dänemark 168

Christian IV., König von Dänemark und Norwegen 194

Christian IX., König von Dänemark 154, 166, 167

Christian VII., König von Dänemark und Norwegen 153, 168, 169

Christian VIII., König von Dänemark 167

Christian X., König von Dänemark 148, 154, 163–165

Christina, Prinzessin der Niederlande 102, 106

Christine, Königin von Schweden 219

Churchill, Winston 38, 50, 52, 53

Claus, Prinz der Niederlande, geb. von Amsberg 94, 97, 99, 102, 103, 105, 107, 110–112, 117

Constantijn, Prinz der Niederlande 96, 101–103, 106, 107, 112, 113, 117

Constantin, Prinz von Liechtenstein 230, 231

Coombs, Claire 122, 127, 132

Coulthard, David 245

Crawford, Marion 47, 48

Cristina, Prinzessin von Spanien, Herzogin von Palma de Mallorca 65, 68, 78, 80, 82, 86

Cromwell, Oliver 58

Daume, Willi 214

Descartes, René 219

Desideria, Königin von Schweden 203, 216, 217

Diana, Prinzessin von Wales 17, 23, 24, 35, 38, 39, 42, 43, 44, 45, 48, 49

Donaldson, Mary 146, 148, 151, 156, 157

Ducruet, Daniel 239, 249

Eduard VII., König von Großbritannien 29, 32, 55, 166

Eduard VIII., König von Großbritannien 21, 31, 32, 40, 53, 54

Edward, Prinz von Großbritannien, Herzog von Kent 22, 40, 41, 42, 43, 44, 48

Elena, Prinzessin von Spanien, Herzogin von Lugo 67, 68, 71, 74, 76–78, 81, 83, 86

Elisabeth I., Königin von England 59, 60, 188

Elisabeth II., Königin von Großbritannien 6, 16, 20–55

Elisabeth, Kaiserin von Österreich 142

Elisabeth, Prinzessin von Belgien 129

Elizabeth, Königin von Großbritannien, geb. Bowes-Lyon 21, 26, 27, 34, 36–42, 53–55

Erik der Rote 195

Eriksson, Leif 195

Ernst August, Prinz von Hannover 11, 238, 241, 242, 244, 246, 247, 249

Fabiola, Königin von Belgien, geb. Mora y Aragón 125, 131, 136–138

Fagan, Michael 48

Felipe, Kronprinz von Spanien 17, 64, 65, 68–70, 72–79, 86

Felix Prinz von Bourbon-Parma 223

Ferdinand der Große von Kastilien 93

Ferdinand II. von Aragón 93

Ferdinand III. der Heilige 93

Ferdinand VI., König von Spanien 91

Ferdinand VII., König von Spanien 71, 91

Ferguson, Ronald 37

Fisichella, Giancarlo 240

Franco, Francisco 63, 67, 79, 86

Franz Josef II., Fürst von Liechtenstein 230, 231, 233–235

Frederik IX., König von Dänemark 148, 149, 158, 162, 163, 164

Frederik, Kronprinz von Dänemark 146, 148, 150, 151, 153, 156–160

Friederike, Königin von Griechenland 65, 87

Friedrich Heinrich von Oranien 120, 121

Friedrich I. Barbarossa, Kaiser 11

Friedrich I., König von Dänemark 168

Friedrich II. der Große, König von Preußen 11, 12

Friedrich III., Kaiser von Deutschland und König von Preußen 56

Friedrich III., König von Dänemark und Norwegen 167, 193

Friedrich IX., König von Dänemark 166

Friedrich VI., König von Dänemark 167

Friedrich VII., König von Dänemark 167, 168

Friedrich VIII., König von Dänemark 165, 166, 181

Friedrich Wilhelm, Prinz von Preußen 56, 57

Gates, Gareth 21

Georg Antonius Constantin, Prinz von Liechtenstein 233

Georg I., König von Griechenland 166

Georg II., König von Griechenland 15

Georg V., König von Großbritannien 31, 54, 55

Georg VI., König von Großbritannien 21, 31, 32, 41, 51, 52, 53, 54, 55

Georgine, Fürstin von Liechtenstein 230, 233–235

Gracia Patricia, Fürstin von Monaco, geb. Grace Kelly 236, 238, 248–251

Graf, Steffi 208

Greengard, Paul 210

Guillaume, Erbgroßherzog von Luxemburg 223, 225

Guillaume, Prinz von Luxemburg 222, 224, 225

Gustav Adolf, Erbprinz von Schweden 215

Gustav I. Wasa, König von Schweden 168, 218, 219

Gustav II. Adolf, König von Schweden 213, 219

Gustav V. Adolf, König von Schweden 214, 215

Gustav VI. Adolf, König von Schweden 200, 214, 215

Haakon II., König von Norwegen 189, 190

Haakon IV., König von Norwegen 152, 194

Haakon Magnus, Kronprinz von Norwegen 170–176, 179–189

Haakon VII., König von Norwegen 181, 191

Habermas, Jürgen 74

Hans Adam II., Fürst von Liechtenstein 228–235

Harald I. Schönhaar, König von Norwegen 195

Harald II. der Strenge, König von Norwegen 195

Harald V., König von Norwegen 7, 38, 170–191

Havel, Vaclav 77

Heinrich III., König von Frankreich 92

Heinrich IV., König von Frankreich 92

Heinrich VIII., König von England 50, 61

Henri, Großherzog von Luxemburg 156, 220–227

Henrik, Prinz von Dänemark, geb. Henri-Marie-Jean-André de Labaorde de Monpezat 146, 149, 150, 152, 155, 157–160, 162, 163, 211

Henry, Prinz von Großbritannien 23, 31, 36, 39, 42, 44, 45, 48

Heuss, Theodor 51

Hewitt, James 37, 45

Hillary, Edmund 51

Hugo Capet, König von Frankreich 93

Indurain, Miguel 82, 83

Ingrid, Königin von Dänemark, geb. Prinzessin von Schweden 153, 164

Ingrid, Prinzessin von Norwegen 172

Irene, Prinzessin der Niederlande 102, 116

Isabella, Königin von Spanien 72, 90, 91

Jean, Großherzog von Luxemburg 220–227

Jean, Prinz von Luxemburg 222

Joachim, Prinz von Dänemark 146, 149, 150, 154, 157, 159–161

Johan Friso, Prinz der Niederlande 94, 96, 99, 101, 102, 109, 117

Johann Adam, Fürst von Liechtenstein 230

Johann II., Fürst von Liechtenstein 231, 235

Johannes Paul II., Papst 67, 75, 210, 212

John, Elton 44

Josef Wenzel, Erbprinz von Liechtenstein 230, 233, 234

Josef Wenzel, Prinz von Liechtenstein 230, 233

Josephine Charlotte, Prinzessin von Belgien 138

Josephine-Charlotte, Großherzogin von Luxemburg, geb. Prinzessin von Belgien 223, 225–227

Juan Carlos I., König von Spanien 7, 48, 62–87

Juan de Borbón, Graf von Barcelona 62, 63, 67, 73, 74, 79

Juliana, Königin der Niederlande 96, 106, 107, 111, 115–118

Junot, Philippe 241, 249

Karl der Große, König der Franken, Kaiser 9

Karl I., König von Spanien 93

Karl II., König von Spanien 92

Karl III., König von Spanien 91

Karl IX., König von Frankreich 92

Karl V., Kaiser des Heiligen Römischen Reiches Deutscher Nation und König von Spanien 13, 93, 121

Karl XII., König von Schweden 218

Karl XIII., König von Schweden 193, 201, 217

Karl XIV. Johann, König von Schweden und Norwegen 178, 180, 191–193, 202, 203, 217

Karl XV., König von Schweden und Norwegen 192

Katherine Herzogin von Kent 44, 48, 49

Klum, Heidi 249

Knie, Franco 244, 247

Kolumbus, Christoph 195

Konstantin I., König von Griechenland 14, 15

Krag, Jens Otto 162

Kroemer, Herbert 211

Kurnikowa, Anna 249

Laurence, Timothy 32, 45

Laurent, Prinz von Belgien 122, 125, 127, 132

Laurentien, Prinzessin der Niederlande, geb. Brinkhorst 101, 103, 106, 107, 112, 113

Leo III., Papst 12

Leopold I., König von Belgien, geb. Prinz von Sachsen-Coburg-Gotha 128, 143–145

Leopold II., König von Belgien 131, 137, 141–143

Leopold III., König von Belgien 131, 133, 135, 138–140

Lilian, Prinzessin von Schweden 6, 200, 203

Liliane Prinzessin von Réthy, geb. Mary Liliane Baels 131–133, 138

Lindh, Anna 207

Lopez Perez, Adans 239, 240

Lorenz, Erzherzog von Österreich 124, 127

Louis II., Fürst von Monaco 246, 251

Ludwig, König von Spanien 105

Ludwig XVI., König von Frankreich 8

Luise, Königin von Dänemark, geb. Prinzessin von Hessen-Kassel 166

Luise, Prinzessin von Schweden 166

Madeleine, Prinzessin von Schweden 198, 199, 201, 204, 205, 210, 213

Magnus der Gute, König von Norwegen 195

Magnus IV., König von Norwegen

Magnus VII. Eriksson, König von Schweden 218, 219

Maire-Adelaide, Großherzogin von Luxemburg 223, 227

Margaret Rose, Prinzessin von Großbritannien 33–41, 44, 49, 50, 53

Margaretha, Prinzessin von Luxemburg 222

Margarita de Bourbon-Parma, Prinzessin der Niederlande 101, 110

Margrethe I., Königin von Dänemark 152

Margrethe II., Königin von Dänemark 15, 38, 81, 146–164, 211

Margrethe, Königin von Dänemark, Norwegen und Schweden 168, 194, 218

Margriet, Prinzessin der Niederlande 102

María de las Mercedes de Borbón, Gräfin von Barcelona 79

Maria Jose, Königin von Italien 14

Maria Teresa, Großherzogin von Luxemburg 222–227

Maria Theresia, Kaiserin von Österreich, Königin von Ungarn 11

Mariachalar, Jaime de 68, 76, 77, 81, 83

Marie Carolin, Prinzessin von Liechtenstein 230, 233, 234

Marie Henriette, Königin von Belgien, geb. Erzherzogin von Österreich 142

Marie, Fürstin von Liechtenstein, geb. Gräfin von Wchinitz und Tettau 230, 232, 233

Marie, Prinzessin von Liechtenstein, geb. Kalnoky Korospatak 231

Marie-Astrid, Prinzessin von Luxemburg 222

Marie-Louise, Königin von Belgien, geb. Prinzessin von Orléans 144

Marius, Sohn von Mette-Marit 170–173, 175, 180, 182

Mark Aurel 7

Martens, Wilfried 137

Märtha Louise, Prinzessin von Norwegen 176–178, 183–185, 188, 189

Märtha, Kronprinzessin von Norwegen 191

Mary, Königin von Großbritannien 29

Mathilde, Prinzessin von Belgien, geb. d'Udekem d'Acoz 124, 128, 129, 132–135

Maud, Königin von Norwegen 190

Máxima, Prinzessin der Niederlande, geb. Zorreguieta 94, 96–98, 100, 104, 108, 111, 112

Maximilian, Kaiser von Mexiko, geb. Erzherzog von Österreich 143, 144

Maximilian, Prinz von Liechtenstein 230

Mette-Marit, Prinzessin von Norwegen, geb. Tjessem-Höiby 170–174, 178–187

Napoleon I., Kaiser von Frankreich 9, 13, 105, 121

Napoleon III., Kaiser von Frankreich 13, 57, 118, 202, 217

Navarro, Arias 85

Nikolaus, Prinz von Liechtenstein 222, 230

Nikolaus II., Zar von Russland 9, 10

Nobel, Alfred 6, 216

Nora, Prinzessin von Liechtenstein 230

Olaf der Stille, König von Norwegen 194

Olaf II. der Heilige, König von Norwegen 195

Olav V., König von Norwegen 175, 176, 181, 188, 190

Ortiz Rocasolano, Letizia 17, 64, 74

Oskar I., König von Schweden 217

Oskar II., König von Schweden und Norwegen 181, 191, 192, 215–217

Palme, Olof 207

Paola, Königin von Belgien 122, 125, 126, 128, 130, 132, 136

Parker-Bowles, Camilla 21, 26, 36, 42, 43, 44

Paul I., König von Griechenland 86, 87

Pernald, Emma 200, 204

Philip von Griechenland, Prinz von Großbritannien, Herzog von Edinburgh 20, 22, 24, 27, 28, 29, 37, 40–45, 49, 50, 52, 54

Philipp II., König der Niederlande 121

Philipp II., König von Spanien 59, 93, 105

Philipp III. der Gute von Burgund 121

Philipp III., König von Spanien 92

Philipp IV., König von Spanien 92

Philipp V., König von Spanien 92

Philipp, Prinz von Liechtenstein 230, 231, 233

Philippe, Kronprinz von Belgien 122, 124, 125, 128, 129, 133–135

Phillips, Mark 32, 46, 49

Ragnhild Alexandra, Prinzessin von Norwegen 176

Rainier III., Fürst von Monaco 236–251

Rau, Johannes 41, 65, 75, 81, 114

Rivera, Primo de 73, 89

Samarago, José 212

Samaranch, Juan Antonio 213

Sancho IV. von Kastilien 93

Sannum, Eva 78

Sarah, Prinzessin von Großbritannien, geb. Ferguson 30, 38, 43, 45, 46, 47

Schröder, Gerhard 75

Schumacher, Michael 69

Selinko, Annemarie 196

Sibille, Prinzessin von Luxemburg 222, 224, 225

Sibylla Prinzessin von Sachsen-Coburg-Gotha 215

Silvia, Königin von Schweden 6, 198–200, 202, 203, 205–213

Simeon II., König von Bulgarien 11

Sirikit, Königin von Thailand 207

Sofia, Königin von Spanien 38, 48, 65, 66, 68, 70, 73-76, 79, 80, 82, 84, 86, 95

Sonja, Königin von Norwegen, geb. Haraldsen 7, 170, 174, 175, 181, 184, 188, 189

Sophie, Gräfin von Wessex, geb. Rhys-Jones 22, 40, 42

Sophie, Erbprinzessin von Liechtenstein 230, 232–234

Spencer, Charles 44

Stauning, Thorvald 165

Stéphanie, Prinzessin von Monaco 238–240, 244, 246, 247, 250

Struensee, Johann Friedrich 153, 169

Suárez González, Adolfo 84, 85

Tatjana, Prinzessin von Liechtenstein 230, 231, 233

Tejero, Antonio 64, 84, 85

Tensing, Norgay 51

Townsend, Peter 50

Umberto von Savoyen, König von Italien 14

Urdangarin, Inaki 65, 78, 80, 82

Victoria, Königin von Großbritannien 10, 31, 32, 54–58

Victoria, Kronprinzessin von Schweden 198, 200–202, 206, 207, 209–212, 214

Warfield-Simpson, Wallis 32, 53, 54

Westling, Daniel 201, 207

Wilford, Michael 41

Wilhelm I. von Oranien-Nassau 105

Wilhelm I., König der Niederlande 119, 145

Wilhelm II., Kaiser von Deutschland 9, 10, 55, 56, 223, 227

Wilhelm III. von Oranien 120

Wilhelm III., König der Niederlande 118, 119, 223

Wilhelm IV., Großherzog von Luxemburg 223, 225, 227

Wilhelm IV., Prinz von Oranien 120

Wilhelm, Herzog der Normandie 27

Wilhelmina, Königin der Niederlande 106, 118

Willem-Alexander, Prinz der Niederlande 94, 96–98, 100–102, 104, 105, 111, 112, 115, 117

William, Prinz von Großbritannien 23, 28, 31, 36, 37, 40–46

Wilson, Harold 16

Wisse Smit, Mabel 94, 99, 109

Young, Will 21

Monaco
Dynastie: Grimaldi
Wichtigster Regent: Albert I.
Derzeitiger Herrscher: Rainier III.

Norwegen

Dynastie: Schleswig-Holstein-Sonderburg-Glücksburg
Wichtigster Regent: Haakon VII.
Derzeitiger Herrscher: Harald V.

Liechtenstein

Dynastie: Liechtenstein
Wichtigster Regent: Johann I.
Derzeitiger Herrscher: Hans Adam II.

Schweden

Dynastie: Bernadotte
Wichtigster Regent: Karl XIV. Johann
Derzeitiger Herrscher: Carl XVI. Gustaf

Spanien
Dynastie: Bourbon
Wichtigster Regent: Isabella II.
Derzeitiger Herrscher: Juan Carlos I.